Pflegezeit und Familienpflegezeit aus arbeitsrechtlicher Sicht

Europäische Hochschulschriften

European University Studies

Publications Universitaires Européennes

Reihe II **Rechtswissenschaft**

Series II Law

Série II Droit

Band/Volume **5996**

Heiko Sander

Pflegezeit und Familienpflegezeit aus arbeitsrechtlicher Sicht

PETER LANG

Bibliografische Information der Deutschen Nationalbibliothek
Die Deutsche Nationalbibliothek verzeichnet diese Publikation in der Deutschen Nationalbibliografie; detaillierte bibliografische Daten sind im Internet über http://dnb.d-nb.de abrufbar.

Zugl.: München, Univ., Diss., 2017

D 19
ISSN 0531-7312
ISBN 978-3-631-74608-0 (Print)
E-ISBN 978-3-631-74958-6 (E-PDF)
E-ISBN 978-3-631-74959-3 (EPUB)
E-ISBN 978-3-631-74960-9 (MOBI)
DOI 10.3726/b13530

Peter Lang – Berlin · Bern · Bruxelles · New York · Oxford · Warszawa · Wien

Diese Publikation wurde begutachtet.

www.peterlang.com

Vorwort

Die vorliegende Arbeit wurde im Sommersemester 2017 an der Juristischen Fakultät der Ludwig-Maximilians-Universität München eingereicht und angenommen. Die mündliche Prüfung fand am 26. Juli 2017 statt. Literatur und Rechtsprechung sind im Wesentlichen auf dem Stand Mai 2017.

Für die besonders schnelle Erstellung der beiden Gutachten danke ich Professor Dr. Richard Giesen und Professor Dr. Martin Franzen. Für die großartige Gelegenheit als wissenschaftlicher Mitarbeiter an seinem Lehrstuhl und dem Zentrum für Arbeitsbeziehungen und Arbeitsrecht (ZAAR) tätig sein zu dürfen, sowie sein stets offenes Ohr, bedanke ich mich von ganzem Herzen bei Professor Dr. Volker Rieble.

München, im November 2017 Heiko Sander

Inhaltsverzeichnis

A. Einführung

Der demographische Wandel in der Bevölkerung der Bundesrepublik Deutschland ist deutlich sichtbar. Während im Jahre 2013 noch etwa 61 Prozent der Bevölkerung zwischen 20–65 Jahre und etwa 21 Prozent älter als 65 Jahre waren, wird sich dies bis zum Jahr 2060 deutlich ändern[1]. Nach Berechnungen des Statistischen Bundesamtes werden dann nur noch etwa 51 Prozent der Bevölkerung zwischen 20–65 Jahre, aber bereits etwa 32 Prozent älter als 65 Jahre alt sein. Die Zahl der Hochbetagten (80 Jahre und älter) wird sich im gleichen Zeitraum von ca. 4,4 Millionen auf ca. 9 Millionen mehr als verdoppeln[2]. Das wird zwangsläufig auch zu einem Anstieg der Pflegebedürftigen in Deutschland führen, denn mit zunehmendem Alter steigt das Risiko der Pflegebedürftigkeit stark an[3]. Eine entsprechende Entwicklung ist seit Einführung der Pflegeversicherung zum 1.1.1995 durch das Pflege-Versicherungsgesetz vom 26.5.1994[4] für die Vergangenheit klar erkennbar[5]. In der Begründung zum Regierungsentwurf zum Pflege-Versicherungsgesetz wurde im Herbst 1993 noch von ca. 1,65 Millionen Pflegebedürftigen in Deutschland ausgegangen[6], während die aktuelle Pflegestatistik für das Jahr 2013 bereits 2,6 Millionen Pflegebedürftige ausweist[7]. Der

1 Vgl. Bevölkerung Deutschlands bis 2060–13. Koordinierte Bevölkerungsvorausberechnung des Statistischen Bundesamtes 2015, S. 6., https://www.destatis.de/DE/Publikationen/Thematisch/Bevoelkerung/VorausberechnungBevoelkerung/BevoelkerungDeutschland2060Presse5124204159004.pdf?__blob=publicationFile (zuletzt abgerufen am 24.3.2018).

2 Vgl. Bevölkerung Deutschlands bis 2060–13. Koordinierte Bevölkerungsvorausberechnung des Statistischen Bundesamtes 2015, S. 6., https://www.destatis.de/DE/Publikationen/Thematisch/Bevoelkerung/VorausberechnungBevoelkerung/BevoelkerungDeutschland2060Presse5124204159004.pdf?__blob=publicationFile (zuletzt abgerufen am 24.3.2018).

3 Vgl. Vierter Bericht des Bundesministeriums für Gesundheit über die Entwicklung der Pflegeversicherung, BT-Drucks. 16/7772, S. 55.

4 BGBl. I, S. 1014.

5 Vgl. dazu die fünf Berichte des Bundesministeriums für Gesundheit über die Entwicklung der Pflegeversicherung, BT-Drucks. 13, 9528; BT-Drucks. 14/5590; BT-Drucks. 15/4125; BT-Drucks. 16/7772, BT-Drucks. 17/8332.

6 BT-Drucks. 12/5617, S. 1.

7 Vgl. Pflegestatistik 2013 des Statistischen Bundesamtes, S. 5, https://www.destatis.de/DE/Publikationen/Thematisch/Gesundheit/Pflege/PflegeDeutschlandergebnisse5224001139004.pdf?__blob=publicationFile (zuletzt abgerufen am 24.3.2018).

Gesetzgeber hat darauf in vielfältiger Weise reagiert. Die vorliegende Arbeit will sich dabei „nur" mit den zur besonderen Förderung der heimischen Angehörigenpflege[8] vom Gesetzgeber geschaffenen Instrumenten[9] des Pflegezeitgesetzes (PflegeZG) und des Familienpflegezeitgesetzes (FPfZG) und deren arbeitsrechtsrechtlichen Folgen auseinandersetzen.

Das „Gesetz über die Pflegezeit" (Pflegezeitgesetz-PflegeZG) trat als Teil des Gesetzes zur strukturellen Weiterentwicklung der Pflegeversicherung (PflWG) vom 28.5.2008[10] am 1.7.2008 in Kraft. Die Einführung des Gesetzes hat in vielerlei Hinsicht Probleme mit sich gebracht, die der Gesetzgeber trotz Warnungen und kritischer Stimmen[11] zum Regierungsentwurf nicht verhindert hat. Der Gesetzgeber verfolgt mit dem Pflegezeitgesetz das Ziel, Beschäftigten die Möglichkeit zu eröffnen, pflegebedürftige nahe Angehörige in häuslicher Umgebung zu pflegen und damit die Vereinbarkeit von Beruf und familiärer Pflege zu verbessern, § 1 PflegeZG. Das gesetzgeberische Modell um dieses ambitionierte Ziel zu erreichen, basiert dabei auf zwei Säulen – dem arbeitsrechtlichen Schutz bei kurzeitiger Arbeitsverhinderung (§ 2 PflegeZG) und der „echten" Pflegezeit (§ 3 PflegeZG). Bei der näheren Ausgestaltung hat sich der Gesetzgeber zum Teil an den bestehenden Vorschriften der Elternzeit, §§ 15 ff. BEEG orientiert[12], dabei aber auch bewusst Abweichungen von bekannten Regelungsinstrumenten vorgenommen. Abgerundet werden die Ansprüche auf Pflegezeit mit Sonderkündigungsschutz und Urlaubserhaltungsregeln.

Flankierend trat zum 1.1.2012 das Familienpflegezeitgesetz als Teil des Gesetzes zur Vereinbarung von Pflege und Beruf vom 6.12.2011 in Kraft.[13] Wesentliche Unterschiede zur Pflegezeit waren die Laufzeit, der Umfang der Befreiungsmöglichkeit sowie der fehlende Rechtsanspruch. Letzterer wurde nach dreijähriger Erfolglosigkeit zum 1.1.2015 durch das Gesetz zur besseren Vereinbarung von Familie, Pflege und Beruf vom 23.12.2014[14] schließlich doch noch eingeführt. Für die Betreuung Minderjähriger sowie für Fälle der Sterbebegleitung wurden Sonderregelungen geschaffen.

---

8 Laut Pflegestatistik 2013 (FN 7) werden 1,86 der insgesamt 2,6 Millionen Pflegebedürftigen zu Hause versorgt, 1,25 Millionen davon durch Angehörige.

9 Vgl. die Begründung des Regierungsentwurfs BT-Drucks. 16/7439, S. 1.

10 BGBl. I, S. 874.

11 Vgl. *Berger-Delhey*, ZTR 2007, 604 f.; *Schwerdle*, ZTR 2007, 655; *Preis/Weber*, NZA 2008, 82 ff.

12 Vgl. BT-Drucks. 16/7439, S. 91 = BR-Drucks. 718/07, S. 218.

13 BGBl. I, S. 2564.

14 BGBl. I, S. 2462.

B. Anwendungsbereich PflegeZG

Ansprüche nach dem PflegeZG können nur bestehen, wenn die jeweiligen persönlichen Anwendungsbereiche eröffnet sind.

I. Persönlicher Anwendungsbereich – Beschäftigte

Wer wegen einer kurzzeitigen Arbeitsverhinderung der Arbeit fernbleiben oder Pflegezeit nach den Vorschriften des Pflegezeitgesetzes in Anspruch nehmen darf, regelt das Gesetz im Rahmen seiner umfangreichen Begriffsbestimmungen in § 7 PflegeZG mit einem eigenen Begriff – dem des Beschäftigten[15]. Der Beschäftigtenbegriff des PflegeZG entspricht jedoch nicht dem sozialversicherungsrechtlichen Beschäftigtenbegriff[16]. Pate für diese eigene Regelung im PflegeZG stand offensichtlich § 6 Abs. 1 AGG. Nicht erfasst sind insbesondere Beamte, Richter und Soldaten[17]. Wegen seines enumerativen Charakters ist § 7 Abs. 1 PflegeZG als abschließend zu betrachten[18].

1. Arbeitnehmerinnen und Arbeitnehmer

Anspruchsberechtigt sind zunächst Arbeitnehmerinnen und Arbeitnehmer, § 7 Abs. 1 Nr. 1 PflegeZG. Hierbei gilt der allgemeine arbeitsrechtliche Arbeitnehmerbegriff, so wie er inzwischen durch die Rechtsprechung des Bundesarbeitsgerichts (BAG) geprägt worden ist[19]. Arbeitnehmer ist, wer aufgrund eines privatrechtlichen Vertrags im Dienste eines anderen zur Leistung weisungsgebundener, fremdbestimmter Arbeit in persönlicher Abhängigkeit verpflichtet ist. Diese Definition hat der Gesetzgeber mit dem Gesetz zur Änderung des Arbeitnehmerüberlassungsgesetzes und anderer Gesetze vom 21.2.2017[20] übernommen und mit Wirkung zum

---

15 Einen Überblick über die Begriffe Arbeitnehmer, Beschäftige und Mitarbeiter gibt *Forst*, RdA 2014, 157 ff.

16 Vgl. ausführlich zum Beschäftigtenbegriff *Richardi* NZA 2010, 1101.

17 Für (Bundes)Beamte besteht allerdings gem. § 92 Abs. 1 und Abs. 5 BBG ein Anspruch auf Urlaub ohne Besoldung oder Teilzeitbeschäftigung zur Pflege eines Kindes unter 18 Jahren oder eines pflegebedürftigen nahen Angehörigen. Dabei dürfen eine Teilzeitbeschäftigung mit weniger als die Hälfte der regelmäßigen Arbeitszeit und Urlaub ohne Besoldung zusammen eine Dauer von 15 Jahren nicht überschreiten.

18 Vgl. *Kossens*, § 7 PflegeZG Rn. 1.

19 Vgl. nur BAG vom 20.5.2009–5 AZR 31/08 – NZA-RR 2010, 172; BAG vom 13.3.2008–2 AZR 1037/06 – NZA 2008, 878; BAG vom 26.9.2002–5 AZB 19/01 – NZA 2002, 1412.

20 BGBl. I, S. 258.

1.4.2017 in § 611a Abs. 1 Satz 1 BGB niedergelegt. Eine inhaltliche Änderung ist mit der Kodifikation „der Leitsätze der höchstrichterlichen Rechtsprechung"[21] nicht verbunden[22]. Auch leitende Angestellte sowie Teilzeit- und befristet Beschäftigte fallen unter diese Definition und sind daher grundsätzlich anspruchsberechtigt[23].

2. Zur Berufsbildung Beschäftigte

Neben den klassischen Arbeitnehmern fallen gem. § 7 Abs. 1 Nr. 2 PflegeZG auch die zu ihrer Berufsbildung Beschäftigten in die Gruppe der Anspruchsberechtigten. Dabei ist zu beachten, dass sich der Gesetzgeber ebenso wie in §§ 15 Abs. 1, 20 Abs. 1 BEEG und § 6 AGG nicht nur auf die Gruppe der zur Berufs**aus**bildung Beschäftigten, wie etwa in § 5 Abs. 1 BetrVG, beschränkt hat. Dieser kleine semantische Unterschied bewirkt, dass neben der Gruppe der klassischen Auszubildenden auch alle jene Personen in den Kreis der Anspruchsberechtigten fallen, die in anderer Form zum Zwecke der Berufsbildung tätig sind, mithin alle in § 1 Abs. 1 BBiG genannten Gruppen, wie die zur Berufsausbildungsvorbereitung, zur beruflichen Fortbildung und zur beruflichen Umschulung Beschäftigten[24]. Erfasst sind daher unter anderem auch Praktikanten, Volontäre und Umschüler[25].

3. Arbeitnehmerähnliche Personen – Heimarbeiter

Ebenfalls vom Beschäftigtenbegriff des PflegeZG erfasst sind Personen, die wegen ihrer wirtschaftlichen Unselbständigkeit als arbeitnehmerähnliche Personen anzusehen sind; zu diesen gehören auch die in Heimarbeit Beschäftigten und die ihnen Gleichgestellten, § 7 Abs. 1 Nr. 3 PflegeZG.

a) Begriff

Arbeitnehmerähnliche Personen sind keine Arbeitnehmer, sondern Selbständige. Sie unterscheiden sich von Arbeitnehmern durch den Grad der persönlichen Abhängigkeit[26]. Die persönliche Abhängigkeit ist bei Arbeitnehmern prägender Teil des Vertragsverhältnisses. Arbeitnehmerähnliche Personen hingegen sind

---

21 Vgl. BT-Drucks. 18/9232, S. 31.

22 Vgl. BT-Drucks. 18/9232, S. 4; ErfK-*Weidenkaff*, § 611a BGB Rn. 2; *Reinecke*, NZA-RR 2016, 393, 394; *Giesen*, ZRP 2016, 130.

23 Vgl. *Linck*, BB 2008, 2738.

24 So auch *Treber*, Jahrbuch des Arbeitsrechts 2009, 91, 95.

25 Vgl. *Kossens*, § 7 PflegeZG Rn. 7; *Bauer/Krieger*, § 6 Rn. 7.

26 Ständige Rechtsprechung des BAG; siehe nur BAG vom 30.8.2000–5 AZB 12/00 – NZA 2000, 1359.

regelmäßig, sei es wegen fehlender oder geringerer Weisungsgebundenheit als bei Arbeitnehmern oder aber auch wegen geringerer oder fehlender Eingliederung in einen Betrieb, deutlich weniger persönlich vom Arbeitgeber abhängig[27]. Bei arbeitnehmerähnlichen Personen tritt daher an die Stelle der persönlichen Abhängigkeit die wirtschaftliche Abhängigkeit. Diese ist jeweils nach den Umständen des Einzelfalles zu beurteilen. Wirtschaftliche Abhängigkeit liegt regelmäßig dann vor, wenn die betroffene Person auf die Verwertung ihrer Arbeitskraft und die Einkünfte der Dienstleistung zur Sicherung ihrer Existenzgrundlage angewiesen ist[28]. Dies kann insbesondere bei der Tätigkeit für nur einen Auftraggeber der Fall sein. Außerdem muss der Beschäftigte seiner sozialen Stellung nach einem Arbeitnehmer vergleichbar schutzbedürftig sein[29].

Für die Bestimmung des Anwendungsbereichs des PflegeZG ist dieser allgemeine Begriff der arbeitnehmerähnlichen Person, der auch im Rahmen von § 2 Satz 2 BUrlG und § 5 Abs. 1 Satz 2 ArbGG zugrunde gelegt wird[30], zu verwenden. Es gibt keine Anhaltspunkte dafür, dass der Gesetzgeber einen eigenen vom allgemeinen Begriff abweichenden Begriff der arbeitnehmerähnlichen Person allein für das Pflegezeitgesetz schaffen wollte. Gleichwohl ist ein Streit über die Frage entbrannt, ob dem Erfordernis der wirtschaftlichen Abhängigkeit noch das in § 7 Abs. 1 Nr. 3 PflegeZG anders als in § 12a Abs. 1 Satz 1 Nr. 1 TVG nicht ausdrücklich genannte Erfordernis der sozialen Schutzbedürftigkeit hinzuzufügen ist. Genauer gefragt, folgt allein aus der wirtschaftlichen Abhängigkeit einer selbständigen Person von einem Arbeitgeber für diese eine mit einem Arbeitnehmer vergleichbare soziale Schutzbedürftigkeit, die die Einbeziehung unter den Begriff der arbeitnehmerähnlichen Person und damit den Schutz des PflegeZG rechtfertigt oder muss diese gesondert festgestellt werden?

Die Befürworter dieses Zusatzkriteriums verweisen zum einen auf die Begründung des Gesetzentwurfs, in der es wörtlich heißt: „Arbeitnehmerähnliche Personen sind im Hinblick auf die Inanspruchnahme der Pflegezeit wegen ihrer wirtschaftlichen Abhängigkeit sozial ebenso schutzwürdig wie

27 BAG vom 19.12.2000–5 AZB 16/00 – NZA 2001, 285.

28 BAG vom 17.1.2006–9 AZR 61/05, NJOZ 2006, 3821 = EzA § 2 BurlG Nr. 6; BAG vom 26.9.2002–5 AZB 19/01 – NZA 2001, 1412.

29 BAG vom 17.1.2006–9 AZR 61/05, NJOZ 2006, 3821 = EzA § 2 BurlG Nr. 6; BAG vom 30.8.2000–5 AZB 12/00 – NZA 2000, 1359.

30 Vgl. AR-*Gutzeit*, § 2 BUrlG Rn. 1; AR-*Kolbe* § 6 GewO Rn. 70 ff.

Arbeitnehmer"[31]. Der Verfasser des Gesetzentwurfs[32] ging also offensichtlich davon aus, dass die wirtschaftliche Abhängigkeit alleine nicht automatisch zur Mitgliedschaft in der Gruppe der arbeitnehmerähnlichen Personen führt, sondern zusätzlich durch die aus der wirtschaftlichen Abhängigkeit resultierende vergleichbare soziale Schutzbedürftigkeit vorliegen muss, wenngleich die Formulierung den Eindruck erweckt, dass dies bei bestehender wirtschaftlicher Abhängigkeit regelmäßig der Fall ist. Zum anderen wird auf die vergleichbaren Formulierungen in § 2 Satz 2 BUrlG und § 5 Abs. 1 Satz 2 ArbGG verwiesen[33]. Auch hier wurde die soziale Schutzwürdigkeit nicht in den Gesetzeswortlaut aufgenommen. Gleichwohl wird sie regelmäßig als erforderlich vorausgesetzt[34].

Die Gegner hingegen verweisen auf den Wortlaut von § 7 PflegeZG[35]. Dieser Einwand ist zwar grundsätzlich richtig, denn dort findet sich der Begriff der sozialen Schutzbedürftigkeit nicht. Man darf dem Verfasser des Gesetzentwurfs jedoch unterstellen, dass er die Anforderungen, die die Rechtsprechung an arbeitnehmerähnliche Personen im Rahmen von § 2 BurlG und § 5 ArbGG seit langem stellt, gekannt hat und eine anderslautende Regelung in § 7 Abs. 1 Nr. 3 PflegeZG getroffen hätte, wenn eine von § 2 BUrlG und § 5 ArbGG abweichende Begriffsinterpretation gewollt gewesen wäre. Für einen gesetzgeberischen Willen zur Schaffung eines neuen, dem Pflegezeitgesetz eigenen Begriffs der arbeitnehmerähnlichen Person, gibt es keinen Hinweis. Insofern muss eine arbeitnehmerähnliche Person, um nach dem PflegeZG anspruchsberechtigt zu sein, neben wirtschaftlicher Abhängigkeit auch sozial schutzbedürftig sein. Um die soziale Schutzbedürftigkeit zu bejahen ist es jedoch nicht zwingend erforderlich, dass die betroffene arbeitnehmerähnliche Person die geschuldeten Dienste persönlich und ohne eigene Mitarbeiter zu erbringen hat[36]. Es reicht aus, wenn das Maß der (wirtschaftlichen) Abhängigkeit nach der Verkehrsanschauung einen solchen Grad erreicht, wie er im Allgemeinen nur in einem Arbeits-

---

31 Vgl. BT-Drucks. 16/7439, S. 93 f.

32 Üblicherweise erfolgt die Begründung eines Gesetzes bereits im Rahmen des entsprechenden Gesetzgebungsentwurfs und wird mit diesem zusammen eingereicht. Mit der Verabschiedung als Gesetz macht sich der Gesetzgeber aber letztlich die Begründung zu Eigen.

33 Vgl. *Linck* BB 2008, 2738.

34 Vgl. nur BAG vom 30.8.2000–5 AZB 12/00 – NZA 2000, 1359; BAG vom 15.11.2005–9 AZR 626/04 – AP Nr. 12 zu § 611 BGB Arbeitnehmerähnlichkeit; AR-*Gutzeit* § 2 BurlG Rn. 1; AR-*Kolbe* § 6 GewO Rn. 70 ff.

35 Vgl. *Preis/Nehring* NZA 2008, 729, 732; *Kossens*, § 7 PflegeZG Rn. 15 ff.

36 So wohl *Müller* BB 2008, 1058; *Hexel/Lüders* NZS 2009, 264, 265.

verhältnis vorkommt und die geleisteten Dienste nach ihrer soziologischen Typik mit denen eines Arbeitnehmers vergleichbar sind, wobei es stets auf die Gesamtwürdigung des Einzelfalls ankommt[37]. Zwar erbringen Arbeitnehmerähnliche regelmäßig ihre Dienste persönlich und ohne Hilfe von Dritten[38], jedoch kann beispielsweise der wirtschaftlich abhängige Heimarbeiter unter den Voraussetzungen des § 1 HAG seine vertraglich geschuldeten Leistungen auch in Zusammenarbeit mit Familienangehörigen erbringen. *Preis/Nehrig* weisen auch zu Recht daraufhin, dass gem. § 11 HAG beim Tätigwerden mehrerer Familienmitglieder der Arbeitsumfang entsprechend höher sein kann[39]. Solche Heimarbeiter allein wegen der fehlenden Ausschließlichkeit der persönlichen Dienstleistung aus dem Kreis der arbeitnehmerähnlichen Beschäftigten mangels sozialer Schutzbedürftigkeit auszuschließen, ist nicht geboten und auf Basis der o. g. Definition auch nicht zu befürchten. Bei aller gebotenen Skepsis gegenüber der Einbeziehung arbeitnehmerähnlicher Personen in den Kreis der Anspruchsberechtigten überhaupt, führt das Erfordernis der sozialen Schutzbedürftigkeit nicht zu Wertungswidersprüchen. Im Gegenteil: es schließt Personen, die zwar formal wirtschaftlich abhängig aber gerade nicht sozial schutzbedürftig sind, vom Anwendungsbereich aus.

b) Kritik

Mit der Einbeziehung der arbeitnehmerähnlichen Personen in die Gruppe der Anspruchsberechtigten weicht der Gesetzgeber allerdings nicht nur von den Pate gestandenen Vorschriften des BEEG ab. Arbeitnehmerähnliche Personen haben – mit Ausnahme der Heimarbeitnehmer[40] – keinen Anspruch auf Elternzeit, §§ 15, 20 Abs. 2 BEEG. Arbeitnehmerähnliche Personen genießen bislang auch keinerlei Kündigungsschutz, weder allgemeinen noch Sonderkündigungsschutz etwa gem. §§ 18 BEEG, 9 MuSchG[41]. Die Einbeziehung ist im Ergebnis systemwidrig und sollte vom Gesetzgeber korrigiert werden.

---

37 Vgl. BAG vom 17.1.2006–9 AZR 61/05, NJOZ 2006, 3821 = EzA § 2 BurlG Nr. 6; BAG vom 2.10.1990–4 AZR 106/90 – NZA 1991, 239.

38 Vgl. Schaub-*Vogelsang* § 10 Rn. 2.

39 Vgl. *Preis/Nehring* NZA 2008, 729, 732.

40 Zur Frage, ob Heimarbeitnehmer zu den arbeitnehmerähnlichen Personen zählen oder es sich um ein Dauerschuldverhältnis eigener Art handelt KR-*Rost* §§ 29,29a HAG Rn. 1 ff.

41 Ausführlich zum Kündigungsschutz siehe unten unter E.

II. Persönlicher Anwendungsbereich – Arbeitgeber

Anspruchsgegner für den das PflegeZG in Anspruch nehmenden Beschäftigten ist der jeweilige Arbeitgeber. Wer das ist bzw. sein kann, beantwortet der Gesetzgeber ausdrücklich selbst, denn auch dieser Begriff wird in § 7 Abs. 2 PflegeZG eigens definiert. Arbeitgeber sind demnach natürliche und juristische Personen sowie rechtsfähige Personengesellschaften, die Personen nach § 7 Abs. 1 PflegeZG, also Beschäftigte im Sinne des PflegeZG beschäftigen. Auf die klassische und einleuchtende Definition „Arbeitgeber ist, wer mindestens einen Arbeitnehmer beschäftigt"[42], braucht daher nicht zurückgegriffen zu werden. Sie steht aber dazu auch nicht im Widerspruch, sodass der Gesetzgeber auf diese Regelung auch hätte verzichten können, anstatt § 6 Abs. 2 AGG fast wortgleich zu übernehmen.

Arbeitnehmerähnliche Personen und Heimarbeitnehmer haben keinen Arbeitgeber; sie sind selbständig und haben daher einen Auftraggeber. Dieser oder der Zwischenmeister treten gem. § 7 Abs. 2 Satz 2 PflegeZG für diesen Kreis der Anspruchsberechtigten an die Stelle des Arbeitgebers.

Ansprüche auf Gewährung von Pflegezeit gem. § 3 PflegeZG bestehen nicht gegenüber Arbeitgebern mit in der Regel 15 oder weniger Beschäftigten, § 3 Abs. 1 Satz 2 PflegeZG (siehe unten D. I 1).

III. Naher Angehöriger

Ansprüche auf Freistellung von der Arbeitsleistung wegen kurzzeitiger Arbeitsverhinderung und auf Pflegezeit setzen weiterhin voraus, dass der Beschäftigte in dem geforderten Freistellungszeitraum für eine Person eine bedarfsgerechte Pflege organisiert bzw. selber pflegt. Bei der zu pflegenden Person muss es sich sowohl im Rahmen der Pflegezeit als auch der kurzzeitigen Arbeitsverhinderung um einen nahen Angehörigen im Sinne des PflegeZG handeln. Das PflegeZG zählt gem. § 7 Abs. 3 zu diesem Personenkreis Großeltern, Eltern, Schwiegereltern, Stiefeltern (Nr. 1), Ehegatten, Lebenspartner, Partner einer eheähnlichen oder lebenspartnerschaftlichen Gemeinschaft, Geschwister, Ehegatten der Geschwister und Geschwister der Ehegatten, Lebenspartner der Geschwister und Geschwister der Lebenspartner (Nr. 2) sowie Kinder, Adoptiv- oder Pflegekinder, die Kinder, Adoptiv- oder Pflegekinder des Ehegatten oder Lebenspartners Schwiegerkinder und Enkelkinder (Nr. 3). Die ausführliche enumerative Aufzählung ist abschlie-

---

42 BAG vom 21.1.1999–2 AZR 648/97 – NZA 1999, 539, 541.

ßend[43]. Die Gruppe der nahen Angehörigen kann daher durch Auslegung weder erweitert noch beschränkt werden, auch wenn noch so viel Bedarf dazu bestehen mag.

1. Schwiegereltern - Schwiegerkinder

Bemerkenswert ist zunächst die fast völlig unbeschränkte Einbeziehung der verschwägerten nahen Angehörigen. Sowohl Schwiegereltern als auch Schwiegerkinder werden in § 7 Abs. 3 PflegeZG ausdrücklich genannt. Dabei ist eigentlich selbstverständlich, dass Schwiegereltern die Eltern des Ehegatten und die Schwiegerkinder dem gegenüber die Ehegatten der eigenen Kinder also Schwiegersohn oder Schwiegertochter sind[44]. Dass auch die Eltern eines eingetragenen Lebenspartners Schwiegereltern bzw. eingetragene Lebenspartner Schwiegerkinder der Eltern Ihres Lebenspartners und damit als nahe Angehörige vom Wortlaut des § 7 Abs. 3 PflegeZG eindeutig erfasst sind, wird bisweilen angezweifelt[45]. Die Schwägerschaft wird jedoch durch § 11 Abs. 2 LPartG entsprechend § 1590 Abs. 1 BGB gesetzlich angeordnet, so dass es für eine Einbeziehung in den Kreis naher Angehöriger einer verfassungskonformen Auslegung nicht bedarf[46].

Heiratsfreudige Beschäftigte können durch die weite Fassung des PflegeZG unter Umständen einen nicht unbeträchtlichen Kreis von potentiell „pflegeberechtigten" nahen Angehörigen haben. Vereinzelt wird daher vertreten, dass das Pflegezeitgesetz jeweils nur die Verschwägerten der aktuellen Ehe erfasse[47]. Eine interessante Idee, die den sich ankündigenden Missbrauch dieser sozialen Ansprüche schon im Keim ersticken möchte. Gleichwohl: allen höheren Zielen zum Trotz ist das mit dem ausdrücklichen Gesetzeswortlaut schlechterdings nicht vereinbar. *Kossens* bemerkt zwar zu Recht, „die aufgezählten Verwandtschaftsverhältnisse[48] müssen im Zeitpunkt der Ankündigung" noch bestehen und nicht

43 Vgl. BeckOK/ArbR-*Joussen*, § 7 PflegeZG Rn. 13 *von Steinau-Steinrück/Mosch*, NJW-Spezial 2010, 178; *Kossens*, § 7 PflegeZG Rn. 27.

44 Insoweit unklar, warum HWK-*Lembke*, § 7 PflegZG Rn. 4 unter Schwiegerkinder die Kinder von Schwager/Schwägerin versteht. Das sind in der Regel Neffen und Nichten und die sind nicht von § 7 Abs. 3 PflegZG erfasst.

45 Vgl. *Thüsing/Pötters*, BB 2015, 181, 183.

46 Vgl. *Thüsing/Pötters*, BB 2015, 181, 183.

47 So *Linke/Linke*, S. 87; *Weinbrenner*, S. 38; *Besgen/Plack* S. 16.

48 Die Formulierung ist unglücklich gewählt, denn Verschwägerte sind, ebenso wie Ehegatten, rechtlich gesehen gem. § 1589 BGB nicht miteinander verwandt, Ehegatten nicht einmal verschwägert (vgl. Palandt-*Seidel* § 1590 Rn. 1).

irgendwann einmal vorgelegen haben[49], wobei es streng genommen reicht, wenn dies bei der Anspruchsgewährung, mithin zum Zeitpunkt der Freistellung (und nicht schon bei der Ankündigung) der Fall ist. Doch das hilft kaum weiter: zu berücksichtigen ist die eindeutige gesetzliche Reglung des § 1590 Abs. 2 BGB. Danach endet die Schwägerschaft nicht durch die Auflösung der Ehe durch die sie begründet wurde[50]. Entsprechendes regelt § 11 Abs. 2 LPartG für die eingetragene Lebenspartnerschaft. Auch die Eltern von mehreren Ex-Ehegatten bzw. Ex-Lebenspartnern sind somit noch Schwiegereltern – Ex-Schwiegereltern bzw. Ex-Schwiegerkinder gibt es nicht; die Schwägerschaft endet in der Regel erst mit dem Tod einer der verschwägerten Personen[51]. An dieser eindeutigen Rechtslage vermag auch der vermeintliche Wille des Gesetzgebers, nur die Verschwägerten einer (noch) bestehenden Ehe bzw. eingetragenen Lebenspartnerschaft einzubeziehen, nichts zu ändern, wobei es für diesen vermeintlichen Willen auch keine überzeugenden Anhaltspunkte gibt. De lege ferenda ist es allerdings durchaus sinnvoll, eine Beschränkung auf Verwandtschaftsverhältnisse einer bestehenden Ehe bzw. Lebenspartnerschaft einzuführen.

2. Stiefeltern – Stiefkinder

Etwas überraschend ist es demgegenüber, dass der Gesetzgeber im Jahre 2008 zwar Stiefkinder – also Kinder des Ehegatten bzw. eingetragenen Lebenspartners – ausdrücklich in den Kreis der nahen Angehörigen einbezogen hat[52], während hingegen Stiefmutter bzw. Stiefvater, also der Ehegatte bzw. Lebenspartner eines leiblichen Elternteils nicht von § 7 Abs. 3 PflegeZG a. F. erfasst waren[53]. Warum der Gesetzgeber nur die Pflege in eine Richtung durch das Pflegezeitgesetz erleichtern wollte, bleibt sein Geheimnis, zumal in Zeiten einer stetig älter werdenden Gesellschaft[54], die erforderliche Pflege eines Stiefelternteils nicht weniger

---

49 *Kossens,* § 7 PflegeZG Rn. 27.

50 KR-*Treber,* §§ 1–8 PflegZG Rn. 24; *Hopfner/Zimmermann/Uhlendorf* Rn. 10.

51 Vgl. auch MüKo-*Wellenhofer,* § 1590 BGB Rn. 5; NK-BGB/*Gutzeit* § 1590 Rn. 8.

52 Unklar, weshalb *Preis/Nehring,* NZA 2008, 729, 730; *Glatzel,* NJW 2009, 1377; *Joussen,* NZA 2009, 69, 72; *Bauer,* PersF 2008, Heft 10, S. 86; *Plein/Kratz,* KSzW 2012, 101, 103 und *von Steinau-Steinrück/Mosch,* NJW-Spezial 2010, 178 die Stiefkinder als nicht von § 7 Abs. 3 PflegeZG erfasst ansehen, obwohl die Kinder der Ehegatten und Lebenspartner ausdrücklich in Nr. 3 genannt sind.

53 Vgl. *Joussen,* 2009, 69, 72; *Preis/Nehring,* NZA 2008, 729, 730; *Müller/Stuhlmann,* S. 22; *Besgen/Plack* S. 16 f.

54 Ein kleiner statistischer Überblick zum Zeitpunkt der Gesetzgebung findet sich bei *von Schwanenflügel,* ZRP 2008, 4 ff.

wahrscheinlich ist, als die eines leiblichen Elternteils. Besonderes Gewicht erlangte diese Einbahnstraße dadurch, dass familienrechtlich betrachtet gem. § 1590 Abs. 1 BGB zwischen dem Ehegatten bzw. Lebenspartner und dem jeweiligen Kind des neuen Partners eine rechtliche Beziehung in beide Richtungen in Form einer Schwägerschaft besteht[55], diese nur regelmäßig nicht als solche bezeichnet wird[56]. Stattdessen werden regelmäßig die Begriffe Stiefeltern bzw. Stiefkinder[57] verwandt. Der Gesetzgeber hat dies zunächst nicht getan und bei seiner Umschreibung nur die (Stief-)Kinder, nicht hingegen die (Stief-)Eltern als nahe Angehörige berücksichtigt. Diese nicht nachvollziehbare und verfassungsrechtlich auch durchaus bedenkliche Differenzierung hat der Gesetzgeber nunmehr zu Recht aufgegeben und im Rahmen des Gesetzes zur besseren Vereinbarkeit von Familie, Pflege und Beruf vom 23.12.2014 die Stiefeltern ausdrücklich in § 7 Abs. 3 Nr. 1 PflegeZG mit aufgenommen[58].

3. Adoptiv- und Pflegeeltern – Adoptiv- und Pflegekinder

Die gleiche Differenzierung wie bei Stiefeltern und –kindern hat der Gesetzgeber auch für Adoptiv- und Pflegeverhältnisse vorgenommen. Adoptiv- und Pflegekinder gelten ausdrücklich als nahe Angehörige, die dazugehörigen Adoptiv- und Pflegeeltern hingegen werden in § 7 Abs. 3 PflegeZG nicht genannt. Anders als bei den Stiefkindern, die als „Kinder des Ehegatten oder Lebenspartners" umschrieben wurden und werden, verwendet der Gesetzgeber die Begriffe Adoptiv- und Pflegekinder ausdrücklich. Insofern ist es nicht möglich, die ausdrücklich nicht genannten Adoptiv- und Pflegeeltern contra legem als nahe Angehörige zu erfassen. Der klare Wortlaut und die enumerative Aufzählung lassen eine Ergänzung nicht zu. Soweit es die Pflegeeltern betrifft, führt an deren Ausschluss daher kein Weg vorbei[59]. Dies erscheint auch sachgerecht. Die Pflegeeltern gem. § 33 SGB VIII zugewiesen Pflegekinder sind selber hilfebedürftig und minderjährig. Die Pflegekinder sind als nahe Angehörige „zu Gunsten" ihrer Pflegeltern auch erfasst. Wird hingegen ein Pflegeelternteil selbst pflegebedürftig, wird dieser auch seine Rolle als Pflegeelternteil nicht mehr ausüben können. Sofern noch ein Kind zur Pflege zugewiesen ist, wird diese Zuweisung aufzuheben (§ 44 Abs. 3 SGB VIII)

55 MüKo-*Wellenhofer* § 1590 BGB Rn. 2.
56 Vgl. *von Plettenberg*, S. 45.
57 Vgl. zu den Begrifflichkeiten *Peschel-Gutzeit,* FPR 2004, 47 ff.; MüKo-*Wellenhofer* § 1590 BGB Rn. 2.
58 Vgl. BGBl. S. 2462 ff.
59 So wohl im Ergebnis auch *von Plettenberg*, S. 46.

und das Kind einer anderen Pflegefamilie zuzuweisen sein, wenn weiterhin die Voraussetzungen des § 33 SGB VIII erfüllt sind. Die Pflegekinder sind, da selbst hilfebedürftig und minderjährig, gar nicht in der Lage, ihrerseits die Pflege der Pflegeeltern zu übernehmen. Denkbar erscheint dies nur in Zeiten, die nach der eigentlichen Kinderpflege liegen, zu denen die einstigen Pflegekinder also bereits selbst erwachsen sind. Diese Fälle sind aber aufgrund der Ausgestaltung des Angehörigenbegriffs eindeutig nicht erfasst.

Anders hingegen sieht es für die Adoptiveltern aus. Sie sind durch die Adoption gem. § 1754 Abs. 1 BGB rechtlich betrachtet Eltern des angenommenen Kindes geworden und damit von § 7 Abs. 3 Nr. 1 PflegeZG erfasst. Freilich gilt das umgekehrt auch für die Adoptivkinder, die ebenfalls bereits vom Begriff „Kinder" des § 7 Abs. 3 Nr. 3 PflegeZG erfasst sind und dennoch vom Gesetzgeber extra erwähnt werden. Der Gesetzgeber hat also zwischen Kindern und Adoptivkindern unterschieden. Konsequenterweise müsste dies dann auch bei den Elternbegriffen gelten, aber der Begriff der Adoptiveltern findet sich ausdrücklich nicht. Gleichwohl kann die Begründung des Verwandtschaftsverhältnisses durch die Adoption dadurch nicht berührt werden. Adoptiveltern sind rechtlich betrachtet echte Eltern und daher vom PflegeZG als nahe Angehörige gem. § 7 Abs. 3 Nr. 1 erfasst[60]. Der Verzicht des Gesetzgebers auf die Nennung von Adoptiveltern und die gleichzeitig doppelte und eigentlich überflüssige Nennung von Kindern und Adoptivkindern bleiben folgenlos. Anderenfalls würde auch für die adoptieren Kinder eine Gruppe von nahen Angehörigen, nämlich die der Eltern, komplett entfallen, da mit der Adoption die bisherigen Verwandtschaftsverhältnisse gem. § 1755 BGB erlöschen.

4. Kinder in einer eheähnlichen Gemeinschaft

Betrachtet man die die Aufzählung in § 7 Abs. 3 Nr. 3 PflegeZG entsteht schnell der Eindruck, dass der Gesetzgeber jedenfalls Kinder aller Art vollumfänglich erfasst hat. Doch der Schein trügt. Bemerkenswert ist, dass der Gesetzgeber eine durchaus hochrelevante Gruppe von Kindern nicht berücksichtigt hat – nämlich die Kinder, Adoptiv- oder Pflegekinder von Partnern in einer eheähnlichen Gemeinschaft. Während der Partner einer eheähnlichen Gemeinschaft selbst naher Angehöriger im Sinne des Pflegezeitgesetzes ist, § 7 Abs. 3 Nr. 2 PflegeZG, gilt das für seine Kinder nicht. In Zeiten, in denen sogenannte Patchworkfamilien immer häufiger in der modernen Gesellschaft anzutreffen sind, eine schwer nachvollziehbare Ausklammerung eines wesentlichen Personenkreises, zumal das Verhältnis

---

60 So auch HWK-*Lembke*, § 7 PflegZG Rn. 4; unentschieden *von Plettenberg* S. 46, 57.

zu den Kindern, Adoptiv- oder Pflegekindern des Partners einer eheähnlichen Gemeinschaft, die regelmäßig auch im selben Haushalt leben werden, wohl häufig deutlich enger sein wird, als das zu Schwiegereltern bzw. Schwiegerkindern aus einer bereits seit langer Zeit geschiedenen Ehe bzw. eingetragenen Lebenspartnerschaft. Ob diese offensichtliche Ungleichbehandlung von „unechten" Stiefkindern durch den besonderen, durch Art. 6 GG gewährten Schutz der Ehe gerechtfertigt ist, ist zumindest zweifelhaft[61]. Eine ggf. verfassungskonforme (erweiternde) Auslegung scheitert aber am abschließenden Charakter der Norm[62]. Leidtragende sind schließlich die pflegebedürftigen Kinder, Adoptiv- und Pflegekinder von in eheähnlicher Gemeinschaft lebender Partner. Sie können im Pflegefall nicht mit der arbeitsrechtlichen Begünstigung der Pflege durch den Partner des Elternteils rechnen. Mit dem ursprünglichen gesetzgeberischen Ziel ist dies kaum vereinbar, so dass es nahe liegt, dass der Gesetzgeber diese wesentliche Gruppe schlicht übersehen hat. Eine analoge Einbeziehung scheidet dennoch aufgrund des enumerativen und damit abschließenden Charakters der Vorschrift aus. De lege ferenda sollte hier zwingend und bei nächster Gelegenheit nachgebessert werden.

5. Eheähnliche bzw. Lebenspartnerschaftsähnliche Gemeinschaft

Als nahe Angehörige hat der Gesetzgeber – ganz modern – auch die Partner einer eheähnlichen Gemeinschaft erfasst. Während er als Pendant zur Ehe auch die eingetragene Lebenspartnerschaft gleichberechtigt berücksichtigt, galt das bei der eheähnlichen Gemeinschaft in der ursprünglichen Gesetzesfassung, die zum 1.7.2008 in Kraft trat, zunächst nicht. Erfasst waren über den Begriff „eheähnlich" nur verschiedengeschlechtlich zusammenlebende Partner. Gleichgeschlechtliche, in einer lebenspartnerschaftsähnlichen Beziehung lebende Personen, waren keine nahen Angehörigen[63]. Diese offensichtliche Differenzierung zog unweigerlich die Frage nach der Zulässigkeit einer solchen unterschiedlichen Behandlung nach sich, die erstmals ausführlicher von *von Plettenberg*[64] gerade im Hinblick auf eine Vereinbarkeit mit höherrangigem Verfassungs- und Europarecht untersucht wurde. Mit dem Gesetz zur besseren Vereinbarkeit von Familie, Pflege und Beruf vom 23.12.2014 hat der Gesetzgeber auch den nachstehenden

---

61 So auch BeckOK/ArbR-*Joussen* § 7 PflegeZG Rn. 14.

62 So auch *Glatzel*, NJW 2009, 1377.

63 So auch *Treber*, JbArbR 46 (2009), 91, 96.

64 *Von Plettenberg*, S. 48–56; Bedenken auch bei *Treber*, JbArbR 46 (2009), 91, 96; für eine ausdrückliche Aufnahme der lebenspartnerschaftsähnlichen Lebensgemeinschaft breites im Juni 2006: SoVD, Gesetzentwurf, § 3 Abs. 1 Nr. 5.

erheblichen Bedenken Rechnung getragen und die lebenspartnerschaftsähnliche Gemeinschaft ebenfalls in den Kreis der nahen Angehörigen in § 7 Abs. 3 Nr. 2 PflegeZG n. F. aufgenommen.

a) *Verstoß gegen den allg. Gleichheitssatz*

Der in Art. 3 Abs. 1 GG normierte allgemeine Gleichheitssatz „gebietet es dem Normgeber, wesentlich Gleiches gleich und wesentlich Ungleiches ungleich zu behandeln."[65] „Der Gleichheitssatz ist dann verletzt, wenn eine Gruppe von Normadressaten oder Normbetroffenen im Vergleich zu einer anderen anders behandelt wird, obwohl zwischen beiden Gruppen keine Unterschiede von solcher Art und solchem Gewicht bestehen, dass sie die unterschiedliche Behandlung rechtfertigen können. Dabei verwehrt Art. 3 Abs. 1 GG dem Gesetzgeber nicht jede Differenzierung. Differenzierungen bedürfen jedoch stets der Rechtfertigung durch Sachgründe, die dem Differenzierungsziel und dem Ausmaß der Ungleichbehandlung angemessen sind."[66]

Unstreitig wurden durch das PflegeZG a. F. die Partner einer eheähnlichen Gemeinschaft anders behandelt, als solche in einer lebenspartnerschaftsähnlichen Lebensgemeinschaft, denn erstere waren nahe Angehörige gem. § 7 Abs. 3 PflegeZG letztere nicht[67]. Gleichgeschlechtliche Partnerschaften ließen sich nicht unter den Begriff „eheähnlich" subsumieren[68]. Unter einer eheähnlichen Lebensgemeinschaft versteht man eine solche zwischen einem Mann und einer Frau[69]. Der Begriff folgt dem Vorbild „Ehe", die nur zwischen verschiedengeschlecht-

---

65 So das BVerfG in ständiger Rechtsprechung, zuletzt Urteil vom 19.2.2013–1 BvL 1/11, 1 BvR 3247/09 – BeckRS 2013, 47057; Beschluss vom 15.7.1998–1 BvR 1554/89, 1 BvR 963/94, 1 BvR 964/94 – BVerfGE 98, 365, 385 = NZA 1999, 194; Urteil vom 23.10.1951–2 BVG 1/51 – BVerfGE 1, 14, 52.

66 BVerfG, Urteil vom 19.2.2013–1 BvL 1/11, 1 BvR 3247/09 – BeckRS 2013, 47057; Beschluss vom 21.6.2011–1 BvR 2035/07 – BVerfGE 129, 49, 68 f. = NVwZ 2011, 1316.

67 Vgl. KR-*Treber*, §§ 1–8 PflegeZG Rn. 25.

68 Ausführlich dazu SG Düsseldorf, Vorlagebeschluss vom 27.4.2006 – S 35 AS 103/05 mit Hinweis auf BVerfG, Beschluss vom 9.11.2004–1 BvR 684/98 – BVerfGE 112, 50 = NJW 2005, 590, Urteil vom 17.11.1992–1 BvL 8/87 – BVerfGE 87, 234 = NJW 1993, 643 und Beschluss vom 29.10.2002–1 BvL 16/95, 1 BvL 17/95 und 1 BvL 16/97 – BVerfGE 106, 166 = FamRZ 2003, 106; ebenso BVerwG, Urteil vom 20.1.1977 - V C 62.75 – BVerwGE 52, 11 = NJW 1978, 388; für eine entsprechende verfassungskonforme Auslegung hingegen das Bayerische LSG, Beschluss vom 14.6.2005 – L 11 B 226/05 AS ER unter Hinweis auf das LPartG.

69 Vgl. BVerfG Urteil vom 17.11.1992–1 BvL 8/87 – BVerfGE 87, 234 = NJW 1993, 643; LSG NRW Beschluss vom 21.4.2005 – L 9 B 6/05 SO ER – NJW 2005, 2253.

lichen Partner möglich ist. Für sog. Homo-Ehen hat der Gesetzgeber den Begriff der Lebenspartnerschaft in § 1 Abs. 1 LPartG eingeführt.

Es ist daher im nächsten Schritt zu bestimmen, ob homosexuelle Partner in einer lebenspartnerschaftsähnlichen Lebensgemeinschaft gegenüber heterosexuellen Partnern einer eheähnlichen Lebensgemeinschaft wesentlich gleich sind.

Das Bundesverfassungsgericht hat das im Jahre 1992 noch verneint[70]. Während es die eheähnliche Gemeinschaft bereits seit 1958 als „typischen Lebenstatbestand“[71] bzw. eine „typische Erscheinung des sozialen Lebens“ beschrieb[72], sah es 1992 in der Nichterfassung anderer „Lebens-, Haushalts- und Wirtschaftsgemeinschaften – wie etwa Gemeinschaften zwischen gleichgeschlechtlichen Partnern oder Verwandten“ durch den damaligen § 137 Abs. 2a AFG keinen Verstoß gegen Art. 3 Abs. 1 GG, weil der Gesetzgeber nach damaliger Ansicht des Bundesverfassungsgerichts davon ausgehen durfte, „dass die eheähnliche Gemeinschaft in weitaus größerer Zahl vorkommt und sich als sozialer Typus deutlicher herausgebildet hat als die genannten anderen Gemeinschaften.“[73] Ob das (bereits) im Jahre 1992 (noch) richtig war, kann dahinstehen, aktuell ist diese Auffassung jedenfalls kaum mehr vertretbar[74]. Homosexuelle Partnerschaften, ob eingetragen oder nicht, sind, auch wenn sie zahlenmäßig deutlich hinter heterosexuellen Partnerschaften zurückliegen[75], längst in der sozialen Wirklichkeit der Bundesrepublik Deutschland als sozialer Typus angekommen[76]. Das zeigt sich nicht nur in den immer häufiger auftretenden Bekenntnissen insbesondere

---

70 Unklar *von Plettenberg*, S. 50, die offenbar davon ausgeht, das BVerfG habe 1992 die Ungleichbehandlung nur für gerechtfertigt gehalten; wie hier SG Düsseldorf Beschluss vom 16.2.2005 – S 35 SO 28/05 ER – NJW 2005, 845.

71 Entscheidung vom 16.12.1958–1 BvL 3/57, 1 BvL 4/57, 1 BvL 8/58 – BVerfGE 9, 20, 32 = NJW 1959, 283.

72 Beschluss vom 4.4.1990–1 BvR 1186/89 – BVerfGE 82, 6, 13 = NJW 1990, 1593.

73 Urteil vom 17.11.1992–1 BvL 8/87 – BVerfGE 87, 234 = NJW 1993, 643.

74 So auch *von Plettenberg*, S. 51.

75 Laut Statistischem Bundesamt gab es 2011 in Deutschland ca. 2,75 Millionen eheähnliche Lebensgemeinschaften, denen etwa 67.000 nachgewiesene gleichgeschlechtliche – davon etwa 27.000 eingetragene – Lebensgemeinschaften gegenüberstanden. Schätzungen gehen von etwa 185.000 gleichgeschlechtlichen Lebensgemeinschaften aus (siehe Mikrozensus 2011, S. 985). Für 2014 weist das Statistische Bundesamt insgesamt bereits 87.000 gleichgeschlechtliche Lebensgemeinschaften, davon 41.000 eingetragenen Lebenspartnerschaften aus (siehe Datenreport 2016, S. 46).

76 So auch das SG Düsseldorf, Beschluss vom 16.2.2005 – S 35 SO 28/05 ER – NJW 2005, 845.

auch durch Personen des öffentlichen Lebens, wie etwa Bürgermeister[77] und Bundesminister[78], sondern ganz besonders auch in der klaren Anerkennung gleichgeschlechtlicher Partnerschaften durch den Gesetzgeber, die dieser mit der Schaffung des Lebenspartnerschaftsgesetzes im Jahre 2001 zum Ausdruck gebracht hat[79]. Schon der Titel des „Gesetzes zur Beendigung der Diskriminierung gleichgeschlechtlicher Gemeinschaften: Lebenspartnerschaften"[80] macht deutlich, dass nach dem Willen des Gesetzgebers Ungleichbehandlungen beendet und gleichgeschlechtliche Partner gegenüber verschiedengeschlechtlichen Partnern gleichbehandelt werden sollen. Das Bundesverfassungsgericht hat nach Ablehnung des von Bayern und Sachsen beantragten Erlasses einer einstweiligen Anordnung gem. § 32 BVerfGG zur Verhinderung des Inkrafttretens des Lebenspartnerschaftsgesetzes[81] im Hauptsacheverfahren im Jahre 2002 endgültig die Vereinbarkeit des Lebenspartnerschaftsgesetzes sowohl mit Art. 6 Abs. 1 GG als auch Art. 3 Abs. 1 GG – wenn auch nicht einstimmig – festgestellt[82]. Die wesentlichen Bedenken der unterlegenen Senatsmitglieder richteten sich im Übrigen gegen eine Gleichstellung der eingetragenen Lebenspartnerschaft mit der Ehe, der sie institutionell eine Besserstellung aus Art. 6 Abs. 1 GG bescheinigten[83]. Bei „nur" eng zusammenlebenden Personen ohne „Trauschein" greift diese vermeintlich verfassungsrechtlich garantierte Besserstellung von verschiedengeschlechtlichen Partnern durch die Institutsgarantie der Ehe in keinem Fall, denn die eheähnliche Gemeinschaft unterfällt der Institutsgarantie nicht.

---

77 So erklärte der Regierende Bürgermeister von Berlin – damals noch als Kandidat – *Klaus Wowereit* am 10. Juni 2001 auf dem SPD-Parteitag: „Damit auch keine Irritationen hochkommen: Ich bin schwul und das ist auch gut so." (siehe Süddeutsche Zeitung vom 11. Juni 2001, S. 10).

78 Der ehemalige Bundesaußenminister *Guido Westerwelle* lebte seit 2010 in einer eingetragenen Lebenspartnerschaft (siehe Süddeutsche Zeitung vom 18./19.9.2010, S. 12.

79 So auch das SG Düsseldorf, Beschluss vom 16.2.2005 – S 35 SO 28/05 ER – NJW 2005, 845.

80 BGBl. I S. 266.

81 Beschluss vom 18.7.2001–1 BvQ 23/01 und 1 BvQ 26/01 – BVerfGE 104, 51 = NJW 2001, 2457.

82 Urteil vom 17.7.2002–1 BvF 1/01 und 1 BvF 2/01 – BVerfGE 105, 313 = NJW 2002, 2543; die Entscheidung erging in Bezug auf die Vereinbarkeit mit Art. 6 Abs. 1 GG mit 5:3 Stimmen, in Bezug auf die Vereinbarkeit mit Art. 3 Abs. 1 GG mit 7:1 Stimmen; abweichendes Sondervotum zur Vereinbarkeit mit Art. 6 Abs. 1 GG vom Senatsvorsitzenden und Präsidenten des Bundesverfassungsgerichts *Papier*.

83 Siehe insbesondere das Sondervotum des Senatsvorsitzenden und Präsidenten des Bundesverfassungsgerichts *Papier* FN 82.

Seitdem hat der Gesetzgeber nicht nur das zum 18.8.2006 in Kraft getretene Allgemeine Gleichbehandlungsgesetz (AGG) erlassen[84], sondern auch weitere Ungleichbehandlungen zwischen vergleichbaren Gruppen gleich- und verschiedengeschlechtlicher Partner aufgegeben. Ein prominenter Fall betraf § 7 SGB II. In den Jahren 2005 und 2006 äußerte das Sozialgericht Düsseldorf Zweifel an der Vereinbarkeit von § 7 Abs. 3 Nr. 3b SGB II a. F. mit Art. 3 Abs. 1 GG. Dieser regelte, dass in eheähnlicher Gemeinschaft lebende Personen zu einer Bedarfsgemeinschaft im Sinne des SGB II gehören. Erfasst waren damit nur verschiedengeschlechtliche Gemeinschaften, gleichgeschlechtliche wegen des Begriffs „eheähnlich" nicht[85], weshalb im Ergebnis Partner einer eheähnlichen Lebensgemeinschaft (sogar) schlechter gestellt waren als solche einer lebenspartnerschaftsähnlichen Lebensgemeinschaft. Das Sozialgericht Düsseldorf erließ im ersten Verfahren eine einstweilige Verfügung, die die Leistungsträgerin verpflichtete, zwei verschiedengeschlechtliche Partner einer behaupteten eheähnlichen Lebensgemeinschaft entgegen dem Gesetzeswortlaut im Ergebnis nicht als Bedarfsgemeinschaft anzusehen und Leistungen nach dem SGB II zu gewähren[86]. In einem zweiten Verfahren setzte dieselbe Kammer des Gerichts das Verfahren gem. Art. 100 Abs. 1 GG aus und legte die monierte Norm dem Bundesverfassungsgericht zur konkreten Normenkontrolle vor[87]. Beide Entscheidungen hatten keinen Bestand[88], in der Frage der Ungleichbehandlung hatte das Gericht hingegen Erfolg. Der Gesetzgeber änderte[89], angestoßen durch das SG Düsseldorf[90], mit Wirkung zum 1.8.2006 und damit noch bevor das BVerfG über den Normenkontrollantrag entschieden hatte, § 7 Abs. 3 SGB II dergestalt, dass nunmehr bei der Bestimmung, ob zusammenlebende Personen eine Bedarfsgemeinschaft bilden oder nicht, unterschiedslos gleich- und verschiedengeschlechtliche Lebensgemeinschaften erfasst werden. Vor diesem Hintergrund überraschte die erst nach diesem Zeitpunkt Gesetz gewordene Formulierung des PflegeZG a. F. besonders.

Auch an anderer Stelle ist der Gesetzgeber tätig geworden, wenngleich er dies nicht immer in vorauseilendem Gehorsam, sondern gezwungen durch Ent-

---

84 BGBl. I. S. 1897.

85 Siehe FN 68 sowie SG Dortmund, Beschluss vom 14.7.2005 – S 29 AS 211/05 ER.

86 Beschluss vom 16.2.2005 – S 35 SO 28/05 ER – NJW 2005, 845.

87 Vorlagebeschluss vom 27.4.2006 – S 35 AS 103/05.

88 LSG NRW, Beschluss vom 21.4.2005 – L 9 B 6/05 SO ER – NJW 2005, 2253 und BVerfG, Beschluss vom 17.1.2007–1 BvL 7/06 – BVerfGK 10, 199.

89 Art. 1 Nr. 7a des Gesetzes zur Fortentwicklung der Grundsicherung für Arbeitssuchende vom 20.7.2006, BGBl. I S. 1706.

90 BT-Drucks. 16/1410, S. 19.

scheidungen des Bundesverfassungsgerichts tat. Das Bundesverfassungsgericht hatte etwa die Ungleichbehandlung von Ehe- und Lebenspartnern bei der Hinterbliebenenversorgung[91], der Erbschaftsteuer[92], dem beamtenrechtlichen Familienzuschlag[93], der Grunderwerbsteuer[94] sowie der Sukzessivadoption[95] für nicht vereinbar mit Art. 3 Abs. 1 GG und die entsprechenden Normen, weil der Gesetzgeber teilweise bereits reagiert hatte, teilweise nur für die Vergangenheit, für verfassungswidrig erklärt.

Gleichgeschlechtliche und verschiedengeschlechtliche Partner in einer lebenspartnerschaftsähnlichen bzw. eheähnlichen Lebensgemeinschaft sind im Ergebnis wesentlich gleich. Es bestehen innerhalb gleich- und verschiedengeschlechtlicher Partnerschaften keine Unterschiede in den jeweiligen Erwartungen an die gemeinsame Partnerschaft und den Vorstellungen über eine gute Beziehung[96]. Betrachtet man konkret die hier in Frage stehende Situation, dass die Partnerschaft mit einer Pflegesituation eines Partners konfrontiert wird, so ist kein Unterschied zwischen gleich- und verschiedengeschlechtlichen Partnern ersichtlich. Die gegenseitige Fürsorge der Partner ist nicht vom Geschlecht oder der sexuellen Orientierung abhängig. Eine Ungleichbehandlung bedarf daher einer strengen Rechtfertigung[97]. Eine solche liegt für die vom PflegeZG geregelten Sachverhalte jedoch nicht vor, weshalb die einseitige Berücksichtigung von Partnern einer eheähnlichen Gemeinschaft als nahe Angehörige mit dem allgemeinen Gleichheitssatz des Art. 3 Abs. 1 GG nicht vereinbar ist. Dies verbindlich festzustellen obliegt allerdings allein dem Bundesverfassungsgericht. Am Ausgang eines entsprechenden Verfahrens bestanden aber im Hinblick auf die jüngsten Entscheidungen wenig Zweifel. Zwar hatten diese Entscheidungen jeweils die Ungleichbehandlung von eingetragenen Lebenspartnern gegenüber Ehepartnern bzw. die Ungleichbehandlung der jeweiligen Kinder zum Gegenstand, jedoch stehen sich Partner einer lebenspartnerschaftsähnlichen und solche einer eheähnlichen Lebensgemeinschaft im selben Verhältnis gegenüber, wie Ehe- und Lebenspartner. Sie unterscheiden sich jeweils nur nach dem Geschlecht und der sexuellen Orientierung, stehen

91 Beschluss vom 7.7.2009–1 BvR 1164/07 – BVerfGE 124, 199 = NJW 2010, 1439.

92 Beschluss vom 21.7.2010–1 BvR 611/07 und 1 BvR 2464/07 – BVerfGE 126, 400 = NJW 2010, 2783.

93 Beschluss vom 19.6.2012–2 BvR 1397/09 – FamRZ 2012, 1472.

94 Beschluss vom 18.7.2012–1 BvL 16/11 – NJW 2012, 2719.

95 Beschluss vom 19.2.2013–1 BvL 1/11, 1 BvR 3247/09 – BeckRS 2013, 47057.

96 Vgl. *Buba/Vaskovic*, S. 75–79, 247.

97 BVerfG, Urteil vom 19.2.2013–1 BvL 1/11, 1 BvR 3247/09 – BeckRS 2013, 47057; Beschluss vom 21.6.2011–1 BvR 2035/07 – BVerfGE 129, 49, 68 f. = NVwZ 2011, 1316.

ansonsten aber auf gleicher Stufe. Soweit aber eine Ungleichbehandlung von Ehepartnern gegenüber Lebenspartnern verfassungsrechtlich verboten ist, muss dies auch im Verhältnis der jeweils „nur“ eine Lebensgemeinschaft bildenden Partner, egal ob ehe- oder lebenspartnerschaftsähnlich, gelten.

b) Verstoß gegen das Diskriminierungsverbot (RL 2000/78/EG)

Für die unterschiedliche Behandlung von Beschäftigten, die in einer gleichgeschlechtlichen, lebenspartnerschaftsähnlichen Gemeinschaft leben gegenüber solchen, die in einer verschiedengeschlechtlichen, eheähnlichen Gemeinschaft leben, stellte sich ebenfalls die Frage nach der Vereinbarkeit des PflegeZG a. F. mit der europäischen Richtlinie 2000/78/EG (Gleichbehandlungsrahmenrichtlinie), die der Gesetzgeber mit dem Allgemeinen Gleichbehandlungsgesetz[98] umgesetzt hat[99].

Die Richtlinie 2000/78/EG verbietet jede unmittelbare oder mittelbare Diskriminierung in Beschäftigung und Beruf unter anderem wegen der sexuellen Ausrichtung, Art. 1, Art. 2 Abs. 1. Sie gilt gem. Art. 3 Abs. 1 lit. c) der Richtlinie für alle Personen in öffentlichen und privaten Bereichen, einschließlich öffentlicher Stellen in Bezug auf die Beschäftigungs- und Arbeitsbedingungen, einschließlich der Entlassungsbedingungen und des Arbeitsentgelts.

Der Begriff der Beschäftigungs- und Arbeitsbedingungen ist weit auszulegen[100] und erstreckt sich auf alle mit dem Beschäftigungs- bzw. Arbeitsverhältnis verbundenen Umstände[101] unabhängig davon, ob sie vertraglich vereinbart oder normativ vorgegeben sind[102]. Der EuGH[103] stellte in der Meyers-Entscheidung fest, dass eine Leistung, die unmittelbar mit einem Arbeitsverhältnis verknüpft ist, eine Arbeitsbedingung im Sinne von Art. 5 der Richtlinie 76/207/EWG[104]

---

98 BGBl. I. S. 1897.

99 BT-Drucks. 16/1780, S. 1.

100 Vgl. *Bauer/Krieger*, § 2 Rn. 27.

101 Vgl. ErfK-*Schlachter*, § 2 AGG Rn. 8.

102 Vgl. *Däubler/Bertzbach*, § 2 Rn. 33.

103 Urteil vom 13.7.1995 – Rs. C-116/94, Jennifer Meyers gegen Adjudication Officer – Celex-Nr. 61994CJ0116 = Slg. 1995, I-2131, 2152 Rn. 24.

104 Die inzwischen außer Kraft getretene Richtlinie 76/207/EWG, auf die im dritten Erwägungsgrund der Richtlinie 2000/78/EG Bezug genommen wird, enthielt in Art. 5 nur den Begriff der „Arbeitsbedingungen“. Die Nachfolgerichtlinie 2006/54/EG enthält in Art. 14 Abs. 1 lit. c) den gleichen Wortlaut „Beschäftigungs- und Arbeitsbedingungen“ wie die Richtlinie 2000/78/EG. Daher kann die Auslegung des EuGH zur alten Richtlinie 76/207/EWG für die Auslegung der Richtlinie 2000/78/

ist. Zwar gewährt das PflegeZG einem Beschäftigten keine Leistung, stellt ihm aber einen Anspruch, genauer ein Leistungsverweigerungs-[105] bzw. Gestaltungsrecht[106] gegenüber dem Arbeitgeber zur Verfügung, dessen Bestand unmittelbar an das Beschäftigungsverhältnis anknüpft. Die Rechte des Beschäftigten nach §§ 2 und 3 PflegeZG sind daher Beschäftigungs- und Arbeitsbedingungen gem. Art. 3 Abs. 1 lit. c) der Richtlinie 2000/78/EG und fallen in deren Geltungsbereich[107]. Das PflegeZG darf daher Personen hinsichtlich dieser Beschäftigungs- und Arbeitsbedingungen nicht wegen der sexuellen Ausrichtung diskriminieren. Unter der sexuellen Ausrichtung – der deutsche Gesetzgeber verwendet in § 1 AGG den Begriff der sexuellen Identität[108] – ist die Präferenz bei der Wahl des Sexualpartners, also die die sexuelle Neigung[109], nicht hingegen die Geschlechtsidentität zu verstehen[110]. Unter dem Begriff wird in der Regel „heterosexuell, homosexuell und bisexuell" verstanden[111]. Das PflegeZG a. F. gewährte bis zum 31.12.2014 nur Beschäftigten, die im Rahmen einer eheähnlichen Gemeinschaft einen verschiedengeschlechtlichen Partner pflegen wollten, die entsprechenden Rechte und enthielt sie Beschäftigten, die einen gleichgeschlechtlichen Partner im Rahmen einer lebenspartnerschaftsähnlichen Gemeinschaft pflegen wollen, vor. Damit differenzierte die Norm danach, ob der Beschäftigte homo- oder heterosexuell ausgerichtet ist und diskriminierte die Betroffenen dadurch. Diese Diskriminierung wegen der sexuellen Ausrichtung hätte schließlich mittelbar oder unmittelbar im Sinne von Art. 2 Abs. 2 RL 2000/78/EG erfolgen müssen, um einen Verstoß gegen die Richtlinie feststellen zu können. Eine unmittelbare Diskriminierung liegt gem. Art. 2 Abs. 2a RL 2000/78/EG vor, wenn eine Person wegen eines der in Artikel 1 der Richtlinie genannten Gründe – hier wegen ihrer sexuellen Ausrichtung – in einer vergleichbaren Situation eine weniger günstige Behandlung erfährt, als eine andere Person erfährt, erfahren hat oder erfahren würde, wobei es

---

EG für den Begriff der „Beschäftigungs- und Arbeitsbedingungen" übernommen werden.

105 Siehe unten unter C.

106 Siehe unten unter D. I. 4. b).

107 So auch *von Plettenberg*, S. 53.

108 Die Begriffe muss man wohl als inhaltsgleich verstehen. Siehe MüKo-*Thüsing*, § 1 AGG Rn. 88; *Däubler/Bertzbach*, § 1 Rn. 88.

109 Vgl. *Lingscheid*, S. 256; *Bauer/Krieger*, § 1 Rn. 49.

110 Vgl. MüKo-*Thüsing* § 1 AGG Rn. 88.

111 Vgl. MüKo-*Thüsing* § 1 AGG Rn. 88; *Bauer/Krieger*, § 1 Rn. 49; *Adomeit/Mohr*, § 1 Rn. 161; Schleusener/Suckow/Voigt-*Schleusener* § 1, Rn. 73; *Lingscheid*, S. 255.

auf eine konkrete Vergleichbarkeit ankommt[112]. Die zu beurteilende Situation war die eines Beschäftigten, der Pflegezeit für seinen in einer Gemeinschaft lebenden Partner in Anspruch nehmen möchte. Dabei ist es unerheblich, ob der Beschäftigte hetero- oder homosexuell ausgerichtet ist; der entsprechende Fürsorgewille wird durch die sexuelle Ausrichtung nicht beeinträchtigt. Er besteht in eheähnlichen und lebenspartnerschaftsähnlichen Gemeinschaften in gleicher Weise. Beide Situationen sind daher vergleichbar, homosexuelle Beschäftigte erfuhren dabei eine ungünstigere Behandlung als heterosexuelle Beschäftigte und wurden in der Folge unmittelbar wegen ihrer sexuellen Ausrichtung diskriminiert. Das PflegeZG verstieß in seiner bis zum 31.12.2014 geltenden Fassung insoweit gegen europäisches Recht[113]. Der Gesetzgeber hat diesen Zustand durch Anpassung des Gesetzes behoben.

6. Schwägerinnen und Schwäger

In der ersten Gesetzesfassung, die zum 1. Juli 2008 in Kraft trat, hatte der Gesetzgeber Schwägerinnen und Schwäger zunächst gar nicht als nahe Angehörige vorgesehen. Diese Lücke wurde mit dem Gesetz zur besseren Vereinbarkeit von Familie, Pflege und Beruf[114] zum 1. Januar 2015 geschlossen und § 7 Absatz 3 Nr. 2 PflegeZG um die Begriffe „Schwägerinnen und Schwäger“ ergänzt. Zur „Klarstellung (…) für den Rechtsanwender“[115] hat der Gesetzgeber im Rahmen des Zweiten Pflegestärkungsgesetzes vom 21.12.2015[116] den Gesetzeswortlaut präzisiert und „Schwägerinnen und Schwäger“ durch „Ehegatten der Geschwister und Geschwister der Ehegatten, Lebenspartner der Geschwister und Geschwister der Lebenspartner“ mit Wirkung ab dem 1.1.2016 ersetzt. Auf den ersten Blick erscheint diese Klarstellung rechtlich nicht notwendig gewesen zu sein, weil die Begriffe Schwägerinnen und Schwäger eben die Ehegatten der Geschwister bzw. Geschwister der Ehegatten erfassen[117]. Für eingetragene Lebenspartnerschaften gilt entsprechendes gem. § 11 Abs. 2 LPartG, der die Schwägerschaft gesetzlich

112 Vgl. *Bruns*, NJW 2008, 1929, 1931; aA BVerwG vom 15.11.2007-2 C 33/06 – NJW 2008, 868; ausführlich zum Streitstand, ob eine strukturelle oder konkrete vergleichbare Situation erforderlich ist *von Plettenberg*, S. 54 f.

113 Im Ergebnis ebenso *von Plettenberg*, S. 56; für KR-*Treber*, §§ 1–8 PflegeZG Rn. 25 ist „die Regelung aus unionsrechtlicher Sicht mehr als problematisch“.

114 BGBl. I 2014, S. 2462 ff.

115 Vgl. BT-Drucks. 18/5926, S. 151.

116 BGBl. I, S. 2424 ff.

117 Vgl. http://www.duden.de/rechtschreibung/Schwager bzw. www.duden.de/rechtschreibung/Schwaegerin (zuletzt abgerufen am 24.3.2018).

anordnet, so dass es jedenfalls in dieser Hinsicht – ebenso wie bei den Schwiegereltern im Rahmen einer eingetragenen Lebenspartnerschaft[118] – keiner Klarstellung bedurft hätte[119].

Jedoch erfassen die Begriffe Schwägerinnen und Schwäger nicht nur die Geschwister der Ehegatten bzw. Lebenspartner oder Ehegatten bzw. Lebenspartner der Geschwister. Gem. § 1590 Abs. 1 Satz 1 BGB bzw. § 11 Abs. 2 LPartG sind alle Verwandte (§ 1589 BGB) des Ehegatten bzw. Lebenspartners mit dem anderen Ehegatten bzw. Lebenspartner verschwägert[120]. Damit sind alle verschwägerten Personen bereits von der bisherigen Formulierung „Schwägerinnen und Schwäger" erfasst gewesen. Klargestellt hat der Gesetzgeber durch die Änderung nun, was er vermutlich bereits zum 1.1.2015 hatte regeln wollen, nämlich dass nur die Schwägerinnen und Schwäger im „engeren Sinne", also die nun ausdrücklich genannten „Ehegatten der Geschwister und Geschwister der Ehegatten, Lebenspartner der Geschwister und Geschwister der Lebenspartner" als nahe Angehörige in § 7 Abs. 3 PflegeZG erfasst sein sollen.

IV. Pflegebedürftigkeit

Sowohl eine kurzzeitige Arbeitsverhinderung als auch die echte Pflegezeit nach dem PflegeZG können nur dann von Beschäftigten zugunsten eines nahen Angehörigen in Anspruch genommen werden, wenn dieser nahe Angehörige pflegebedürftig im Sinne des PflegeZG ist. Das PflegeZG verfügt allerdings über keinen eigenen Begriff der Pflegebedürftigkeit, sondern verweist in § 7 Abs. 4 PflegeZG auf die entsprechenden Vorschriften im Rahmen der Sozialen Pflegeversicherung im Elften Buch des Sozialgesetzbuches. Pflegebedürftig im Sinne des PflegeZG sind die Personen, die die Voraussetzungen der §§ 14 und 15 SGB XI erfüllen.

1. Begriff der Pflegebedürftigkeit, § 14 SGB XI

Das SGB XI regelt in § 14 zunächst, wann eine Person überhaupt pflegebedürftig ist und qualifiziert das Ausmaß der Pflegebedürftigkeit dann durch Einteilung in Stufen der Pflegebedürftigkeit (sog. Pflegestufen) in § 15.

---

118 Siehe oben unter B. III. 1.

119 Anders *Müller*, BB 2016, 1338, 1339, der offenbar davon ausgeht, dass der Gesetzgeber mit der Änderung klarstellen wollte, dass auch Geschwister von Lebenspartnern bzw. Lebenspartner von Geschwistern vom bisher verwendeten Begriff „Schwägerinnen und Schwäger" erfasst sein sollten.

120 Vgl. NK-BGB/*Gutzeit* § 1590, Rn. 5.

a) Bis 31.12.2016

Pflegebedürftig im Sinne des § 14 SGB XI ist, wer wegen einer körperlichen, geistigen oder seelischen Krankheit oder Behinderung für die gewöhnlichen und regelmäßig wiederkehrenden Verrichtungen im Ablauf des täglichen Lebens auf Dauer, voraussichtlich für mindestens sechs Monate, in erheblichem oder höherem Maße Hilfe bedarf. Sowohl die Begriffe Krankheit und Behinderung wie auch die gewöhnlichen und regelmäßig wiederkehrenden Verrichtungen, die bei der Bestimmung der Pflegebedürftigkeit zu berücksichtigen sind bzw. ausschließlich berücksichtigt werden dürfen, hat der Gesetzgeber in § 14 Abs. 2 und 4 SGB XI wiederum genau definiert. Als Krankheiten oder Behinderung gelten Verluste, Lähmungen oder andere Funktionsstörungen am Stütz- und Bewegungsapparat (§ 14 Abs. 2 Nr. 1), Funktionsstörungen der inneren Organe oder der Sinnesorgane (§ 14 Abs. 2 Nr. 2) und Störungen des zentralen Nervensystems wie Antriebs-, Gedächtnis- oder Orientierungsstörungen sowie endogene Psychosen, Neurosen oder geistige Behinderungen (§ 14 Abs. 2 Nr. 3).

Die gewöhnlichen und regelmäßig wiederkehrenden Verrichtungen, werden in die vier Bereiche Körperpflege (Waschen, Duschen, Baden, Zahnpflege, Kämmen, Rasieren, Darm- oder Blasenentleerung), Ernährung (mundgerechte Zubereitung oder Aufnahme von Nahrung), Mobilität (selbständiges Aufstehen und Zu-Bett-Gehen, An- und Auskleiden, Gehen, Stehen, Treppensteigen oder Verlassen und Wiederaufsuchen der Wohnung) und hauswirtschaftliche Versorgung (Einkaufen, Kochen, Reinigen der Wohnung, Spülen, Wechseln und Waschen der Wäsche und Kleidung oder Beheizen) eingeteilt. Dabei bilden Hilfeleistungen aus den Gruppen Körperpflege, Ernährung und Mobilität die sog. Grundpflege[121].

b) Ab 1.1.2017

Durch das Zweite Pflegestärkungsgesetz vom 21.12.2015 wurde der Begriff der Pflegebedürftigkeit in § 14 SGB XI neu gefasst und de facto erheblich erweitert. Pflegebedürftig ist nunmehr, wer gesundheitlich bedingte Beeinträchtigungen der Selbständigkeit oder der Fähigkeiten aufweist und deshalb Hilfe durch andere bedarf, wobei die betroffene Person körperliche, kognitive oder psychische Beeinträchtigungen oder gesundheitlich bedingte Belastungen oder Anforderungen nicht selbständig kompensieren oder bewältigen kann. Für das Vorliegen von gesundheitlich bedingten Beeinträchtigungen der Selbständigkeit oder der Fä-

---

121 Vgl. *Udsching*, § 14 Rn. 25; *Dalichau*, § 14 Rn. 135.

higkeiten hat der Gesetzgeber in § 14 Absatz 2 nF folgende sechs Bereiche mit pflegefachlich begründeten Kriterien als maßgeblich definiert:

1. **Mobilität:** Positionswechsel im Bett, Halten einer stabilen Sitzposition, Umsetzen, Fortbewegen innerhalb des Wohnbereichs, Treppensteigen;
2. **kognitive und kommunikative Fähigkeiten:** Erkennen von Personen aus dem näheren Umfeld, örtliche Orientierung, zeitliche Orientierung, Erinnern an wesentliche Ereignisse oder Beobachtungen, Steuern von mehrschrittigen Alltagshandlungen, Treffen von Entscheidungen im Alltagsleben, Verstehen von Sachverhalten und Informationen, Erkennen von Risiken und Gefahren, Mitteilen von elementaren Bedürfnissen, Verstehen von Aufforderungen, Beteiligen an einem Gespräch;
3. **Verhaltensweisen und psychische Problemlagen:** motorisch geprägte Verhaltensauffälligkeiten, nächtliche Unruhe, selbstschädigendes und autoaggressives Verhalten, Beschädigen von Gegenständen, physisch aggressives Verhalten gegenüber anderen Personen, verbale Aggression, andere pflegerelevante vokale Auffälligkeiten, Abwehr pflegerischer und anderer unterstützender Maßnahmen, Wahnvorstellungen, Ängste, Antriebslosigkeit bei depressiver Stimmungslage, sozial inadäquate Verhaltensweisen, sonstige pflegerelevante inadäquate Handlungen;
4. **Selbstversorgung:** Waschen des vorderen Oberkörpers, Körperpflege im Bereich des Kopfes, Waschen des Intimbereichs, Duschen und Baden einschließlich Waschen der Haare, An- und Auskleiden des Oberkörpers, An- und Auskleiden des Unterkörpers, mundgerechtes Zubereiten der Nahrung und Eingießen von Getränken, Essen, Trinken, Benutzen einer Toilette oder eines Toilettenstuhls, Bewältigen der Folgen einer Harninkontinenz und Umgang mit Dauerkatheter und Urostoma, Bewältigen der Folgen einer Stuhlinkontinenz und Umgang mit Stoma, Ernährung parental oder über Sonde, Bestehen gravierender Probleme bei der Nahrungsaufnahme bei Kindern bis zu 18 Monaten, die einen außergewöhnlich pflegeintensiven Hilfebedarf auslösen;
5. **Bewältigung von und selbständiger Umgang mit krankheits- und therapiebedingten Anforderungen und Belastungen:**
   a. in Bezug auf Medikamente, Injektionen, Versorgung intravenöser Zugänge, Absaugen und Sauerstoffgabe, Einreibungen sowie Kälte- und Wärmeanwendungen, Messung und Deutung von Körperzuständen, körpernahe Hilfsmittel,
   b. in Bezug auf Verbandswechsel und Wundversorgung, Versorgung mit Stoma, regelmäßige Einmalkatheterisierung und Nutzung von Abführmethoden, Therapiemaßnahmen in häuslicher Umgebung,
   c. in Bezug auf zeit- und technikintensive Maßnahmen in häuslicher Umgebung, Arztbesuche, Besuche anderer medizinischer oder therapeutischer Einrichtungen, zeitlich ausgedehnte Besuche medizinischer oder therapeutischer Einrichtungen, Besuch von Einrichtungen zur Frühförderung bei Kindern sowie
   d. in Bezug auf das Einhalten einer Diät oder anderer krankheits- oder therapiebedingter Verhaltensvorschriften;
6. **Gestaltung des Alltagslebens und sozialer Kontakte:** Gestaltung des Tagesablaufs und Anpassung an Veränderungen, Ruhen und Schlafen, Sichbeschäftigen, Vor-

nehmen von in die Zukunft gerichteten Planungen, Interaktion mit Personen im direkten Kontakt, Kontaktpflege zu Personen außerhalb des direkten Umfelds.

2. Ausmaß der Pflegebedürftigkeit – § 15 SGB XI

„Echte" Pflegebedürftigkeit im Sinne des Elften Sozialgesetzbuches liegt allerdings erst dann vor, wenn der Umfang der Hilfsbedürftigkeit ein bestimmtes Ausmaß erreicht hat. § 14 Abs. 1 SGB XI spricht von erheblichem oder in höherem Maße bestehendem Hilfebedarf. Was hierunter im Detail zu verstehen ist, regelt § 15 SGB XI.

a) Bis 31.12.2016

Das Ausmaß der Hilfsbedürftigkeit wird zunächst in drei Stufen der Pflegebedürftigkeit (Pflegestufe I–III) eingeteilt. Diese unterscheiden danach, bei wie vielen Verrichtungen der Hilfebedarf besteht und wie häufig die Hilfe am Tag erforderlich ist. Weiterhin ist zusätzlich ein zeitlicher Mindestumfang für die erforderliche Hilfeleistung durch einen Familienangehörigen oder eine nicht als Pflegekraft ausgebildete Person erforderlich, der (erst) bei 90 Minuten täglich beginnt (Pflegestufe I).

Pflegebedürftigkeit im Sinne des Elften Sozialgesetzbuches und damit auch im Sinne des PflegeZG beginnt (erst) bei Erreichen der Pflegestufe I. Dazu muss die pflegebedürftige Person mindestens für zwei Verrichtungen aus dem Katalog des § 14 Abs. 4 SGB XI mindestens einmal täglich Hilfe bedürfen und die erforderliche Hilfstätigkeit muss mindestens 90 Minuten täglich betragen. Gleichzeitig müssen dabei mehr als 45 Minuten des täglichen Pflegebedarfs allein auf die Grundpflege (Körperpflege, Ernährung und Mobilität) entfallen. Liegt zwar eine Krankheit oder eine Behinderung im Sinne des § 14 SGB XI vor, wird aber das Ausmaß an Hilfsbedürftigkeit der Pflegestufe I nicht erreicht, bleibt die damit bestehende geringfügige „Pflegebedürftigkeit"[122] folgenlos. Eine Pflegebedürftigkeit „in erheblichem oder höheren Maße" liegt dann nicht vor und es bestehen somit weder Leistungsansprüche nach dem Elften Sozialgesetzbuch noch Ansprüche nach dem PflegeZG. Dieser geringfügige Hilfebedarf ist durch Eigenvorsorge und Eigenverantwortung abzudecken[123].

---

122 Nach der Legaldefinition des § 14 liegt bei Unterschreiten der Schwelle der erheblichen Pflegebedürftigkeit keine Pflegebedürftigkeit im Sinne des SGB XI vor.

123 Vgl. BT-Drucks. 12/5952 S. 20, 35.

b) Ab 1.1.2017

Das Ausmaß der Hilfsbedürftigkeit wird ab dem 1.1.2017 in fünf Pflegegrade eingeteilt. Die Ermittlung des Pflegegrades erfolgt dabei über ein sehr komplexes Punkteschema. Begutachtet werden dabei insgesamt sechs Module, die den sechs in § 14 Absatz 2 SGB XI genannten Bereichen (Mobilität, kognitive und kommunikative Fähigkeiten, Verhaltensweisen und psychische Problemlagen, Selbstversorgung, Bewältigung von und selbständiger Umgang mit krankheits- oder therapiebedingten Anforderungen und Belastungen und Gestaltung des Alltagslebens und sozialer Kontakte) entsprechen. Jedes Modul wiederum verfügt über eine unterschiedliche Anzahl von Kriterien, die ebenfalls mit den in § 14 Absatz 2 SGB XI genannten identisch sind. Jedes Kriterium kann dann – je nach Schweregrad – mit Punkten bewertet werden, wobei in der Regel vier verschiedenen Abstufungen möglich sind. Die einzelnen Stufen und die jeweils zu vergebenden Punkte nennt der Gesetzgeber in der Anlage 1 zu § 15 SGB XI nF[124]. In einem ersten Schritt zur Ermittlung des Pflegegrades werden also entsprechend der Anlage 1 für die einzelnen Kriterien aller Module die jeweiligen Einzelpunkte ermittelt und Summen gebildet.

Die einzelnen Module werden jedoch nicht gleich gewichtet. Gem. § 15 Abs. 2 Satz 8 SGB XI nF geht das Modul Mobilität mit 10 Prozent, die Module kognitive und kommunikative Fähigkeiten sowie Verhaltensweisen und psychische Problemlagen zusammen mit 15 Prozent, das Modul Selbstversorgung mit 40 Prozent, das Modul Bewältigung von und selbständiger Umgang mit krankheits- oder therapiebedingten Anforderungen und Belastungen mit 20 Prozent und schließlich das Modul Gestaltung des Alltagslebens und sozialer Kontakte mit 15 Prozent in die den Pflegegrad festlegende Gesamtpunktzahl ein. In einem zweiten Schritt sind also die zunächst je Modul ermittelten Einzelpunkte zu gewichten und eine Gesamtpunktzahl zu ermitteln. Dazu reicht der Gesetzgeber die Anlage 2 zu § 15 SGB XI nF[125]. Mit der ermittelten Gesamtpunktzahl lässt sich nun der erreichte Pflegegrad aus dem Gesetz (§ 15 Abs. 3 Satz 4 SGB XI nF) ablesen.

Pflegebedürftigkeit im Sinne des Elften Sozialgesetzbuches und damit auch im Sinne des PflegeZG beginnt (erst) bei Erreichen des Pflegegrades 1. Dieser liegt vor, wenn die zu begutachtende Person mindestens 12,5 Gesamtpunkte (von 100) erreicht hat.

Im Vergleich zum bisherigen System ist die Ermittlung der Pflegebedürftigkeit deutlich differenzierter, flexibler und damit der Komplexität dieses Vorgangs

124 BGBL. I 2015, S. 2424, 2454 ff.
125 BGBL. I 2015, S. 2424, 2460 ff.

gerechter geworden. Das Erreichen des Pflegegrades 1 erscheint auf den ersten Blick dadurch deutlich leichter erreichbar zu sein. Ob mit der Gesetzesänderung ein sprunghafter Anstieg pflegebedürftiger Personen einhergeht und in wieweit das vermehrt Anträge auf Pflegezeit verursachen wird, bleibt abzuwarten.

3. Dauerhaftigkeit der Hilfsbedürftigkeit – Prognose

Schließlich knüpft der Gesetzgeber noch eine weitere zeitliche Voraussetzung an das Bestehen der „echten" Pflegebedürftigkeit im Sinne des Elften Buches Sozialgesetzbuches: der Zustand der Hilfsbedürftigkeit muss gem. § 14 Abs. 1 Satz 3 SGB XI (bis 31.12.2016: § 14 Abs. 1 Satz 1 SGB XI) auf Dauer, darunter versteht der Gesetzgeber einen Zeitraum von voraussichtlich mindestens sechs Monaten, bestehen. Ausgangspunkt für die entsprechende Prognose ist dabei der Zeitpunkt der Antragstellung zur Begutachtung durch den Medizinischen Dienst der Krankenkassen, der für die Begutachtung und Feststellung der Pflegebedürftigkeit gem. § 18 SGB XI (bis 31. Mai 2013 ausschließlich)[126] zuständig ist. Bei der Begutachtung hat der medizinische Dienst gem. § 18 Abs. 1 Satz 2 SGB XI „die Einschränkungen bei den Verrichtungen im Sinne des § 14 Abs. 4 festzustellen sowie Art, Umfang und voraussichtliche Dauer der Hilfsbedürftigkeit (…) zu ermitteln." Nur wenn der festgestellte Zustand der Pflegebedürftigkeit voraussichtlich sechs Monate oder länger andauern wird, liegt echte Pflegebedürftigkeit im Sinne des Elften Sozialgesetzbuches vor. Nicht entscheidend ist, ob der Zustand der Pflegebedürftigkeit dann auch tatsächlich für mindestens sechs Monate besteht[127]. Der Gesetzgeber hat nur eine entsprechende Prognose, nicht aber deren (nachträgliche) Bestätigung durch den tatsächlichen Geschehensablauf als Bedingung aufgestellt. Daraus folgt, dass auch bei einer Lebenserwartung der zu begutachtenden Person von weniger als sechs Monaten grundsätzlich die Möglichkeit der Feststellung der Pflegebedürftigkeit besteht[128].

---

126 Zum 1. Juni 2013 tritt der durch das Gesetz zur Neuausrichtung der Pflegeversicherung vom 23. Oktober 2012 (BGBL. I S. 2246 ff.) neu eingefügte § 18 Abs. 3a SGB XI in Kraft, der es den Pflegekassen ermöglicht, auch andere Gutachter mit der Begutachtung zu betrauen. Dafür hat die Pflegekasse der zu begutachtenden Person drei Gutachter vorzuschlagen aus denen diese dann wählen kann. Erfolgt innerhalb von vier Wochen ab Antragstellung keine Begutachtung durch den Medizinischen Dienst ist die Pflegekasse künftig im Interesse der Verfahrensbeschleunigung verpflichtet, drei Gutachter zur Auswahl zu stellen. Vgl. dazu BeckOK/SozR-*Pfitzner* § 18 SGB XI Rn. 4.

127 Vgl. dazu BSG vom 17.3.2005 – B 3 P 2/04R – NZS 2006, 40.

128 Vgl. KassKomm-*Weber* § 14 SGB XI Rn. 8; vgl. BT-Drucks. 18/5926, S. 109.

Für die echte Pflegezeit bleibt es bei dieser einfachen Prognose. Die vorhandene und damit zumindest festgestellte (wenn auch nicht zwingend nachgewiesene) Pflegebedürftigkeit ist echte Anspruchsvoraussetzung. Anders hingegen verhält es sich bei der kurzzeitigen Arbeitsverhinderung gem. § 2 PflegeZG. Das Leistungsverweigerungsrecht besteht nicht nur, wenn die Pflegebedürftigkeit positiv festgestellt ist, sondern bereits dann, wenn eine solche Feststellung voraussichtlich erfolgen wird, mithin die Voraussetzungen des §§ 14 und 15 SGB XI voraussichtlich durch den nahen Angehörigen erfüllt werden, § 7 Abs. 4 PflegeZG. Insoweit bedarf es einer doppelten Prognose. Wie die genau auszusehen hat, ist aber weder im Gesetz noch in dessen Begründung näher ausgeführt. Vor dem Hintergrund des Risikos für den sein (vermeintlich) bestehendes Leistungsverweigerungsrecht (zu Unrecht) in Anspruch nehmenden Beschäftigten, können die Anforderungen an die Prognose jedoch nicht allzu hoch gesteckt werden. Es müssen dennoch zumindest Tatsachen vorliegen, die eine Pflegebedürftigkeit überwiegend wahrscheinlich erscheinen lassen, mithin die Pflegebedürftigkeit zu erwarten ist[129]; die bloße Möglichkeit reicht hingegen nicht[130]. Stellt sich die Prognose im Nachhinein als unzutreffend heraus, bestand das Leistungsverweigerungsrecht vorbehaltlich der übrigen Voraussetzungen gleichwohl und der es in Anspruch genommen habende Beschäftigte hat seine arbeitsvertraglichen Pflichten nicht verletzt.

---

129 Vgl. BT-Drucks. 16/7439, S. 94 = BR-Drucks 718/07, S. 226.

130 Vgl. *Müller*, BB 2008, 1058, 1059; *Treber*, JbArbR 46 (2009), 91, 98; BeckOK/ArbR-*Joussen*, § 7 Rn. 17.

C. Kurzzeitige Arbeitsverhinderung, § 2 PflegeZG

Die erste der beiden Säulen, mit denen der Gesetzgeber seine Regelungen zur Erreichung des in § 1 PflegeZG gesetzten Ziels errichtet hat, ist die kurzzeitige Arbeitsverhinderung. Beschäftigte iSd § 7 Abs. 1 PflegeZG haben gem. § 2 PflegeZG das Recht, bis zu zehn Arbeitstage der Arbeit fernzubleiben, wenn dies erforderlich ist, um für einen pflegebedürftigen nahen Angehörigen in einer akut aufgetretenen Pflegesituation eine bedarfsgerechte Pflege zu organisieren oder eine pflegerische Versorgung in dieser Zeit sicherzustellen.

Der Gesetzgeber räumt damit dem einzelnen Beschäftigten ein Leistungsverweigerungsrecht gegenüber seinem Arbeitgeber ein, welches allerdings an bestimmte Voraussetzungen gekoppelt ist. Liegen diese Voraussetzungen vor, darf der Beschäftigte der Arbeit sofort fernbleiben; seine Leistungspflicht ist kraft Gesetztes suspendiert. Eines Einverständnisses des jeweiligen Arbeitgebers bedarf es nicht[131].

Der unmittelbar begünstigenden Berechtigung des Beschäftigten, aufgrund des Leistungsverweigerungsrechts gem. § 2 PflegeZG der Arbeit einfach fernbleiben zu können, haftet jedoch umgekehrt auch ein gewisses, vom Beschäftigten zu tragendes und nicht zu unterschätzendes, Risiko an. Liegen die Voraussetzungen des § 2 PflegeZG nämlich nicht vor, besteht das Leistungsverweigerungsrecht auch nicht. Nimmt der Beschäftigte das Leistungsverweigerungsrecht gleichwohl in Anspruch, weil er beispielsweise an das Vorliegen der Voraussetzungen glaubt oder sogar fest davon überzeugt ist, verstößt er dadurch gegen seine (arbeits)vertraglichen Leistungspflichten. Ein solches Verhalten muss der Arbeitgeber nicht hinnehmen und kann entsprechend mit Abmahnung oder gar Kündigung aus wichtigem Grund (§ 626 BGB) reagieren. Der Entfall des Vergütungsanspruches gem. §§ 326 Abs. 1 Satz 1, 275 Abs. 1 BGB – ohne Arbeit kein Lohn – aufgrund des absoluten Fixschuldcharakters der Arbeitsleistung[132] wird dann wohl noch das geringste Übel sein. Schließlich macht sich der pflichtverletzende Beschäftige grundsätzlich schadensersatzpflichtig, § 280 Abs. 1 BGB sofern er nicht nach-

131 Insofern missverständlich *Preis/Nehring*, NZA 2008, 729, 730, die von Freistellung des Beschäftigten sprechen, die Ausgestaltung des § 2 PflegeZG als Leistungsverweigerungsrecht aber ausdrücklich anerkennen.

132 Vgl. Staudinger-*Richardi/Fischinger*, § 611 BGB Rn. 1064, 1108; ErfK-*Preis* § 615 BGB Rn. 7; ausführlich *Nierwetberg*, BB 1982, 995 ff.

weisen kann, die Pflichtverletzung nicht zu vertreten zu haben. Die Haftungsprivilegierung des § 619a BGB greift nach richtiger Auffassung in Fällen verletzter Leistungspflichten in Form von Unmöglichkeit und Verzug mangels betrieblicher Veranlassung nicht ein[133]. Erscheint der Arbeitnehmer nicht zur Arbeit, bleibt es „bei der allgemeinen Regelung des § 280 Abs. 1 Satz 2 BGB“[134], zumal sich der Arbeitgeber in diesen Fällen auch kaum sinnvoll zum Vertretenmüssen äußern kann[135]. Der Anwendungsbereich § 619a BGB ist entsprechend teleologisch zu reduzieren.

I. Akute Pflegesituation

Das Leistungsverweigerungsrecht des § 2 PflegeZG setzt neben einem pflegebedürftigen nahen Angehörigen zunächst das Vorliegen einer akut aufgetretenen Pflegesituation voraus. Akut bedeutet, dass der Bedarf an einer pflegerischen Versorgung des betroffenen nahen Angehörigen nicht vorhersehbar war, sondern für den Anspruch stellenden Beschäftigten unvorhersehbar aufgetreten ist. Nicht akut sind daher Situationen, die sich für die Zukunft planbar abzeichnen wie zum Beispiel eine termingerechte Entlassung aus dem Krankenhaus sowie bereits bestehende Pflegesituationen, die sich im Vergleich zur Vergangenheit nicht wesentlich verändert haben[136]. Die Pflegesituation selbst ist präziser mit dem Bedarf an Pflege also die Notwendigkeit einer pflegerischen Versorgung[137] für die zu pflegende Person zu verstehen. Diese muss pflegebedürftig im Sinne des Pflegezeitgesetzes sein, also die Voraussetzungen der §§ 14 und 15 SGB XI erfüllen oder voraussichtlich erfüllen.

Eine akute Pflegesituation kann aber nicht nur durch die Veränderung des Gesundheitszustandes und damit einer Veränderung bzw. dem erstmaligen Eintritt des konkreten Pflegebedarfs des zu pflegenden nahen Angehörigen entstehen. Vielmehr kann eine Veränderung der Lebenssituation auch von außen und durch nicht in der Person des zu pflegenden nahen Angehörigen liegende Gründe eintreten. So tritt beispielsweise auch der plötzliche krankheitsbedingte

---

133 Siehe *Henssler*, RdA 2002, 129, 132; Staudinger-*Richardi/Fischinger*, § 619a BGB, Rn. 14 ff.; ErfK-*Wank/Preis*, § 619a Rn. 4; Ermann-*Belling/Riesenhuber*, § 619a Rn. 11; aA Palandt/*Weidenkaff*, § 619 a BGB, Rn. 3 unter Hinweis auf BAG vom 18.7.2006–1 AZR 578/05 - NZA 2007, 462.

134 Vgl. *Lindemann*, AuR 2002, 81, 85.

135 Vgl. Staudinger-*Richardi/Fischinger*, § 619a BGB, Rn. 15.

136 Vgl. *Treber*, JbArbR 46 (2009), 91, 98

137 Vgl. *Preis/Nehring*, NZA 2008, 729, 730.

Ausfall einer bisher die Pflege übernehmenden Pflegeperson unvorhergesehen auf und kann eine akute Pflegesituation begründen, die den Beschäftigten zur Leistungsverweigerung in Form der kurzzeitigen Arbeitsverhinderung gem. § 2 PflegeZG berechtigt.

Die akute Pflegesituation kann durchaus auch mehrfach im Hinblick auf dieselbe zu pflegende Person auftreten. So kann beispielsweise der normalerweise tätige Pflegedienst krankheitsbedingt zweifelsohne mehrfach ausfallen. Auch kann der individuelle Pflegebedarf Schwankungen unterliegen und unter Umständen mehrfach plötzlich signifikant steigen und später wieder auf ein geringeres Maß absinken[138]. Auch sind arbeitskampfbedingte Ausfälle des regulären Pflegepersonals denkbar. Das ist alles keinesfalls fern jeglicher Lebenserfahrung[139] und so verwundert es, wenn in der Begründung des Gesetzentwurfs ausführt wird, dass die Notwendigkeit einer Freistellung nach § 2 PflegeZG „regelmäßig nur einmal je pflegebedürftigen Angehörigen der Fall sein" wird, „so dass dieses Recht regelmäßig auch nur einmal pro Pflegefall ausgeübt wird"[140]. Das Pflegezeitgesetz begrenzt den Anspruch nach § 2 wegen kurzzeitiger Arbeitsverhinderung der Arbeit fernzubleiben hinsichtlich der Anzahl der akuten Pflegesituationen trotz dieser Auffassung des Entwurfsverfassers dem Wortlaut nach nicht. Entsprechende Einschränkungen sind daher nur schwer vertretbar[141]. Im Übrigen kann dem Entwurfsverfasser auch nicht unterstellt werden, nur die einmalige Möglichkeit der Inanspruchnahme gewollt zu haben, denn gerade der Wortlaut der Begründung „regelmäßig nur einmal" zeigt deutlich, dass auch der Entwurfsverfasser andere Fälle für möglich gehalten aber letztlich eine beschränkende Regelung nicht getroffen hat. Der Beschäftigte kann das Leistungsverweigerungsrecht gem. § 2 daher auch mehrfach zugunsten der Pflege derselben Person wahrnehmen, sofern die Voraussetzungen in jedem Einzelfall vollständig vorliegen[142]. Das Missbrauchsrisiko erscheint jedoch im Hinblick auf das Erfordernis der akuten

---

138 Vgl. *Joussen*, NZA 2009, 69, 70 am Beispiel der schleichenden Demenzerkrankung.

139 So auch *Kossens*, § 2 PflegeZG Rn. 3; *Braun*, Die Beiträge 2008, 193, 195.

140 BR-Drucks. 718/07, S. 220.

141 So aber noch *Kossens*, AuA 2008, 328, der nur eine Inanspruchnahme pro Pflegefall – gemeint ist die zu pflegende Person – zunächst für zulässig hielt. Aufgabe dieser Meinung in *Kossens*, § 2 PflegeZG Rn. 14 unter Verweis auf *Nielebock*, AiB 2008, 363, 364, *Schwerdle*, ZTR 2007, 655 und *Müller* BB 2008, 1058; *Schiefer/Hilgenfeld/Krogull*, Pflegezeitgesetz S. 22 halten eine Einschränkung ebenfalls für möglich; ebenfalls für eine einmalige Inanspruchnahme je Pflegefall *Freihube/Sasse*, DB 2008, 1320, 1321.

142 Vgl. *Preis/Nehring*, NZA 2008, 729, 730; *Schwerdle*, ZTR 2007, 655, 657; AR-*Krumbiegel*, § 2 PflegeZG Rn. 3; *Oberthür/Becker*, ArbRB 2009, 77, 78.

Pflegesituation und der Erforderlichkeit der Arbeit zur Sicherstellung der Pflege fernbleiben zu dürfen jedenfalls im Hinblick auf die mehrfache Inanspruchnahme der kurzzeitigen Arbeitsverhinderung gem. § 2 PflegeZG gering, so dass es einer Einschränkung auch sachlich nicht bedarf.

II. Erforderlichkeit

Die Freistellung, auf die der betroffene Beschäftigte bis zu zehn Arbeitstage Anspruch hat, muss zur Organisation und Sicherstellung der Pflege erforderlich sein. Das ist dann jedenfalls nicht der Fall, wenn diese Tätigkeiten von Dritten tatsächlich ausgeführt werden. Stehen Dritte potentiell zur Bewältigung einer akuten Pflegesituation zur Verfügung, kommt es hinsichtlich der Erforderlichkeit der Freistellung des Beschäftigten allerdings nicht darauf an, ob diese Dritten nur rein objektiv in der Lage sind die Pflege zu organisieren oder gar selbst auszuführen, sondern insbesondere auch, ob sie subjektiv dazu bereit sind. Die Freistellung des Beschäftigten kann vom Arbeitgeber also nicht mit dem Hinweis darauf versagt werden, dass ein Dritter, z. B. ein Ehegatte seinerseits bei seinem Arbeitgeber eine Freistellung von der Arbeit gem. § 2 PflegeZG verlangen könne. Vielmehr steht bei mehreren für die Übernahme der akut erforderlichen Pflegearbeiten in Frage kommenden Beschäftigten, jedem solange der Anspruch auf Fernbleiben von der Arbeit gegen seinen jeweiligen Arbeitgeber zu, bis die akut aufgetretene erforderliche Versorgungstätigkeit tatsächlich durch eine Person übernommen wird und damit die Versorgung gesichert ist. Erst dann entfällt der Anspruch eines anderen Beschäftigten gegenüber seinem Arbeitgeber mangels Erforderlichkeit.

Auch Tätigkeiten, die der Organisation der Pflege dienen wie beispielsweise Behördengänge oder der Besuch von Pflegeeinrichtungen um eine geeignete Einrichtung für eine plötzlich pflegebedürftige Person auszuwählen, können die Erforderlichkeit der Arbeit fern zu bleiben, begründen. Solche Tätigkeiten sollen nach dem ausdrücklichen Wunsch des Gesetzgebers auch vom Anwendungsbereich des § 2 PflegeZG erfasst sein[143]. Der Beschäftigte muss nicht zwingend in Person selbst pflegen[144], sondern es reicht, wenn er in irgendeiner Form an der Bewältigung der akuten Pflegesituation beteiligt ist und dabei Erforderliches leistet.

Die Erforderlichkeit des Fernbleibens von der Arbeit muss während der gesamten Inanspruchnahme der kurzzeitigen Arbeitsverhinderung, die nach dem Gesetz bis zu zehn Arbeitstage betragen kann, vorliegen. Der Gesetzeswortlaut

143 BR-Drucks. 718/07, S. 217.

144 Vgl. auch HzA-*Künzl* Rn. 1505/3.

impliziert, dass auch nur die Freistellung für eine kürzere Dauer erforderlich sein kann. Zehn Arbeitstage sind die absolute Höchstgrenze für den Einzelfall. Es ist jedoch durchaus möglich, dass mehrere akute Pflegesituationen kurz hintereinander auftreten. Da der Gesetzgeber eine zahlenmäßige Beschränkung der Ansprüche nicht vorgesehen hat, kann das im Einzelfall für den betroffenen Arbeitgeber zu erheblichen Belastungen führen. Einem Missbrauch ist durch das Erforderlichkeitskriterium ausreichend vorgebeugt, dem Schicksal eines durch mehrere akute Pflegesituationen betroffenen Beschäftigten hingegen nicht.

Ungeschickt ist der vom Gesetzgeber gewählte Begriff der Arbeitstage. Warum nicht der eindeutigere Begriff des Kalendertags oder wenigstens der Begriff des Werktags aus dem Bundesurlaubsgesetz Einzug ins Pflegezeitgesetz gefunden hat, ist schwer verständlich. Der Begriff des Arbeitstages ist mehrdeutig. Er kann sich zum einen auf die in einem Betrieb üblichen Arbeitstage beziehen. Andererseits kann er sich auch auf die individuell geschuldeten Arbeitstage des jeweils die Leistungsverweigerung in Anspruch nehmenden Beschäftigten beziehen[145]. Die Unterschiede sind insbesondere bei Teilzeitbeschäftigen erheblich. Versteht man unter Arbeitstagen die Tage, an denen betriebsüblich gearbeitet wird, so gibt der Anspruch aus § 2 PflegeZG im Falle einer 5-Tage-Woche letztendlich das Recht, zwei volle Wochen der Arbeit fernzubleiben, im Falle einer 6-Tage-Woche entsprechend weniger. Misst man den Begriff hingegen an der individuell geschuldeten Arbeitsleistung, so dehnt sich der Zeitraum umkehrt proportional zu den geschuldeten Arbeitstagen aus. Der Teilzeitbeschäftigte, der nur einen Tag in der Woche arbeitet, hätte dann die Möglichkeit bis zu zehn Kalenderwochen der Arbeit fernzubleiben. Eine solche Ausdehnung ist kaum sachgerecht, auch wenn sie im Hinblick auf das Erforderlichkeitskriterium als wenig praxisrelevant gelten kann. Sie ist allerdings auch im Hinblick auf das arbeitsrechtliche Gleichbehandlungsgebot[146] von Vollzeit- und Teilzeitbeschäftigten nur schwer vertretbar. Bei Arbeitstagen im Sinne des Pflegezeitgesetzes können also nur die regelmäßig im Betrieb des betroffenen Beschäftigten anfallenden Arbeitstage eines Vollbeschäftigten zugrunde gelegt werden. Die geringfügige Abweichung bei Beschäftigten mit einer 5-Tage-Woche gegenüber denen mit einer 6-Tage-Woche, ist nicht zu vermeiden. Eine Umrechnung und damit eine Erhöhung der gesetzlich normierten zehn Arbeitstage auf zwölf, um einen Gleichlauf zu erzielen, ist mit dem

---

145 Vgl. zum sehr ähnlichen Streit zum Begriff des „darauffolgenden Arbeitstag“ im Rahmen des § 5 Abs. 1 Satz 2 EFZG nur Staudinger/*Oetker*, § 616 BGB Rn. 349 f.; *Schmitt* § 5 EFZG Rn. 56 ff.

146 Vgl. *Thüsing*, ZfA 2002, 249, 259; *Richardi/Annuß*, BB 2000, 2201.

Gesetzeswortlaut nicht vereinbar[147]. Eine Übernahme der von der herrschenden Lehre und der ständigen Rechtsprechung des BAG vorgenommenen Umrechnung des in § 3 Abs. 1 BUrlG normierten Mindesturlaubs ist weder erforderlich noch geboten. Der vom Gesetzgeber ausdrücklich vom BUrlG abweichende Begriff des Arbeitstages lässt Analogien mangels Regelungslücke nicht zu. Ohnehin sind auch im Rahmen des BUrlG die Vereinbarkeit mit Wortlaut und Systematik und die Erforderlichkeit einer solchen Umrechnung nicht unumstritten[148]. Auch zur Erreichung des gesetzgeberischen Ziels des § 2 PflegeZG, bei unerwartetem Eintritt einer besonderen Pflegesituation Beschäftigten das Recht einzuräumen, kurze Zeit der Arbeit fernzubleiben, um die sofortige Pflege sicherzustellen, ist eine Umrechnung der zehn normierten Arbeitstage für Beschäftigte in einem Arbeitsverhältnis mit 6-Tage-Woche nicht erforderlich. Es war nicht ersichtlich das Ziel des Gesetzgebers, den Zeitraum der kurzzeitigen Arbeitsverhinderung hinsichtlich seiner absoluten Länge abhängig vom Umfang der Beschäftigung des einzelnen Beschäftigten zu regeln.

Unstreitig bilden die zehn Arbeitstage die Höchstgrenze des Leistungsverweigerungsrechts. Der Wortlaut stellt außerdem klar, dass auch geringere Zeiten erforderlich sein können. Umstritten hingegen ist die Frage, ob die Erforderlichkeit das Leistungsverweigerungsrecht auch auf kleinere Zeiteinheiten als einen Arbeitstag beschränken kann. Eine nur halbtags erforderliche Pflege, etwa weil ein anderer naher Angehöriger die andere Tageshälfte der Pflege übernimmt, ist ebenso denkbar, wie eine Pflegebedürftigkeit für nur ein oder zwei Stunden – sowohl einmalig als auch an mehreren Tagen. Pflegestufe I ist gem. § 15 Abs. 1 Satz 1 Nr. 1, Abs. 3 Satz 1 Nr. 1 SGB XI bereits dann erreicht, wenn der Zeitaufwand, den die Pflegeperson für die erforderlichen Leistungen der Grundpflege und hauswirtschaftlichen Versorgung benötigt, wöchentlich im Tagesdurchschnitt mindestens 90 Minuten beträgt. Ist die Pflege durch den betreuenden Beschäftigten nur für eine geringere Zeit als einen Arbeitstag erforderlich, ist dementsprechend auch nur ein Leistungsverweigerungsrecht entsprechend geringeren Umfangs anzunehmen[149]. Ein Indiz dafür, dass stets volle Tage der Arbeit ferngeblieben

---

147 A.A. *von Steinau-Steinrück/Mosch,* NJW-Spezial 2010, 178, allerdings ohne Begründung.

148 Zur Umrechnung des gesetzlichen Mindesturlaubsanspruchs auf die 5-Tage-Woche und den damit verbundenen Problemen kritisch AR-*Gutzeit* § 3 BUrlG, Rn. 5 ff.

149 So wohl auch *Müller/Stuhlmann,* ZTR 2008, 290, 291; aA. *Preis/Nehring,* NZA 2008, 729, 731; ihnen folgend *Kossens,* § 2 PflegeZG Rn. 17.

werden darf, findet sich nicht[150]. Die Formulierung „bis zu zehn Arbeitstage" lässt einen Rückschluss auf eine kleinste Einheit nicht zu, sondern regelt ausschließlich das zulässige Maximum. Für den Arbeitgeber mag das unter Umständen ebenso unbefriedigend sein, wie für den Beschäftigten, kann der Arbeitgeber doch unter Umständen Vertretungen besser für ganze Tage organisieren und einsetzen, anstatt nur für wenige Stunden. Doch darauf kann das objektive Erforderlichkeitskriterium zu Recht keine Rücksicht nehmen. Soweit keine Erforderlichkeit gegeben ist und der Beschäftigte die Arbeitsleitung anbietet, muss der Arbeitgeber diese auch annehmen. Tut er es nicht, schuldet er konsequenterweise Annahmeverzugslohn gem. § 615 Satz 1 BGB.

Geringere Ausfallzeiten können jedenfalls nicht zur Folge haben, dass man „nicht genutzte Zeiten" summiert und damit die gesetzliche Obergrenze von zehn Arbeitstagen faktisch nach oben hin ausweitet. Muss der Beschäftigte – die Erforderlichkeit sei unterstellt – seinen nahen Angehörigen zehn Arbeitstage lang nur jeweils halbtags pflegen und kann in der anderen Tageshälfte seiner Leistungspflicht aus dem Arbeitsvertrag nachkommen, so verlängert sich der Anspruch nach § 2 PflegeZG nicht etwa um zehn weitere „halbe" Arbeitstage mit der Folge, dass er an diesen ebenfalls halbtags die Leistung verweigern darf. Sind andererseits zwar ganztägige Pflegeeinsätze erforderlich, jedoch nicht an jedem einzelnen Wochentag, so besteht das Leistungsverweigerungsrecht auch (nur) entsprechend an diesen Tagen. Besteht die akut eingetretene Pflegbedürftigkeit nur Montag, Mittwoch und Freitag, weil an den anderen Tagen Dritte zur Pflege zur Verfügung stehen, so hat der pflegende Beschäftigte an diesen drei Tagen das Leistungsverweigerungsrecht und an den übrigen Tagen nicht. Es ist weder dem Wortlaut zu entnehmen noch der Sache nach erforderlich, dass die Tage an denen der Beschäftigte der Arbeit gem. § 2 PflegeZG berechtigterweise fern bleibt, zusammenhängend sind. Ein Zusammenhang wird durch die konkrete akute Pflegesituation, also den konkreten Lebenssachverhalt hergestellt. Begrenzt wird das Leistungsverweigerungsrecht dabei stets durch die Obergrenze von zehn Arbeitstagen, die auch durch die kurzzeitige Arbeitszeitverhinderung an nicht zusammenhängenden Tagen nicht nach oben erweitert wird. Nicht zu verwechseln sind dabei die sicher seltenen Fälle, in denen innerhalb von zehn Arbeitstagen eine neue akute Pflegesituation auftritt, die eine Leistungsverweigerung des Beschäftigten erneut erforderlich macht. Hier handelt es sich um einen neuen

150 Anders *Preis/Nehrig*, NZA 2008, 729, 731, die ein Fernbleiberecht von stets vollen Tagen durch die Tatbestandsfassung des § 2 PflegeZG als indiziert zu erkennen meinen.

Lebenssachverhalt, der das Leistungsverweigerungsrecht nach § 2 PflegeZG neu entstehen lässt.

Ob der betroffene „Anspruchs"gegner, also im Regelfall der Arbeitgeber, jedoch in der Praxis eine reelle Möglichkeit hat, die Erforderlichkeit im Einzelfall zu überprüfen, erscheint zweifelhaft, auch wenn der Gesetzgeber neben einer Anzeige- auch eine Nachweispflicht in das Pflegezeitgesetz mit aufgenommen hat.

III. Anzeige- und Nachweispflichten

Im Rahmen der kurzzeitigen Arbeitsverhinderung gem. § 2 PflegeZG gelten für den Beschäftigten Anzeige- und Nachweispflichten.

1. Anzeigepflicht

Der wegen kurzzeitiger Arbeitsverhinderung gem. § 2 PflegeZG der Arbeit fernbleibende Beschäftigte hat dem Arbeitgeber unverzüglich seine Verhinderung an der Arbeitsleistung und deren voraussichtliche Dauer mitzuteilen. Der Arbeitgeber muss die Möglichkeit haben, auf den kurzfristig eintretenden Arbeitsausfall so schnell wie möglich reagieren und entsprechende Maßnahmen, z. B. die Organisation einer Vertretung, ergreifen zu können[151]. Die Informationspflicht dient seiner Dispositionsfähigkeit, die durch das Fehlen des Beschäftigten in der Regel nicht unerheblich beeinträchtigt ist. Daher ist es auch nicht ausreichend, nur die Verhinderung selbst, sondern auch deren voraussichtliche Dauer anzugeben. Beide Mitteilungspflichten bestehen grundsätzlich nebeneinander[152].

Bei der Mitteilungspflicht gem. § 2 Abs. 2 PflegeZG handelt es sich ebenso wie bei der Mitteilungspflicht gem. § 5 EFZG nicht um eine isoliert einklagbare Nebenpflicht aus dem Arbeitsverhältnis, sondern um eine Obliegenheit[153]. Gleichwohl stellt eine nicht erfolgte Mitteilung eine Verletzung der arbeitsvertraglichen Pflichten dar, auf die der Arbeitgeber grundsätzlich mit Abmahnung oder gar Kündigung sowie Schadensersatzforderungen reagieren kann[154]. Auch ist die Mitteilungspflicht keine Tatbestandsvoraussetzung für den Anspruch nach § 2 PflegeZG. Der Bestand des Leistungsverweigerungsrechts des Beschäftigten hängt von der erfolgten Mitteilung somit nicht ab[155].

---

151 Vgl. *Kossens*, § 2 PflegeZG Rn. 19.

152 Vgl. *Schmitt*, § 5 Rn. 14 zur vergleichbaren Konstellation im Rahmen von § 5 EFZG.

153 Für das EFZG siehe *Kunz/Wedde*, § 5 EFZG Rn. 4, Vgl. *Kramer*, BB 1996, 1662, 1668.

154 Vgl. von *Steinau-Steinrück/Mosch*, NJW-Spezial 2010, 178; *Besgen/Plack* S. 26.

155 Vgl. *Hexel/Lüders*, NZS 2009, 264, 267; *Preis/Nehring*, NZA 2008, 729, 731; *Braun*, Die Beiträge 2008, 193, 195.

Die Mitteilung der Verhinderung hat unverzüglich, also ohne schuldhaftes Zögern im Sinne des § 121 BGB zu erfolgen. Sinn und Zweck der Mitteilungsverpflichtung entsprechen denen von § 5 EFZG, so dass auf die dort entwickelten Grundsätze zurückgegriffen werden kann. Unverzüglich bedeutet freilich nicht „sofort“[156]. Der Beschäftigte hat seinen Anspruchsgegner, also im Regelfall den Arbeitgeber, jedoch so schnell es den Umständen des Einzelfalls nach möglich ist, zu unterrichten. Das kann auch bedeuten, dass eine Unterrichtung zu einem Zeitpunkt zu erfolgen hat, zu dem der Beschäftigte die Leistung noch gar nicht verweigert, weil (noch) keine Leistungspflicht besteht. Der Teilzeitbeschäftigte, bei dem an einem Donnerstagnachmittag eine Akutsituation bei einem nahen Angehörigen eintritt und der freitags regulär keine, wohl aber montags seine Leistung schuldet, kann also auch am Freitag schon verpflichtet sein, seine kurzzeitige Arbeitsverhinderung am kommenden Montag mitzuteilen, um seinem Arbeitgeber eine Reaktionsmöglichkeit auf den Arbeitsausfall zu ermöglichen[157]. Maßgeblicher Zeitpunkt für die unverzügliche Mitteilung ist stets der Zugang der Mitteilung beim jeweiligen Arbeitsgeber[158].

Die Mitteilungspflicht ist formfrei normiert, der Beschäftigte hat also keine bestimmte Form bei der Mitteilung zu wahren. Sie ist mündlich, fernmündlich, per Fax und Email, ja sogar durch eine Kurzmitteilung (SMS) oder per Messengerdienst (z. B. WhatsApp) möglich. Alle diese Formen genügen den Anforderungen des § 2 Abs. 2 Satz 1 PflegeZG. Im Hinblick auf die vielen zur Verfügung stehenden modernen Kommunikationsmittel, die eine schnelle Übermittlung ermöglichen, ist der Rückgriff auf den klassischen Brief zur schriftlichen Mitteilung zwar formwirksam, jedoch in der Regel als nicht mehr unverzüglich anzusehen[159].

Das Risiko der Übermittlung und damit des fristgerechten Zugangs trägt stets der der Arbeit fernbleibende Beschäftigte. Dies gilt es für den Beschäftigten, sowohl bei der gewählten Übermittlungsform, als auch im Hinblick auf die Übermittlungsperson, zu berücksichtigen. Denn es ist nicht entscheidend, durch wen in persona die Mitteilung erfolgt. Sie muss insbesondere nicht durch den Beschäftigten persönlich erfolgen. Er kann sich problemlos eines Boten bedienen. Die Interessen des Arbeitgebers sind ausreichend gewahrt, wenn er die Mitteilung

---

156 Vgl. dazu nur Erfk-*Dörner*, § 5 EFZG Rn. 13 mwN.

157 Vgl. auch *Schmitt* § 5 EFZG Rn. 18 ff.

158 Vgl. BAG vom 31.8.1989–2 AZR 19/89 – NZA 1990, 433, 434 unter II. 1. b) der Gründe.

159 Vgl. Staudinger/*Oetker*, § 616 BGB Rn. 338 mwN zum gleichen Problem im Rahmen des § 5 EFZG; BAG vom 31.8.1989–2 AZR 13/89 – NZA 1990, 433 = AP Nr. 23 zu § 1 KSchG 1969 Verhaltensbedingte Kündigung.

an sich rechtzeitig erhält. Fehler, die einer Übermittlungsperson unterlaufen, sind jedoch dem Beschäftigten zuzurechnen. Er allein schuldet die Mitteilung.

Adressat und Empfänger der Mitteilung nach § 2 Abs. 2 PflegeZG ist der jeweilige Arbeitgeber im Sinne des § 7 PflegeZG, bei Leiharbeitnehmern natürlich der Verleiher und nicht der Entleiher. Es ist ausreichend, aber auch erforderlich, dass die Mitteilung beim Arbeitgeber die für den Empfang solcher Anzeigen zuständige Stelle, wie etwa die Personalabteilung oder den direkten Vorgesetzten erreicht. Geht die Mitteilung nicht bei einer zuständigen Empfangsperson, sondern bei einem Dritten, etwa dem Pförtner oder einem Betriebsratsmitglied ein, so sind diese ebenfalls Boten des Beschäftigten und dieser trägt weiterhin das Risiko der rechtzeitigen und zutreffenden Übermittlung[160].

2. Nachweispflicht

Der Beschäftigte hat über dies auf Verlangen des Arbeitgebers gem. § 2 Abs. 2 Satz 2 PflegeZG eine ärztliche Bescheinigung über die Pflegebedürftigkeit des nahen Angehörigen und die Erforderlichkeit der in § 2 Abs. 1 PflegeZG genannten Maßnahmen vorzulegen. Begründen muss der Arbeitgeber ein solches Verlangen nicht, ebenso wenig ist eine besondere Form einzuhalten. Das Verlangen kann also auch mündlich erfolgen. Schon weil die Vorlage der ärztlichen Bescheinigung nur auf Verlangen erfolgen muss, stellt sie keine Tatbestandsvoraussetzung für das Vorliegen des Leistungsverweigerungsrechts aus § 2 PflegeZG dar.

Ausstellungsberechtigt ist jeder approbierte Arzt, nicht hingegen ärztliches Hilfspersonal oder Heilpraktiker[161]. Die Bindung an einen bestimmten Arzt schreibt das Gesetz, ebenso wie im Rahmen des Entgeltfortzahlungsgesetzes, nicht vor. Es ist also weder relevant, ob der Arzt eine Zulassung der gesetzlichen Krankenkassen hat, noch kann der Arbeitgeber das Attest von einem bestimmten Arzt, wie Werks- oder Amtsarzt verlangen. Das Pflegezeitgesetz schreibt nicht vor, wo sich der pflegebedürftige nahe Angehörige befinden muss. Befindet sich der pflegebedürftige nahe Angehörige im Ausland, ist daher grundsätzlich auch das Attest eines ausländischen Arztes als Nachweis ausreichend, sofern es inhaltlich die gleichen Anforderungen erfüllt, wie das eines deutschen Arztes[162]. Der

---

160 Vgl. ErfK-*Dörner*, § 5 EFZG Rn. 16; *Schmitt*, § 5 EFZG Rn. 38.

161 Vgl. auch *Reinhard/Zimmermann*, § 5 EFZG Rn. 31.

162 Ebenso *Hilgenfeld/Krogull*, AuA 2009, 44, 49; vgl. auch BAG vom 19.2.1997–5 AZR 83/96 zur Arbeitsunfähigkeitsbescheinigung gem. § 5 EFZG eines ausländischen Arztes.

Arbeitgeber kann allenfalls vom Beschäftigten verlangen, das Attest übersetzen zu lassen.

Inhaltlich muss der Arzt zunächst die Pflegebedürftigkeit des nahen Angehörigen bescheinigen. Details zur Erkrankung sind dabei nicht erforderlich, jedoch muss die pflegebedürftige Person eindeutig identifizierbar sein, damit der Arbeitgeber feststellen kann, ob es sich um einen nahen Angehörigen im Sinne des § 7 PflegeZG handelt. Die Dauer der zu erwartenden oder auch bereits bestehenden Pflegebedürftigkeit muss nicht angegeben werden. Diese Information ist für den Arbeitgeber kaum von Belang. Es ist praktisch kaum vorstellbar, dass eine bestehende oder plötzlich eingetretene Pflegebedürftigkeit so schnell wieder beseitigt sein wird, dass es für den Höchstzeitraum des § 2 Ab. 1 PflegeZG von zehn Arbeitstagen ernsthaft relevant sein könnte.

Auf den ersten Blick nicht ganz unproblematisch erscheint die Bescheinigungspflicht auch aus einem ganz anderen Blickwinkel. Es ist dem die Bescheinigung ausstellenden Arzt im Hinblick auf seine Schweigepflicht nicht gestattet, die Pflegebedürftigkeit einer Person zu bescheinigen, ohne dass die betroffene Person damit einverstanden ist. Ein Verstoß ist gem. § 203 StGB strafbewehrt. Kann die betroffene Person ihren Willen frei äußern, wird sie einer entsprechenden Bescheinigung in der Regel zustimmen. Beeinträchtigt die akute Pflegbedürftigkeit allerdings auch die Fähigkeit der freien Willensäußerung des betroffenen nahen Angehörigen, steht der pflegewillige Angehörige möglicherweise vor dem Problem, einen Nachweis nicht erbringen zu können, wenn der behandelnde Arzt sich auf seine Schweigepflicht (§ 203 StGB) gegenüber Dritten beruft. Schließlich ist es nicht unvorstellbar, dass Betroffene nicht möchten, dass ihr Gesundheitszustand bescheinigt wird. Zwar entfällt das Leistungsverweigerungsrecht bei fehlender Bescheinigung nicht, die Beweissituation des mit der Beweislast belasteten Beschäftigten verschlechtert sich jedoch erheblich.

Besonders problematisch hingegen ist die Tatsache, dass die ärztliche Bescheinigung die Erforderlichkeit der in § 2 Abs. 1 PflegeZG genannten Maßnahmen feststellen muss. Der Arzt hat also nicht nur die Aufgabe, die Pflegebedürftigkeit eines nahen Angehörigen zu prüfen. Er muss darüber hinaus auch bescheinigen, dass das Fernbleiben einer bestimmten Person für die Organisation einer bedarfsgerechten Pflege oder die Sicherstellung einer pflegerischen Versorgung in dieser Zeit erforderlich ist. Wie er das bewerkstelligen soll, bleibt fraglich und der Gesetzgeber eine Antwort schuldig. In der Begründung des Gesetzentwurfs heißt es nur lapidar, diese Bescheinigung hat auch die Notwendigkeit der in Absatz 1 genannten Maßnahmen zu bestätigen[163], wobei der Entwurfsverfasser dem Arzt für das Erstellen der Bescheinigung nur einen Zeitraum von zehn Minuten zubilligt[164].

Der Arzt wird in der Regel aber kaum Kenntnis über die konkrete organisatorische Pflegesituation haben. Es ist auch ihm auch kaum zumutbar, diese verlässlich zu ermitteln, insbesondere in den Fällen, in denen der Grund für die akute Pflegesituation nicht in der Veränderung des Gesundheitszustandes der zu pflegenden Person, sondern durch äußere Einflüsse, wie beispielsweise die plötzlich erkrankte Pflegekraft, eintritt. Der Arzt wird sich in solchen Fällen stets auf die Angaben Dritter, in der Regel des pflegewilligen Beschäftigten, verlassen müssen und Aussagen treffen, die durch seine Qualifikation als Mediziner keinen höheren Beweiswert haben, als die jedes anderen Zeugen.

Im Hinblick auf den Beweiswert der ärztlichen Bescheinigung ist das unbefriedigend. An ihn sollten zugunsten von Rechtssicherheit und Rechtsklarheit sinnvollerweise keine anderen Voraussetzungen, als an die Bescheinigung gem. § 5 EFZG gestellt werden[165]. Die in § 5 EFZG geregelte Arbeitsunfähigkeitsbescheinigung hat zwar nach der überwiegenden Meinung im Schrifttum[166] und der ständigen Rechtsprechung des BAG[167] – jedenfalls sofern sie von einem im Inland praktizierenden Arzt ausgestellt wurde[168] – nicht den Beweiswert einer gesetzlichen Vermutung im Sinne des § 292 ZPO. Sie kann also vom Arbeitgeber grundsätzlich angegriffen werden. Gleichwohl ist der Beweiswert doch anerkanntermaßen hoch. Um diesen zu erschüttern, bedarf es des Vortrags von Umständen, die berechtigte Zweifel an der Richtigkeit der ärztlichen Bescheinigung entstehen lassen. Hierzu haben sich mit der Zeit verschiedene Fallgruppen herausgebildet. Gelingt dem Arbeitgeber die Erschütterung, ist es Sache des be-

---

163 BT-Drucks. 16/7439, S. 92 = BR-Drucks. 718/07, S. 220.

164 BT-Drucks. 16/7439, S. 106 = BR-Drucks. 718/07, S. 261.

165 Vgl. *Kossens*, § 2 PflegeZG Rn. 45;

166 Vgl. Staudinger-*Oetker*, § 616 BGB Rn. 539 ff. mwN.

167 Vgl. nur BAG vom 11.8.1976–5 AZR 422/75 – AP Nr. 2 zu § 3 LohnFG = NJW 1077, 350.

168 Für die Fälle bei Erkrankung im Ausland und der Vorlage eines von einem ausländischen Vertragsarzt ausgestellten Attestes vgl. die Entscheidungen zum Fall Paletta EuGH vom 3.6.1992 (Paletta I) – Rs C-45/90 – NZA 1992, 735; EuGH vom 2.5.1996 (Paletta II) – Rs C-206/94 – NZA 1996, 635; BAG vom 19.2.1997–5 AZR 747/93 – NZA 1997, 705; LAG Baden-Württemberg vom 9.5.2000–10 Sa 85/97 – NZA-RR 2000, 514; Kurzzusammenfassung des elfjährigen Verfahrens von *Bauer/Diller* in NZA 2000, 711.

troffenen Arbeitnehmers die Krankheit doch noch – sei es durch Benennung des Arztes als Zeugen oder andere Beweismittel – nachzuweisen.

Aufgrund des oben skizzierten Umfangs der gem. § 2 PflegeZG erforderlichen ärztlichen Bescheinigung kann eine einfache Übertragung der zu § 5 EFZG entwickelten Grundsätze nicht in vollem Umfang sinnvoll erfolgen. Soweit es um die medizinische Bewertung, nämlich der Feststellung der Pflegebedürftigkeit und der sich daraus ergebenden grundsätzlichen Betreuungsfolgen geht, ist ein Gleichlauf mit der in § 5 EFZG geregelten Arbeitsunfähigkeitsbescheinigung nicht nur vertretbar, sondern der Sache nach auch sinnvoll und der Rechtssicherheit dienlich. Soweit die ärztliche Bescheinigung im Rahmen des Pflegezeitgesetzes jedoch darüber hinausgeht und die Erforderlichkeit des Fernbleibens eines bestimmten Beschäftigten von der Arbeit, der Ausfall der regulären Pflegekraft, usw. attestiert wird, kann der Bescheinigung des Arztes nicht der gleiche hohe Beweiswert zugestanden werden[169]. Insoweit muss von einer einfachen Tatsachenbehauptung ausgegangen werden, die der Arbeitgeber zwar glauben, für die er aber auch einen geeigneteren Nachweis vom Beschäftigten verlangen kann. Der Gesetzgeber ist aufgerufen auch an dieser Stelle das Pflegezeitgesetz bei nächster Gelegenheit in klarstellender Weise nachzubessern. Es ist ausreichend, wenn die ärztliche Bescheinigung die Pflegebedürftigkeit und deren Eintritt attestiert. Darüber hinausgehende Nachweise für die Anspruchsberechtigung kann der Arbeitnehmer auch auf andere Weise erbringen.

IV. Vergütung

Bleibt der Beschäftigte in zulässiger Weise, weil die Voraussetzungen des § 2 PflegeZG erfüllt sind, der Arbeit fern, stellt sich die Frage nach dem Schicksal seines Vergütungsanspruchs. Grundsätzlich schuldet der Arbeitgeber das vereinbarte Entgelt, § 611a Abs. 2 BGB[170]. Wird jedoch die Arbeitsleistung durch den Beschäftigten nicht erbracht, tritt aufgrund des absoluten Fixschuldcharakters der Arbeitsleistung[171] Unmöglichkeit gem. § 275 Abs. 1 BGB ein. Dies bewirkt, dass gleichzeitig der Gegenleistungsanspruch (Vergütungsanspruch) des Beschäftigten

169 So auch zutreffend *Treber*, JbArbR 46 (2009), 91, 101; a.A. wohl *Freihube/Sasse*, DB 2008, 1320.

170 § 611a BGB wurde durch das Gesetz zur Änderung des Arbeitnehmerüberlassungsgesetzes und anderer Gesetze vom 21.2.2017, BGBl. I, S. 258, mit Wirkung zum 1.4.2017 neu eingefügt.

171 Vgl. Staudinger-*Richardi/Fischinger*, § 611 BGB Rn. 1064; ErfK-*Preis*, § 611 BGB Rn. 837 ff.

gem. § 326 Abs. 1 BGB – Grundsatz: ohne Arbeit kein Lohn – entfällt[172]. Den Arbeitgeber trifft somit im Falle der Leistungsverweigerung keine Gegenleistungspflicht und der Beschäftigte erhält kein Arbeitsentgelt, sofern ihm nicht ausnahmsweise ein Lohnerhaltungstatbestand zu Seite springt.

Der Gesetzgeber hat im Pflegezeitgesetz 2008 zunächst ausdrücklich keinen eigenen Lohnerhaltungstatbestand vorgesehen. Damit ist er vom ursprünglichen Referentenentwurf des Bundesgesundheitsministeriums abgewichen. Dort[173] fand sich noch der Vorschlag, einen § 44a SGB XI einzuführen, in dessen Absatz 3 das sogenannte Pflegeunterstützungsgeld in der Höhe von 70 Prozent des entfallenen Arbeitsentgelts geregelt war[174] und durch die gesetzliche Pflegeversicherung gezahlt werden sollte. Politisch durchsetzen konnte sich die damalige Bundesgesundheitsministerin Ulla Schmidt mit diesem Vorschlag jedoch nicht. Die vorgeschlagene Regelung wurde zunächst ersatzlos gestrichen. Neue Sozialleistungsansprüche sollten nicht geschaffen werden[175]. Mit dem Gesetz zur besseren Vereinbarkeit von Familie, Pflege und Beruf[176] wurde das sog. Pflegeunterstützungsgeld zum 1.1.2015 nun doch eingeführt. Die bisherige Regelung des § 2 PflegeZG, nach der der Arbeitgeber im Falle einer kurzzeitigen Arbeitsverhinderung nur dann zur Fortzahlung der Vergütung verpflichtet sein soll, soweit sich eine solche Verpflichtung aus anderen Vorschriften oder aufgrund einer Vereinbarung ergibt, bleibt gleichwohl bestehen. Das Pflegeunterstützungsgeld tritt als Sozialleistung – jedenfalls regelungssystematisch – nur subsidiär in Erscheinung.

---

172 Vgl. Staudinger-*Richardi/Fischinger*, § 611 BGB Rn. 1108.

173 Entwurf eines Gesetzes zur strukturellen Weiterentwicklung der Pflegeversicherung (Pflege-Weiterentwicklungsgesetz – PfWG) vom 10.9.2007, S. 28.

174 Der Entwurf von § 44a Abs. 3 SGB XI lautete: „Für Freistellungen von der Arbeitsleistung nach § 2 des Pflegezeitgesetzes haben Beschäftigte, die für diese Zeiträume keine Lohnfortzahlung von ihrem Arbeitgeber beanspruchen können, Anspruch auf einen Ausgleich für entgangenes Arbeitsentgelt (Pflegeunterstützungsgeld) für insgesamt bis zu zehn Arbeitstage je Pflegebedürftigen. Das Pflegeunterstützungsgeld wird auf Antrag, der unverzüglich zu stellen ist, unter Vorlage der ärztlichen Bescheinigung nach § 2 Abs. 2 Satz 2 des Pflegezeitgesetzes gewährt. Es beläuft sich auf 70 vom Hundert des regelmäßig erzielten Arbeitsentgelts, soweit es der Beitragsberechnung unterliegt oder bei einer Versicherungspflicht des Beschäftigten nach § 20 Abs. 1 Satz 2 Nr. 1 unterliegen würde. Das aus dem Arbeitsentgelt berechnete Pflegeunterstützungsgeld darf 90 vom Hundert des entgangenen Nettoarbeitsentgelts nicht übersteigen. § 47 des Fünften Buches gilt entsprechend."

175 So die Begründung des Gesetzentwurfs in BT-Drucks. 16/7439, S. 59 = BR-Drucks. 718/07, S. 139.

176 BGBl. I S. 2462 ff.

Als gesetzliche Vorschrift zur Entgeltfortzahlung kommt neben der speziellen Regelung des § 19 Abs. 1 Nr. 2b BBiG für Auszubildende, vor allem die für alle Dienstverpflichteten geltende Regelung des § 616 Satz 1 BGB in Betracht. Beide Vorschriften hatte auch der Gesetzgeber, neben Individual- und Kollektivvereinbarungen, explizit im Auge[177].

1. § 616 BGB

Der Dienstverpflichtete wird gem. § 616 Satz 1 BGB seines Anspruchs auf die Vergütung nicht dadurch verlustig, dass er für eine verhältnismäßig nicht erhebliche Zeit durch einen in seiner Person liegenden Grund ohne sein Verschulden an der Dienstleitung verhindert wird. Die Bejahung eines Lohnerhaltungsanspruchs gem. § 616 Satz 1 BGB im Falle der kurzzeitigen Arbeitsverhinderung gem. § 2 PflegeZG bereitet jedoch gewisse Schwierigkeiten, insbesondere im Hinblick auf die bisherigen Anwendungsbereiche des § 616 Satz 1 BGB.

a) Persönlicher Grund

Auf den ersten Blick unproblematisch erscheint das Vorliegen eines in der Person des Beschäftigten liegenden Grundes, der den Dienstverpflichteten an der Erbringung der geschuldeten Leistung verhindert. Der Eintritt einer akuten Pflegesituation bei einem nahen Angehörigen scheint zunächst dieses Tatbestandsmerkmal zu erfüllen. In der Vergangenheit wurde die Erkrankung naher Angehöriger durchaus in Literatur[178] und Rechtsprechung[179] als ein Fall des § 616 Satz 1 BGB akzeptiert. Problematisch hingegen ist, dass dies stets nur für solche Angehörige der Fall ist, zu denen ein besonderes Näheverhältnis besteht. Ein solches liegt im Rahmen des § 616 Satz 1 BGB aber regelmäßig nur dann vor, wenn die pflegebedürftige Peron in den Haushalt des verhinderten Dienstverpflichteten integriert ist[180]. Mithin kommt ein Lohnerhaltungsanspruch aus § 616 Satz 1 BGB nur bei der Erkrankung von Ehegatten, Kindern, Eltern und Geschwistern sowie eines Lebenspartners nach dem Lebenspartnerschaftsgesetz in Betracht. Der in § 7 Abs. 3 PflegeZG legal definierte Begriff des nahen An-

---

177 Vgl. die Begründung des Gesetzentwurfs BT-Drucks. 16/7439, S. 92 = BR-Drucks. 718/07, S. 220.

178 Vgl. Staudinger-*Oetker,* § 616 Rn. 57 f.; ErfK-*Dörner,* § 616 Rn. 8.

179 Vgl. dazu BAG vom 20.1.1977–5 AZR 325/76 – AP Nr. 47 zu § 616 BGB = BB 1977, 1651; BAG vom 19.4.1978–5 AZR 834/76 – AP Nr. 48 zu § 616 BGB = NJW 1978, 2316; BAG vom 20.6.1979–5 AZR 361/78 – AP Nr. 50 zu § 616 BGB = BB 1979, 1452.

180 Vgl. Staudinger-*Oetker,* § 616 Rn. 57.

gehörigen geht hierüber jedoch deutlich hinaus (siehe oben B. I. 3.)[181]. Um für alle Fälle des § 2 PflegeZG automatisch einen Fall der Lohnerhaltung gem. § 616 Satz 1 BGB annehmen zu können, müsste daher der Anwendungsbereich des § 616 Satz 1 BGB erweitert werden. Da der Verfasser des Gesetzentwurfs aber bewusst keine eigene Lohnerhaltungsregelung im Pflegezeitgesetz verankert hat und ihm der Anwendungsbereich des § 616 Satz 1 BGB, auf den er sich in seiner Entwurfsbegründung ausdrücklich bezieht, bekannt war, kommt eine generelle Ausweitung des Anwendungsbereichs des § 616 Satz 1 BGB allein aufgrund der neuen Existenz des Pflegezeitgesetzes aber nicht in Betracht[182]. Für die Fälle der kurzzeitigen Arbeitsverhinderung gem. § 2 PflegeZG bleibt es hinsichtlich der Vergütung daher beim engen Anwendungsbereich des § 616 Satz 1 BGB. Es ist somit stets im Einzelfall zu prüfen, ob bei der Pflege eines Angehörigen ein persönlicher Grund des betroffenen Dienstverpflichteten vorliegt.

b) Verhinderungsdauer

Weiteres Tatbestandsmerkmal[183] des § 616 Satz 1 BGB ist die Verhinderung an der Dienstleitung für eine verhältnismäßig nicht erhebliche Zeit. Starre Grenzen gibt es hierbei nicht; maßgeblich sind stets die Umstände des Einzelfalls. Jedoch hat sich in Literatur und Rechtsprechung über die Jahre eine gewisse Praxis zur Ausfüllung dieses unbestimmten Rechtsbegriffs entwickelt. Einigkeit besteht, dass es sich regelmäßig nur um wenige oder einzelne Tage, nicht aber um längere Zeiträume handeln kann[184]. Eine Ausnahme bilden die Fälle der Erkrankung von Dienstverpflichteten, die keine Arbeitnehmer sind, weil für sie § 3 EFZG nicht gilt[185]. Für die Betreuung eines kranken Kindes hat das BAG[186] in Anlehnung an die alte Regel des § 185c RVO[187] einen Zeitraum von fünf Tagen als verhältnismäßig nicht erhebliche Zeit anerkannt. Dies kann allgemein und damit auch im Rahmen der kurzzeitigen Arbeitsverhinderung gem. § 2 PflegeZG als Ober-

181 Vgl. ErfK-*Gallner*, § 2 PflegeZG Rn. 4; *Linck*, BB 2008, 2738, 2742; *von Steinau-Steinrück/Mosch*, NJW-Spezial 2010, 178.

182 So auch *Treber*, JbArbR 46 (2009), 91, 103.

183 Vgl. Staudinger-*Oetker*, § 616 BGB Rn. 95; BAG GS vom 18.12.1959 – GS 8/58 – AP Nr. 22 zu § 616 BGB = NJW 1960, 741.

184 Vgl. HWK-*Krause*, § 616 BGB Rn. 41; Staudinger-*Oetker*, § 616 BGB Rn. 102.

185 Vgl. BGH vom 6.4.1995 – VII ZR 36/94 – NJW 1995, 2629.

186 BAG vom 19.4.1978–5 AZR 834/76 – AP Nr. 48 zu § 616 BGB = NJW 1978, 2316.

187 Später, seit dem 1.1.1989 § 45 SGB V; die zeitliche Beschränkung der Gewährung von Krankengeld wurde zum 1.1.1992 auf zehn Tage (20 für Alleinerziehende) erhöht.

grenze für die Pflege von nahen Angehörigen angesehen werden[188]. Das Leistungsverweigerungsrecht des § 2 PflegezG geht mit seinen zehn Arbeitstagen darüber deutlich hinaus. Besondere Auswirkungen hat dies, weil im Rahmen des § 616 Satz 1 BGB das Alles-oder-Nichts-Prinzip gilt[189]. Die Verhinderung für eine nicht erhebliche Zeit ist Tatbestandsmerkmal[190]. Dauert die Verhinderung länger als eine verhältnismäßig nicht erhebliche Zeit, fehlt es an diesem Tatbestandsmerkmal und es besteht für den gesamten Verhinderungszeitraum keine Vergütungspflicht[191]. Macht der Beschäftigte sein Leistungsverweigerungsrecht also volle zehn Tage geltend, hat er regelmäßig keinen Anspruch auf Lohnfortzahlung gem. §§ 611 Abs. 1, 616 Satz 1 BGB[192]. Unzulässig ist es aber, aus dem Fehlen einer eigenen Lohnfortzahlungsregelung im Pflegezeitgesetz auf eine Einwirkung des Umfangs des Freistellungsanspruches auf § 616 Satz 1 BGB zu schließen[193]. Der Anspruch auf Freistellung bzw. Leistungsverweigerung ist stets strikt von der Frage der Entgeltfortzahlungspflicht zu trennen[194]. So hatte auch die Erweiterung

---

188 Vgl. HWK-*Krause,* § 616 Rn. 42 mwN; *Schumacher,* öAT 2011, 34, 35; aA ErfK-*Gallner,* § 2 PflegeZG Rn. 4.

189 Vgl. Staudinger-*Oetker,* § 616 BGB Rn. 96; MünchArbR-*Boewer,* § 70 Rn. 19; *Linck,* BB 2008, 2738, 2741; BAG GS vom 18.12.1959 – GS 8/58 – AP Nr. 22 zu § 616 BGB = NJW 1960, 741; BGH vom 30.11.1978 – III ZR 43/77 – BGHZ 73,16 = NJW 1979, 422; BAG vom 11.8.1988–8 AZR 721/85 – NZA 1989, 54 f.

190 Vgl. ErfK-*Preis,* § 616 BGB, Rn. 10.

191 Vgl. Staudinger-*Oetker,* § 616 BGB, Rn. 95; AR-*Kamanabrou,* § 616 BGB, Rn. 19; BAG GS vom 18.12.1959 – GS 8/58 – AP Nr. 22 zu § 616 BGB = NJW 1960, 741; BAG vom 11.8.1988–8 AZR 721/85 – NZA 1989, 54 f.

192 So auch *Linck,* BB 2738, 2741; aA HWK-*Krause,* § 616 BGB Rn. 42, der abweichend vom Alles-oder-Nichts-Prinzip jedenfalls in den Fällen der §§ 45 SGB V und 2 PflegeZG das vollständige Erlöschen des Entgeltfortzahlungsanspruchs bei Überschreitung der verhältnismäßig nicht erheblichen Zeit einschränken will. So auch *Schumacher,* öAT 2011, 34, 35, die bei einer Verhinderung von acht Tagen gleichwohl den – nach § 29 TVöD/TV-L beschränkten – Entgeltfortzahlungsanspruch für einen Tag zubilligt.

193 So aber ausdrücklich ErfK-*Dörner,* § 616 BGB Rn. 10a; ErfK-*Gallner,* § 2 PflegeZG Rn. 4; AR-*Krumbiegel,* § 2 PflegeZG Rn. 11; wohl auch in diese Richtung *Joussen,* NZA 2009, 69, 71 mit Hinweis auf BGH vom 6.4.1995 – VII ZR 36/94 – NJW 1995, 2629, allerdings ohne zu berücksichtigen, dass es in der Entscheidung um einen erkrankten freien Mitarbeiter ging, für den § 3 EFZG keine Anwendung findet; abl. *Treber,* JbArbR 46 (2009), 91, 103; abl. *Freihube/Sasse,* DB 2008, 1320, 1322; *Tamm,* PersV 2013, 404, 407; unentschlossen *Preis/Nehring,* NZA 2008, 729, 732.

194 So schon BAG vom 19.4.1978–5 AZR 834/76 – AP Nr. 48 zu § 616 BGB = NJW 1978, 2316.

des Freistellungsanspruchs von fünf auf zehn Tage im Rahmen des § 45 SGB V zum 1.1.1992 nicht zur Folge, dass im Rahmen von § 616 Satz 1 BGB nunmehr zehn Tage als verhältnismäßig nicht erhebliche Zeit angesehen wurden[195]. Muss nun der Arbeitgeber mangels Eingreifens von § 616 Satz 1 BGB gem. 326 Abs. 1 BGB nicht leisten, bleibt dem das kranke Kind für mehr als fünf Tage pflegenden Elternteil allerdings der subsidiäre Anspruch auf (Kinder)Krankengeld gem. § 45 Abs. 1 SGB V.

Für die Fälle der kurzzeitigen Arbeitsverhinderung gem. § 2 PflegeZG kann nichts anderes gelten. Gesetzgeber und dem Verfasser des Gesetzentwurfs waren die Reichweite des § 616 Satz 1 BGB bei Einführung des Pflegezeitgesetzes bekannt. Es wurde gleichwohl und trotz entsprechender Anträge[196] ausdrücklich auf eine Einführung eines eigenen Lohnfortzahlungstatbestands verzichtet[197] und nur deklaratorisch auf bereits bestehende (und bekannte) Vorschriften verwiesen. Dabei hat der Verfasser des Gesetzentwurfs richtig erkannt, dass diese (§§ 616 Satz BGB, 19 Abs. 1 Nr. 2b BBiG) nicht stets zu einer Vergütungspflicht des Arbeitgebers führen müssen und sogar entsprechende Beitragsmindereinnahmen bei der Arbeitslosenversicherung prognostiziert[198]. Dass diese Rechtslage für die Beschäftigten unbefriedigend ist[199] und ggf. sogar die Bereitschaft, die vollen zehn Tage in Anspruch zu nehmen, hemmt, kann allerdings nicht zu einem anderen Ergebnis führen. Auch eine Einschränkung des „Alles-oder-Nichts-Prinzips" kommt nicht Betracht[200]. Die Verhinderung für eine verhältnismäßig nicht erhebliche Zeit ist Tatbestandvoraussetzung[201]. Mit ihrem Vorliegen steht und fällt der Erhaltungsanspruch – und zwar ganz[202].

---

195 Vgl. *Erasmy*, NZA 1992, 921, 922 f.

196 Vgl. Antrag auf Aufnahme einer entsprechenden Regelung durch das Land Rheinland-Pfalz, BR-Drucks. 718/2/07.

197 So die Begründung des Gesetzentwurfs BT-Drucks. 16/7439, S. 59.

198 Vgl. BT-Drucks. 16/7439, S. 3, 104.

199 Vgl. *Preis/Nehring*, NZA 2008, 729, 733.

200 Für eine Einschränkung HWK-*Krause*, § 616 Rn. 4, der in den Fällen des § 45 SGB V und nun auch den Fällen des § 2 PflegeZG bei Verhinderungen für eine verhältnismäßig erhebliche Zeit den Lohnerhaltungsanspruch nur für den erheblichen Teil entfallen lassen und für den nicht erheblichen Teil bestehen lassen will. Wohl ebenso *Schumacher*, öAT 2011, 34, 35.

201 Siehe FN 183.

202 Vgl. *Hanau*, FS Buchner S. 281, 295.

c) Verschulden

Die Verhinderung muss ohne Verschulden des Dienstverpflichteten erfolgt sein. Anderenfalls besteht kein Anspruch. Das Verschulden ist somit negatives Tatbestandsmerkmal[203]. Als Verschuldensmaßstab kommt jedoch nicht § 276 Abs. 1 Satz 1 BGB zum Tragen, geht es doch nicht um ein Verschulden gegenüber dem Gläubiger, sondern um ein Verschulden des Schuldners gegen sich selbst, welches dem Rechtsgedanken des § 254 BGB folgend auf Vorsatz und grobe Fahrlässigkeit beschränkt ist[204]. Schuldhaft handelt danach nur, wer gröblich gegen das von einem verständigen Menschen im eigenen Interesse zu erwartenden Verhalten verstößt[205]. Der Verschuldensmaßstab entspricht damit dem im Rahmen des § 3 EFZG[206] bzw. § 617 BGB.

d) Abdingbarkeit

Bei § 616 BGB handelt es sich nicht um zwingendes, sondern dispositives Recht. Somit kann § 616 BGB grundsätzlich sowohl durch kollektive[207] als auch durch individuelle[208] Vereinbarung sowohl abbedungen[209] als auch erweitert werden, wenngleich Letzteres den Ausnahmefall darstellen dürfte. Die Abdingbarkeit ergibt sich im Umkehrschluss zu § 619 BGB, der § 616 BGB im Gegensatz zu §§ 617, 618 BGB gerade nicht erwähnt[210].

---

203 Vgl. Staudinger-*Oetker*, § 616 BGB Rn. 109.

204 Vgl. BAG vom 18.3.2015–10 AZR 99/14 – NZA 2015, 801 f.; BAG vom 11.11.1987–5 AZR 497/86 – NZA 1987, 197; BAG vom 19.10.1983–5 AZR 195/81 – NJW 1984, 1706; BAG vom 1.6.1983–5 AZR 536/80 – NJW 1983, 2659; MüKo-*Henssler*, § 616 BGB Rn. 57; Staudinger-*Oetker*, § 616 BGB Rn. 112 ff.; grundlegend dazu *Hofmann*, ZfA 1979, 275, 288 ff.

205 Vgl. BAG vom 18.3.2015–10 AZR 99/14 – NZA 2015, 801 f.; BAG vom 1.6.1983–5 AZR 536/80 – NJW 1983, 2659.

206 Vgl. MüKo-*Henssler*, § 616 BGB Rn. 56; AR-*Kamanabrou*, § 616 BGB Rn. 22; Staudinger-*Oetker*, § 616 BGB Rn. 116; BAG vom 18.3.2015–10 AZR 99/14 – NZA 2015, 801.

207 Vgl. BAG vom 18.1.2001–6 AZR 492/99 – NZA 2001, 47; BAG vom 20.6.1995–3 AZR 857/94 – NZA 1996, 383; BAG vom 8.12.1982–4 AZR 134/80 – AP Nr. 58 zu § 616 BGB = BB 1983, 314.

208 Vgl. BAG vom 7.2.2007–5 AZR 270/06 – NZA 2007, 1072 (nur Leitsatz) = AP Nr. 118 zu § 611 BGB Abhängigkeit = ZTR 2007, 391.

209 Vgl. ErfK-*Dörner*, § 616 BGB Rn. 13; Staudinger-*Oetker*, § 616 BGB Rn. 148 ff.; HWK-*Krause*, § 616 Rn. 49.

210 Vgl. auch MüKo-*Henssler*, § 616 BGB Rn. 66.

aa) Ausschluss durch Tarifvertrag

Tarifliche Regelungen zu § 616 sind nichts Ungewöhnliches. Häufig sind dabei sowohl die einzelnen persönlichen Hinderungsgründe, als auch die Dauer der dafür jeweils gewährten Lohnfortzahlung katalogartig in Tarifverträgen erfasst[211]. Prominentestes Beispiel ist wohl der öffentliche Dienst. Dort haben die Tarifparteien von der Abdingbarkeit des § 616 BGB Gebrauch gemacht. In § 29 TV-L bzw. § 29 TVöD findet sich ein umfangreicher Katalog von Anlässen, die als „Fälle nach § 616 BGB" gelten. Interessant ist dabei der jeweils gewährte Umfang der bezahlten Freistellung. Während für ein erkranktes Kind unter 12 Jahren bis zu vier Tage pro Kalenderjahr bezahlte Freistellung gewährt werden (§ 29 Abs. 1 Satz 1 lit. e) bb) TV-L / TVöD), wird bei schwerer Erkrankung einer/eines Angehörigen sofern sie/er im selben Haushalt lebt, lediglich ein Arbeitstag pro Kalenderjahr (§ 29 Abs. 1 Satz 1 lit. e) aa) TV-L / TVöD) gewährt. Kombiniert man diese Alternativen, so ergibt sich eine Obergrenze von fünf Arbeitstagen pro Kalenderjahr. Sofern tarifliche Regelungen zu § 616 BGB vorliegen, ist im Einzelfall durch Auslegung genau zu prüfen, ob diese Regelungen abschließenden Charakter haben oder ob daneben noch ein eigener, über die tarifliche Regelung hinausgehender, Anwendungsbereich des § 616 BGB verbleibt.

bb) Ausschluss durch Individualvertrag

Während die grundsätzliche Tarifdispositivität von § 616 BGB wegen § 619 BGB nicht weiter in Frage gestellt wird, findet sich in der Kommentarliteratur zur Frage der Abbedingung durch Individualvertrag hingegen ein alter Meinungsstreit. Von der herrschenden Meinung wird die Abdingbarkeit durch Individualvertrag grundsätzlich anerkannt[212]. Gleichwohl wird eine Mindermeinung nach der die vollständige Abdingbarkeit von § 616 BGB durch Individualvertrag aus Gründen der Fürsorge nur bei Vorliegen eines sachlichen bzw. rechtfertigenden Grundes, der beispielsweise in den Besonderheiten des Wirtschaftszweiges oder eines Betriebs liegt[213] zulässig sein soll, stets genannt. Eine nachhaltige Substanz hat diese Mindermeinung jedoch nicht. So streitet *Däubler* die individualvertragliche Ab-

---

211 So auch AR-*Kamanabrou*, § 616 BGB Rn. 28.

212 Vgl. MüKo-*Henssler*, § 616 BGB Rn. 66; MünchHbArbR-*Boewer*, § 70 Rn. 6; ErfK-*Dörner*, § 616 BGB Rn. 13; Staudinger-*Oetker*, § 616 BGB Rn. 156; HWK-*Krause*, § 616 Rn. 49; BeckOK/BGB-*Fuchs*, § 616 BGB Rn. 4; AR-*Kamanabrou*, § 616 BGB Rn. 27.

213 Vgl. Staudinger-*Oetker*, § 616 BGB Rn. 151 mit Hinweis auf *Schimana*, AuR 1956, 355.

dingbarkeit des § 616 ausdrücklich nicht ab, sondern möchte gerade wegen dieser Möglichkeit die Grundsätze der Inhaltskontrolle auf eine individuelle Abdingbarkeit ausdehnen[214]. Ein Wunsch der zur damaligen Zeit (1995) wegen der ausdrücklichen Regelung des § 23 Abs. 1 AGB-Gesetz[215] unerfüllbar war[216]. *Linck*[217] hingegen postulierte das Rechtfertigungserfordernis einfach nur und führte als Referenz die Entscheidung des BAG vom 20.6.1979[218] an. In dieser Entscheidung hat das BAG aber ausgerechnet die Frage nach der vollständigen Abdingbarkeit durch Individualvertrag ausdrücklich offen gelassen. *Boewer* gab seine früher[219] vertretene Meinung inzwischen auf[220]. Ebenso *Linck*[221]. Einzig *Schimana* postuliert in seinem nunmehr 60 Jahre alten Beitrag eine Rechtfertigung – allerdings für jede Abbedingung, also auch die tarifliche[222]. Die Abdingbarkeit des § 616 BGB – und zwar auch die vollständige – durch Individualvertrag ist daher im Ergebnis zu Recht im Grundsatz weitgehend unbestritten[223]. Gegenteiliges ist mit der gesetzgeberischen Ausgestaltung als dispositives Recht auch nicht vereinbar. Die ausdrückliche Einräumung der Dispositivität und dem damit eingeräumten Vorrang der Vertragsfreiheit durch den Gesetzgeber kann nicht durch ein Rechtfertigungserfordernis wieder beseitigt werden[224]. Daran ändert auch das neue Pflegezeitgesetz nichts, selbst wenn damit das neue Leistungsverweigerungsrecht

---

214 *Däubler* Arbeitsrecht 2, 10. Auflage, S. 458 unter 7.2.5.2.6 („…den ansonsten möglichen arbeitsvertraglichen Ausschluss des gesamten § 616 BGB verhindern.").

215 Das Gesetz zur Regelung des Rechts der Allgemeinen Geschäftsbedingungen (AGB-Gesetz) vom 9.12.1976 trat am 31.12.2001 im Wege der Schuldrechtsmodernisierung außer Kraft.

216 Nunmehr wird ein Verstoß gegen § 307 Abs. 2 Nr. 1 BGB vertreten, vgl. *Däubler/Bonin/Deinert*, § 307 Rn. 238 ff.

217 Schaub-*Linck*, § 97 Rn. 29, dortige FN 68 bis zur 12. Auflage, 2007.

218 BAG vom 20.6.1979–5 AZR 479/77 – NJW 1980, 903.

219 MünchHbArbR-*Boewer*, (2. Auflage), § 80 Rn. 9.

220 MünchHbArbR-*Boewer*, § 70 Rn. 6.

221 Schaub-*Linck*, § 97 Rn. 22 f.

222 *Schimana*, AuR 1956, 355.

223 Ausführlich zu der Frage, ob die individuelle Abbedingung von § 616 BGB mit der Folge der subsidiären Leistungspflicht des Sozialversicherungsträgers ein gem. § 46 Abs. 2 SGB I unzulässiger Vertrag zu Lasten Dritter wäre Staudinger-*Oetker*, § 616 BGB Rn. 157, wobei nicht berücksichtigt wird, dass § 46 Abs. 2 SGB I die Fälle in denen eine privatrechtliche Vereinbarung zur Leistungspflicht des Sozialversicherungsträger führt, vom Wortlaut her gar nicht erfasst. So zu Recht *Salje*, NZA 1999, 299, 304.

224 So auch Staudinger-*Oetker*, § 616 BGB Rn. 152; MüKo-*Henssler*, § 616 BGB Rn. 67; AR-*Kamanabrou*, § 616 BGB Rn. 27.

möglicherweise an Attraktivität verliert, weil ein entsprechender Vergütungsanspruch nicht besteht.

cc) Inhaltskontrolle

Einschränkungen der Dispositivität des § 616 BGB gerade durch Individualvertrag können sich aber durch das zum 1.1.2002 in Kraft getretene Schuldrechtsmodernisierungsgesetz und die nunmehr grundsätzliche Einbeziehung arbeitsrechtlicher Verträge in die Inhaltskontrolle durch den neu geschaffenen § 310 Abs. 4 Satz 2 BGB ergeben[225]. Werden vorformulierte Arbeitsvertragsbedingungen für eine Vielzahl von Verträgen verwendet, so handelt es sich bei diesen Formulararbeitsverträgen um allgemeine Geschäftsbedingungen des Arbeitgebers gem. § 305 Abs. Satz 1 BGB, die somit der Inhaltskontrolle des § 307 BGB unterfallen. Folglich wäre ein vollständiger Ausschluss von § 616 BGB im Rahmen allgemeiner Geschäftsbedingungen gem. § 307 Abs. 1 Satz 1 BGB unwirksam, würde der Arbeitnehmer durch diesen Ausschluss entgegen den Geboten von Treu und Glauben unangemessen benachteiligt werden. Eine unangemessene Benachteiligung gem. § 307 Abs. 2 Nr. 1 BGB ist im Zweifel dann anzunehmen, wenn eine Bestimmung in allgemeinen Geschäftsbedingungen mit wesentlichen Grundgedanken der gesetzlichen Regelung, von der abgewichen wird, nicht zu vereinbaren ist. Die grundsätzliche Dispositivität einer Norm wird also aus Gerechtigkeitsgründen eingeschränkt. In der Literatur wird aus genau diesem Grund der Ausschluss von § 616 BGB im Rahmen von Formulararbeitsverträgen überwiegend als unwirksam erachtet[226]. Dem ist jedoch nicht zuzustimmen. Soweit der Ausschluss von § 616 BGB in einem Atemzug mit dem Ausschluss von § 615 Satz 3 BGB als unwirksam erachtet wird[227], wird die Unterschiedlichkeit beider Regelungen nicht berücksichtigt. Das in § 615 Satz 3 BGB geregelte Betriebsrisiko des Arbeitgebers darf zu Recht nicht durch Ausschluss von § 615 Satz 3 BGB in die Sphäre des Arbeitnehmers verlagert und diesem zusätzlich zu den Risiken aus der eigenen Sphäre auferlegt werden. Bei § 616 BGB hingegen liegt es der Sache nach anders. Grundgedanke des BGB ist, dass die Gegenleistung nur bei erbrachter Leistung gefordert werden kann, kurz gesagt: „Ohne Arbeit kein Lohn", § 326 Abs. 1 BGB. Von diesem Grundgedanken macht § 616 BGB – ebenso wie

---

225 Ausführlich dazu *Henssler*, RdA 2002, 129.

226 Vgl. ErfK-*Dörner*, § 616 BGB Rn. 13 mit Verweis auf ErfK-*Preis*, § 310 BGB Rn. 82; *Gottwald*, Rn. 321; MünchHbArbR-*Boewer*, § 70 Rn. 6; HWK-*Krause*, § 616 BGB Rn. 50; MüKo-*Henssler*, § 616 BGB Rn. 67; zurückhaltender Staudinger/*Oetker*, § 616 Rn. 152; a.A. *Sibben*, DB 2003, 826, 827.

227 So *Gottwald*, Rn. 321; ErfK-*Preis*, § 310 BGB Rn. 82.

§ 615 Satz 3 BGB – eine Ausnahme[228]. Jedoch liegt der Ausfallgrund in den Fällen des § 615 Satz 3 BGB in der Sphäre des Arbeitgebers, in den Fällen des § 616 BGB aber eben gerade nicht. Warum das Risiko der von § 616 BGB erfassten Fälle aus Gerechtigkeitserwägungen allein dem Arbeitgeber zuzuweisen sein soll, ist nicht nachvollziehbar. Gerade weil § 616 BGB überhaupt nur kurzzeitige Verhinderungen erfasst, ist es doch nicht per se für den Arbeitnehmer unzumutbar, geringe Einkommenseinbußen im Falle nicht erbrachter Arbeit hinzunehmen, wenn der Arbeitsausfall jedenfalls nicht aus der Sphäre des Arbeitgebers herrührt. Es sei darauf hingewiesen, dass in der Zeit vom 1.10.1996–31.12.1998 auch die (zwingende) Entgeltfortzahlung im Krankheitsfall für die Dauer von sechs Wochen von 100 % auf 80 % des regulären Gehalts gesenkt wurde[229]. Das mag zwar politisch nicht mehr gewollt sein, ist aber durchaus ein Indiz dafür, dass ein geringer Einkommensverzicht jedenfalls nicht unzumutbar ist. Das BAG hatte zwar einen solchen Fall bislang nicht zu entscheiden. In der Entscheidung vom 7.2.2007[230] hat es den Ausschluss von § 616 BGB durch Formularvertrag hingegen als wirksam erachtet. Die Entscheidung betraf zwar zum einen noch einen unter § 9 AGBG, der insofern allerdings wortgleich zu § 307 BGB ist, fallenden Sachverhalt sowie zum anderen keinen Arbeitnehmer, sondern lediglich einen Dienstverpflichteten (Opernsänger). Die Entscheidung ist gleichwohl relevant, bezeichnet sie doch die in § 616 BGB geregelte Vergütungsfortzahlung als „kein unabweisbares Gerechtigkeitsgebot". Abschließend sei auch noch darauf hingewiesen, dass mit einem Ausschluss von § 616 BGB lediglich der Vergütungsanspruch, nicht ein etwaiges Leistungsverweigerungsrecht abbedungen wird.

dd) Ausschlussverbot durch §§ 134 BGB, 8 PflegeZG

Die neu geschaffenen Regelungen des Pflegezeitgesetzes sind wie die meisten Arbeitnehmerschutzrechte zwingend. Zuungunsten der Beschäftigten darf von ihnen nicht abgewichen werden, § 8 PflegeZG. Wird gleichwohl zuungunsten abgewichen, so sind die entsprechenden Vereinbarungen – sowohl tarifvertragliche als auch individualvertragliche – wegen Verstoßes gegen ein gesetzliches Verbot gem. § 134 BGB nichtig. Das ist zunächst ebenso selbstverständlich wie unspektakulär. Interessant hingegen ist die Reichweite von § 8 PflegeZG, wie

228 Siehe auch TWT-*Tamm*, § 616 BGB Rn. 1.

229 Vgl. Beschäftigungsförderungsgesetz vom 25.9.1996, BGBl I, 1476 und Gesetz zu Korrekturen in der Sozialversicherung und zur Sicherung der Arbeitnehmerrechte vom 19.12.1998, BGBl I, 3843.

230 BAG vom 7.2.2007–5 AZR 270/06 – NZA 2007, 1072 (nur Leitsatz) = AP Nr. 118 zu § 611 BGB Abhängigkeit = ZTR 2007, 391.

sie etwa von *Kossens* vertreten wird[231]. Unvermutet soll § 8 PflegeZG nämlich nicht nur die Abweichung von Vorschriften des Pflegezeitgesetzes selbst, sondern auch die von anderen Vorschriften, namentlich von § 616 Satz 1 BGB verbieten und zwar obwohl bei einer Abweichung oder gar dem vollständigen Ausschluss von § 616 BGB überhaupt nicht von einer Vorschrift des Pflegezeitgesetzes abgewichen wird[232]. Begründet wird dies damit, dass anderenfalls § 2 Abs. 3 PflegeZG keinen eigenen Regelungsgehalt hätte[233], weil § 616 BGB auch ohne die Regelung des § 2 Abs. 3 PflegeZG zur Anwendung gekommen wäre. Weiterhin sei der Verweis des Gesetzgebers in § 2 Abs. 3 PflegeZG auf die anderen Vorschriften aufgrund der Entwicklungsgeschichte des Pflegezeitgesetzes als politischer Kompromiss zwischen „vollständiger Entgeltfortzahlungspflicht und einer gänzlichen Verneinung“[234] anzusehen. Dem kann nicht gefolgt werden. Zunächst enthält die Regelung des § 2 Abs. 3 PflegeZG keinerlei Indiz dafür, dass sie mehr als nur ein deklaratorischer Hinweis, wie er gerade im Arbeitsrecht durchaus üblich ist, sein soll. Ein solches Indiz lässt sich auch in der Zusammenschau mit der Entwicklungsgeschichte nicht herleiten. *Kossens* berücksichtigt nicht, dass der jetzige § 2 Abs. 3 PflegeZG bereits in genau dieser Form als § 2 Abs. 3 Satz 1 PflegeZG im Referentenentwurf enthalten war. Erst in § 2 Abs. 3 Satz 2 PflegeZG enthielt der Referentenentwurf einen Verweis auf eine eigene Vergütungsausfallentschädigung in Form des Pflegeunterstützungsgeldes. Das Pflegeunterstützungsgeld und folglich auch der ursprüngliche § 2 Abs. 3 Satz 2 PflegeZG wurden jedoch im Rahmen des Gesetzgebungsverfahrens gestrichen[235]. Eine Anpassung des ursprünglichen § 2 Abs. 3 Satz 1 PflegeZG – nun § 2 Abs. 3 PflegeZG – hat es nicht gegeben. Insofern kann von einer Kompromissregelung keine Rede sein. Vielmehr wird durch die Gesetz gewordene und bereits so im Referentenentwurf enthaltene Formulierung klargestellt, dass das Pflegezeitgesetz gerade keinen eigenen Lohnfortzahlungsanspruch enthält[236]. Selbst wenn aber der Verweis, der § 616 BGB im Blick hatte, als Kompromiss gemeint war, kann das aus systematischen Gründen nicht zur Folge haben, über § 8 PflegeZG die Dispositivität von § 616 BGB einzuschränken oder gar auszuschließen. Eine Abweichung von § 616 BGB ist gerade

---

231 Vgl. *Kossens*, § 2 PflegeZG Rn. 51 f.

232 Vgl. *Freihube/Sasse*, DB 2008, 1320, 1321; *Linck*, BB 2008, 2738, 2741.

233 *Kossens* schreibt in § 2 PflegeZG Rn. 51 zwar vom eigenen Regelungsgehalt des § 616 BGB – es handelt sich aber offensichtlich um einen Druckfehler. Gemeint ist der Regelungsgehalt des § 2 Abs. 3 PflegeZG.

234 *Kossens*, § 2 PflegeZG Rn. 51.

235 Siehe FN 175.

236 Vgl. ErfK-*Gallner*, § 2 PflegeZG Rn. 4.

keine Abweichung von Vorschriften des Pflegezeitgesetzes und damit auch kein Verstoß gegen § 8 PflegeZG, der nur Abweichungen von den Vorschriften des Pflegezeitgesetzes verbietet[237].

2. § 19 BBiG

Neben § 616 Satz 1 BGB kommt als Lohnerhaltungsanspruch in den Fällen der kurzzeitigen Arbeitsverhinderung ein Anspruch nach § 19 Abs. 1 Nr. 2b BBiG in Betracht. Auszubildenden ist die Vergütung bis zur Dauer von sechs Wochen danach auch zu zahlen, wenn sie aus einem sonstigen, in ihrer Person liegenden Grund unverschuldet verhindert sind, ihre Pflichten aus dem Berufsausbildungsverhältnis zu erfüllen. Die Vorschrift entspricht im Wesentlichen der des § 616 BGB[238]. Abweichungen ergeben sich beim Kreis der Anspruchsberechtigten, der Fortzahlungsdauer und der Abdingbarkeit.

Anders als bei § 616 Satz 1 BGB sind nicht alle Dienstverpflichteten, sondern nur Auszubildende im Sinne der BBiG anspruchsberechtigt. Dabei handelt es sich gem. § 10 Abs. 1 BBiG um Personen, die zur Berufs**aus**bildung eingestellt sind. Keinen Anspruch haben hingegen die sonstigen zur Berufsbildung Beschäftigten im Sinne des § 1 Abs. 1 BBiG, wie die zur Berufsausbildungsvorbereitung, für die berufliche Fortbildung und die berufliche Umschulung Beschäftigten, wenngleich auch diese Personen den reinen Freistellungsanspruch des § 2 PflegeZG haben[239].

Auch für den Anspruch nach § 19 Abs. 1 Nr. 2b BBiG bedarf es eines in der Person des Auszubildenden liegenden Grundes, der zur Verhinderung der Pflichtenerfüllung aus dem Berufsausbildungsverhältnis führt. Insoweit ergeben sich jedoch keine Unterschiede zu § 616 BGB, so dass auf die dortigen Ausführungen zurückgegriffen werden kann. Gleiches gilt für den Verschuldensmaßstab.

Im Gegensatz zu § 616 BGB ist der Anspruch nach § 19 BBiG nicht nur auf die Fälle kurzzeitiger Verhinderungen beschränkt. § 19 Abs. 1 Nr. 2b BBiG gewährt die Entgeltfortzahlung für bis zu sechs Wochen.

Abdingbar ist § 19 Abs. 1 Nr. 2b BBiG wegen der ausdrücklichen Regelung des § 25 BBiG nicht.

---

237 So auch *Linck*, BB 2008, 2738, 2741; *von Steinau-Steinrück/Mosch*, NJW-Spezial 2010, 178, 179.

238 Vgl. ErfK-*Schlachter*, § 19 BBiG Rn. 5.

239 Siehe oben unter B. I. 2.

3. Pflegeunterstützungsgeld, § 44a SGB XI

Mit dem Gesetz zu besseren Vereinbarkeit von Familie, Pflege und Beruf vom 23.12.2014[240] hat der Gesetzgeber sechseinhalb Jahre nach dem Inkraftreten des PflegeZG nun doch einen Sozialleistungsanspruch in Form des Pflegeunterstützungsgeldes für die Zeiten der kurzzeitigen Arbeitsverhinderung gem. § 2 PflegeZG in § 44a Abs. 3–7 SGB XI etabliert[241]. Ein Beschäftigter, der gem. § 2 PflegeZG kurzzeitig an der Arbeit verhindert ist, hat einen Anspruch auf Pflegeunterstützungsgeld gegen die Pflegekasse des nahen Angehörigen. Der Anspruch ist jedoch subsidiär und setzt voraus, dass keine Entgeltfortzahlungsansprüche der Pflegezeit in Anspruch nehmenden Person gegen den Arbeitsgeber – etwa aus § 616 Satz 1 BGB – oder Ansprüche gegen die Krankenversicherung gem. § 45 SGB V oder § 45 Abs. 4 SGB VII bestehen. Seine Einführung macht aber wiederum deutlich, dass eine Neuinterpretation des § 616 Satz 1 BGB im Rahmen des Pflegezeitgesetzes[242] weder notwendig noch vom Gesetzgeber gewollt ist.

Die Höhe des Pflegeunterstützungsgeldes richtet sich nach der Höhe des Kinderkrankengeldes[243] gem. § 45 Abs. 2 Sätze 2–5 SGB V und beträgt damit 90 % des ausgefallenen Nettoarbeitsentgelts aus beitragspflichtigem Arbeitsentgelt des Versicherten. Hat der Beschäftigte im Zeitraum von zwölf Monaten vor der Freistellung eine beitragspflichtige Einmalzahlung iSd. § 23a SGB IV erhalten, steigt das Pflegeunterstützungsgeld auf 100 % des ausgefallenen Nettoarbeitsentgelts an.

V. Verhältnis zu anderen Vorschriften

1. § 275 Abs. 3 BGB

Ebenfalls ein Leistungsverweigerungsrecht bietet § 275 Abs. 3 BGB. Der zur persönlichen Leistungserbringung verpflichtete Schuldner kann die Leistung dann verweigern, wenn sie ihm unter Abwägung des seiner Leistung entgegenstehenden Hindernisses mit dem Leistungsinteresse des Gläubigers nicht zugemutet werden kann. § 275 Abs. 3 BGB wurde im Rahmen des Schuldrechtsmodernisierungsgesetzes mit Wirkung zum 1.1.2002 ins BGB aufgenommen. Vereinzelt wird vertreten, das in § 2 PflegeZG geregelte Leistungsverweigerungsrecht sei überflüssig, da die dort geregelten Fälle bereits von § 275 Abs. 3 BGB erfasst

240 BGBl. I S. 2462 ff.

241 Einen kurzen Überblick zu diesem neuen Instrument und seine Auswirkungen auf die gesetzliche Rentenversicherung gibt *Marburger*, rv 2015, 12 ff.

242 Siehe dazu oben unter C. IV. 1.

243 Vgl. *Sasse*, DB 2015, 310, 313.

seien[244]. Dem ist nicht so. Das durch § 2 PflegeZG gewährte Leistungsverweigerungsrecht geht zu einem Teil über das aus § 275 Abs. 3 BGB gewährte hinaus, während es gleichzeitig zu einem anderen Teil auch hinter jenem zurückbleibt. Anders als § 275 Abs. 3 BGB enthält der Tatbestand des § 2 PflegeZG zunächst keine Abwägungsregelung. Den Interessen des Arbeitgebers wird nicht durch eine Abwägung mit den Interessen des leistungsverweigernden Beschäftigten im Einzelfall, sondern nur durch das Tatbestandsmerkmal der akuten Pflegesituation und der Erforderlichkeit des Fernbleibens zur Sicherstellung oder Organisation bedarfsgerechter Pflege, Rechnung getragen. Ob eine Interessenabwägung im Rahmen des § 275 Abs. 3 BGB stets zu Gunsten des Beschäftigten ausgehen muss, darf gerade im Hinblick auf den weiten Begriff des nahen Angehörigen in § 7 Abs. 1 PflegeZG bezweifelt werden. So mag bei einem zu pflegenden eigenen Kind der Ausgang der Abwägung stets zugunsten des Beschäftigten[245] noch vertretbar sein, bei der pflegedürftigen „Ex-Schwiegermutter" aus bereits geschiedener Ehe hingegen nicht. Der Anwendungsbereich des Leistungsverweigerungsrechts aus § 2 PflegeZG ist insoweit deutlich weiter als der des § 275 Abs. 3 BGB.

Zurück bleibt der pflegezeitgesetzliche Anspruch hingegen insoweit, als er zum einen auf zehn Arbeitstage und zum anderen auf die Fälle der akuten Pflegesituation beschränkt ist. Dem gegenüber ist der Anspruch aus § 275 Abs. 3 BGB zumindest theoretisch zeitlich unbegrenzt, auch wenn das in den Fällen der akuten Pflegesituation regelmäßig wohl kaum von großer Bedeutung sein wird. Vor der Schuldrechtsreform und somit vor der Einführung von § 275 Abs. 3 BGB hat das BAG allerdings ein 12-montiges Leistungsverweigerungsrecht wegen Ableistung von Wehrdienst im Heimatland noch abgelehnt[246], ein zweimonatiges hingegen anerkannt[247].

Schließlich werden im Rahmen des Leistungsverweigerungsrechts aus § 275 Abs. 3 BGB grundsätzlich alle Situationen, in denen die Leistungserbringung dem Schuldner unzumutbar ist, erfasst, wie beispielsweise die gewissensbedingte Arbeitsverweigerung[248], nicht nur die akute Pflegesituation eines nahen Angehörigen[249].

---

244 Vgl. *Berger-Delhey*, ZTR 2007, 604.

245 Vgl. LAG Hamm vom 27.8.2007–6 Sa 751/07 – ArbuR 2008, 117 f.

246 Vgl. BAG vom 20.5.1988–2 AZR 682/87 – NZA 1989, 464 ff.

247 Vgl. BAG vom 22.12.1982–2 AZR 282/82 – NJW 1983, 2782 ff. und BAG vom 7.9.1983–7 AZR 433/82 – NJW 1984, 575 ff.

248 *Kamanabrou*, GS Zachert, S. 400 ff.

249 Vgl. ErfK-*Preis*, Rn. 685 ff.

Aufgrund dieser doch recht unterschiedlichen Voraussetzungen und Anwendungsbereiche ist § 2 PflegeZG weder überflüssig noch kann er als eine speziellere Regelung zu § 275 Abs. 3 BGB verstanden werden. Es gibt keine Anhaltspunkte dafür, dass der Gesetzgeber mit der Schaffung des § 2 PflegeZG bereits bestehende Leistungsverweigerungsrechte gem. § 275 Abs. 3 BGB präzisieren oder gar einschränken und damit die im Falle einer Pflegesituation beim Beschäftigten möglicherweise auftretenden Situation der Pflichtenkollision abschließend und unter Zurückdrängung des § 275 Abs. 3 BGB regeln wollte[250].

2. § 45 Abs. 3 und 4 SGB V

Ein weiteres Leistungsverweigerungsrecht für Arbeitnehmer – nicht für Beschäftigte – gewährt § 45 SGB V. In der gesetzlichen Krankenversicherung versicherte Arbeitnehmer haben gem. § 45 Abs. 1 SGB V Anspruch auf Krankengeld, wenn es nach ärztlichem Zeugnis erforderlich ist, dass sie zur Beaufsichtigung, Betreuung oder Pflege ihres erkrankten und versicherten Kindes der Arbeit fernbleiben, eine andere in ihrem Haushalt lebende Person das Kind nicht beaufsichtigen, betreuen oder pflegen kann und das Kind das zwölfte Lebensjahr noch nicht vollendet oder behindert und auf Hilfe angewiesen ist, die nicht durch eine andere im gleichen Haushalt lebende Person geleistet werden kann. Besteht der Anspruch auf Krankengeld, hat der gesetzlich versicherte Arbeitnehmer für die Dauer dieses Anspruchs einen Freistellungsanspruch gegen seinen Arbeitgeber gem. § 45 Abs. 3 SGB V. Nicht gesetzlich versicherte Arbeitnehmer erhalten den gleichen Freistellungsanspruch gem. § 45 Abs. 5 SGB V.

Der krankenversicherungsrechtliche Freistellungsanspruch hat einen eigenen, engen Anwendungsbereich – den des jungen erkrankten bzw. behinderten und hilfedürftigen Kindes – und besteht daher neben den Ansprüchen aus § 2 PflegeZG und § 275 Abs. 3 BGB. Er wird von diesen weder verdrängt noch verdrängt er sie seinerseits. Ein kleines Privileg wird dem Arbeitnehmer, der sich auf den krankenversicherungsrechtlichen Freistellungsanspruch beruft jedoch zuteil. Liegen dessen Voraussetzungen nicht vor, so kann der Arbeitgeber lediglich bereits gewährte Freistellungen auf zukünftige Ansprüche anrechnen. Weitere arbeitsrechtliche Folgen braucht der Arbeitnehmer gem. § 45 Abs. 3 Satz 2 SGB V nicht zu fürchten, sofern sein Fernbleiben nicht offenkundig unbegründet gewesen ist[251].

---

250 So auch *Preis/Nehring*, NZA 2008, 729, 731.

251 Vgl. ErfK-*Rolfs*, § 45 SGB V Rn. 10.

Für schwerstkranke Kinder mit geringer Lebenserwartung bietet § 45 Abs. 4 SGB V für gesetzlich krankenversicherte Arbeitnehmer einen noch weitergehenden Freistellungsanspruch, indem gegenüber dem Anspruch aus § 45 Abs. 3 SGB V auf das Kriterium der fehlenden Hilfe durch andere im Haushalt lebende Personen verzichtet wird. Auch dieser Anspruch wird nicht gesetzlich krankenversicherten Arbeitnehmern über § 45 Abs. 5 SGB V gleichberechtigt gewährt.

D. Pflegezeit, § 3 PflegeZG

Die „echte" Pflegezeit und damit die Namensgeberin des neuen Gesetzes ist in §§ 3 ff. PflegeZG geregelt. Beschäftigte iSd § 7 Abs. 1 PflegeZG (siehe oben) haben gem. § 3 Abs. 1 Satz 1 PflegeZG einen Anspruch auf vollständige oder teilweise Freistellung von der Arbeitsleitung, wenn sie einen pflegebedürftigen nahen Angehörigen (siehe oben) in häuslicher Umgebung pflegen (Pflegezeit) wollen.

I. Voraussetzungen

Der Anspruch auf Pflegezeit gem. § 3 PflegeZG besteht nur bei der Erfüllung bestimmter Voraussetzungen.

1. Sachlicher Anwendungsbereich – Kleinunternehmerklausuel

Anders als das Leistungsverweigerungsrecht nach § 2 PflegeZG besteht der Anspruch des Beschäftigten gegen den Arbeitgeber auf Gewährung von Pflegezeit gem. § 3 Abs. 1 Satz 2 PflegeZG nicht gegenüber jedem Arbeitgeber. Er besteht ausdrücklich nicht gegenüber Arbeitgebern mit in der Regel 15 oder weniger Beschäftigten. Gemeinhin werden solche Beschränkungen als Kleinbetriebsklausel bezeichnet. Bezugspunkt für die Ermittlung des Schwellenwertes in § 3 Abs. 1 Satz 2 PflegeZG ist jedoch nicht wie etwa im Rahmen von § 23 KSchG grundsätzlich der einzelne Betrieb[252], sondern so wie beim Teilzeitanspruch im Rahmen der Elternzeit gem. § 15 Abs. 7 Satz 1 Nr. 1 BEEG oder dem allgemeinen Anspruch auf Teilzeitarbeit gem. § 8 Abs. VII TzBfG der jeweils in Anspruch genommene Arbeitgeber als natürliche oder juristische Person[253]. Insofern muss im Rahmen des PflegeZG präziser von einer Kleinunternehmer-[254] bzw. Kleinarbeitgeberklausel als von einer Kleinbetriebsklausel[255] gesprochen werden. Die fehlende Betriebsbezogenheit führt dazu, dass alle Beschäftigten eines Arbeitgebers, auch wenn sie auf verschiedene Betriebe verteilt sind, für die Schwellenwertberechnung

---

252 Zur ausnahmsweisen Erstreckung von § 23 KSchG auf das Unternehmen im Wege einer verfassungskonformen Auslegung des Betriebsbegriffs siehe nur ErfK-*Kiel,* § 23 KSchG Rn. 4 sowie den Beschluss des BVerfG vom 27.1.1998–1 BvL 15/87 – BVerfGE 97, 169 ff. = NZA 1998, 470 ff.

253 So auch *Linck,* BB 2008, 2738, 2739; ErfK-*Gallner,* § 3 PflegZG Rn. 1.

254 So auch BeckOK/ArbR-*Bayreuther,* § 8 TzBfG Rn. 6 ff.

255 Insofern etwas unklar BeckOK/ArbR-*Joussen,* § 3 PflegeZG Rn. 8, der den Begriff „Kleinbetrieb" verwendet.

zu berücksichtigen sind, was gerade für Kleinunternehmen mit mehreren Standorten von erheblicher Bedeutung sein kann. Umgekehrt kommt es im Rahmen eines Gemeinschaftsbetriebs mehrerer Arbeitgeber nur auf die Beschäftigten des jeweiligen Arbeitgebers, nicht auf die Beschäftigten des Gemeinschaftsbetriebs insgesamt an[256]. Die Kleinunternehmerklausel des Pflegezeitgesetzes wirft allerdings beim Vergleich mit ähnlichen Regelungen anderer arbeitsrechtlicher Vorschriften weitere Fragen und Probleme auf.

a) Schwellenwertermittlung

Für den Begriff des Beschäftigten im Rahmen des § 3 Abs. 1 Satz 2 PflegeZG gilt die Definition des § 7 Abs. 1 PflegeZG. Somit sind nicht nur Arbeitnehmer, sondern auch die zur Berufsbildung Beschäftigten[257] und die arbeitnehmerähnlichen Personen bei der Bestimmung der Schwellenwertes gem. § 3 Abs. 1 Satz 2 PflegeZG zu berücksichtigen. Überraschend ist dabei die Mitzählung der zur Berufsbildung Beschäftigten. Wer meint, der Gesetzgeber, der sich bei der Gestaltung offensichtlich und nach eigenem Bekunden am BEEG orientiert hat, habe versehentlich eine § 15 Abs. 7 Satz 1 Nr. 1 BEEG und § 8 Abs. 7 TzBfG entsprechende Norm vergessen, der irrt. Im Rahmen des Gesetzgebungsverfahrens hat der Bundesrat sich in seiner 839. Sitzung vom 30.11.2007 auf Empfehlung seiner Ausschüsse[258] vom 19.11.2007[259] ausdrücklich für eine entsprechende Änderung des Regierungsentwurfes und eine Angleichung von § 3 Abs. 1 PflegeZG an § 15 Abs. 7 Satz 1 BEEG bzw. § 8 Abs. 7 TzBfG mit dem Ziel, die zur Berufsbildung Beschäftigten aus der Schwellenwertermittlung herauszunehmen, ausgesprochen[260]. Die Bundesregierung ist dem mit dem einfachen Hinweis auf die Anspruchsberechtigung der zur Berufsbildung Beschäftigten nach dem PflegeZG ausdrücklich nicht gefolgt[261]. Das durchaus gewichtige Argument des Bundesrates, Arbeitgeber mit Belegschaftsgrößen nahe des Schwellenwertes könnten Vorbehalte gegen die Einstellung von zur Berufsbildung beschäftigten Personen wegen einer dann drohenden oder gar erfolgenden Überschreitung des Schwellenwerts haben und dies solle durch eine entsprechende Änderung des Regierungs-

---

256 Vgl. Schaub-*Linck*, § 43 Rn. 60; MüKo-*Müller-Glöge*, § 8 TzBfG Rn. 6.

257 HWK-*Lembke* § 3 PflegeZG Rn. 4.

258 Dies waren der Finanzausschuss (Fz), der Ausschuss für Kulturfragen (K) und der Wirtschaftsausschuss (Wi).

259 BR-Drucks. 718/1/07, S. 34.

260 BR-Drucks. 718/07 (Beschluß), S. 31 = BT-Drucks. 16/7439, S. 119.

261 BT-Drucks. 16/7486, S. 4.

entwurfs vermieden werden, verhallte ungehört. Eine durchaus bemerkenswerte Entwicklung, wenn man berücksichtigt, dass nach der Statistik der Bundesagentur für Arbeit regelmäßig fehlende Ausbildungsstellen zu einer Unterversorgung von Bewerbern führen[262].

Die maßgebliche Beschäftigtenzahl berechnet sich im Rahmen des PflegeZG ausschließlich nach der Kopfzahl. Eine nur teilweise Berücksichtigung von Teilzeitbeschäftigten wie etwa in § 23 Abs. 1 Satz 4 KSchG findet, obgleich es entsprechende Empfehlungen durch Bundesratsausschüsse[263] sowie aus der Wissenschaft[264] durchaus gab, nicht statt. Teilzeitbeschäftigte zählen somit unabhängig vom Umfang ihrer Tätigkeit stets voll.

Bei der Ermittlung des Schwellenwertes sind der Anspruchsteller selbst sowie Beschäftigte, deren Arbeitsverhältnis ruht (Wehrdienst, Elternzeit), grundsätzlich mitzuzählen. Eine Ausnahme gilt, wenn für Beschäftigte, die kurzfristig an der Arbeitsleitung verhindert sind, Pflegezeit oder Elternzeit in Anspruch nehmen, vom Arbeitgeber eine Vertreterin oder ein Vertreter eingestellt wurde. In diesem Sonderfall bleiben die vertretenen Pflege- bzw. Elternzeiter gem. §§ 6 Abs. 4 PflegeZG, 21 Abs. 7 BEEG bei der Schwellenwertermittlung außer Betracht. Damit wird eine künstliche Erweiterung der Belegschaft durch den Gesetzgeber zu Recht verhindert.

Der Schwellenwert bezieht sich auf die in der Regel beim Arbeitgeber tätigen Beschäftigten. Was unter „in der Regel“ konkret zu verstehen ist, ist dem Pflegezeitgesetz selbst nicht zu entnehmen. Insofern darf und muss auf die zu anderen Schwellenwerten mit gleicher Formulierung entwickelten Grundsätze zurückgegriffen werden. Für die Ermittlung des regelmäßigen Beschäftigtenbestands kommt es nicht auf eine mathematische Durchschnittsermittlung über bestimmte Zeiträume oder den konkreten Personalbestand zu einem zufälligen Zeitpunkt an. Erheblich ist vielmehr, wie viele Arbeitsplätze zum Zeitpunkt der Inanspruchnahme der Pflege regulär beim Arbeitgeber zur Verfügung stehen. Diese den Betrieb kennzeichnende Beschäftigtenzahl wird durch einen Rückblick auf die

262 Siehe http://statistik.arbeitsagentur.de/Navigation/Statistik/Statistik-nach-Themen/Ausbildungsstellenmarkt/Ausbildungsstellenmarkt-Nav.html (zuletzt abgerufen am 24.3.2018).

263 BR-Drucks. 718/1/07, S. 35; im endgültigen Beschluss des Bundesrates vom 30.11.2007 findet sich die Empfehlung nicht wieder, vgl. BR-Drucks. 718/07 (Beschluss).

264 Vgl. *Preis/Weber*, NZA 2008, 82, 84.

bisherige personelle Situation und eine Einbeziehung der zukünftigen Entwicklung festgestellt[265].

b) *Leiharbeitnehmer*

Fraglich ist, ob auch Leiharbeitnehmer bei der Schwellenwertermittlung zu berücksichtigen sind. Zwar stehen Leiharbeitnehmer in keinem Arbeitsverhältnis zum Entleiher, doch hat dieser Umstand das BAG nicht gehindert, sich für eine Berücksichtigung von Leiharbeitnehmern im Rahmen der Schwellenwertermittlung gem. § 23 KSchG auszusprechen, sofern durch die Leiharbeitnehmer ein regelmäßiger Beschäftigungsbedarf abgedeckt wird[266]. Eine klare gesetzliche Regelung fehlt. Auch der 2017 erweiterte § 14 Abs. 2 AÜG[267] erfasst weder die Schwellenwerte des KSchG noch die des PflegeZG und ist nicht anwendbar. Die vom BAG zum Schwellenwert des KSchG entwickelten Grundsätze könnten daher auch für den Schwellenwert des PflegeZG gelten.

Das BAG geht zunächst davon aus, dass sich dem KSchG selbst und seiner Entstehungsgeschichte nicht klar entnehmen lasse, ob Leiharbeitnehmer bei der Schwellenwertermittlung gem. § 23 KSchG zu berücksichtigen sind oder nicht. Es nimmt daher eine verfassungskonforme Auslegung vor. Dabei postuliert das BAG, dass es für eine unterschiedliche Behandlung („Benachteiligung") von Arbeitnehmern in einem Kleinbetrieb „wegen Art. 3 Abs. 1 GG der verfassungsrechtlichen Legitimation" bedarf[268]. Eine solche Legitimation sieht das BAG unter Berücksichtigung seiner eigenen früheren Rechtsprechung[269] sowie der Rechtsprechung des BVerfG[270] in der engen persönlichen Zusammenarbeit im Kleinbetrieb sowie in der regelmäßig geringeren finanziellen Finanzausstattung von Kleinbetrieben, mithin der wirtschaftlichen Leistungsfähigkeit des Kleinbetriebsinhabers. Für deren Vorliegen sei es nicht relevant, „ob der Arbeitgeber regelmäßigen Beschäftigungsbedarf durch eigene Arbeitnehmer oder durch Leiharbeitnehmer abdeckt." Ernsthafte Kritik erfährt diese Rechtsprechung – soweit ersichtlich – einzig durch *Löwisch*[271], der dem BAG vorwirft, bei der Auslegung den Kontext des § 23 KSchG selbst sowie § 17 KSchG nicht zu berücksichtigen. Insbesondere aber berück-

---

265 Vgl. BAG vom 31.1.1991–2 AZR 356/90 – NZA 1991, 562 (Leitsatz).

266 Vgl. BAG vom 24.1.2013–2 AZR 140/12 – NZA 2013, 726 ff.

267 BGBl. I, 258.

268 Vgl. BAG vom 24.1.2013–2 AZR 140/12 – NZA 2013, 726, 728 f.

269 Vgl. BAG vom 28.10.2010–2 AZR 392/08 – BB 2011, 1339, 1340 f.; BAG vom 19.4.1990–2 AZR 487/89 – NZA 1990, 724 f.

270 Vgl. BVerfG vom 27.1.1998–1 BvL 15/87 – NZA 1998, 470, 472 f.

271 FS Wank, S. 315 ff.

sichtige das BAG nicht den vom BVerfG noch 1998 genannten Rechtfertigungsgrund der „Gewährleistung größerer arbeitsmarktpolitischer Freizügigkeit des Kleinunternehmers (u. a. Schutz des Mittelstandes)“[272] und verstoße mit seiner vermutlich beabsichtigten Einschränkung der Leiharbeit gegen Art. 4 Abs. 1 der Leiharbeitsrichtlinie RL 2008/104/EG[273].

Zwar wiegen die Argumente schwer, doch steht kaum zu vermuten, dass das BAG seine Rechtsprechung deshalb schnell wieder ändert. Für die Frage, ob Leiharbeitnehmer auch beim Schwellenwert des PflegeZG zu berücksichtigen sind, kommt es letztendlich wieder auf die Frage an, ob sich eine unterschiedliche Behandlung von Arbeitnehmern eine Kleinunternehmers durch Versagung eines Anspruchs auf Pflegezeit im Hinblick auf Art. 3 GG verfassungsrechtlich rechtfertigen lässt. Berücksichtigt man die Rechtsprechung des BAG zu § 23 KSchG, so bleibt es im Wesentlichen bei der geringeren wirtschaftlichen Belastbarkeit des Kleinunternehmers. Die Gewährung von Pflegezeit stellt für den Arbeitgeber sowohl eine organisatorische als auch eine finanzielle Belastung dar, muss er doch den Arbeitsausfall kompensieren. Mit der Festlegung des Schwellenwertes von 15 Beschäftigten hat der Gesetzgeber im Rahmen seiner ihm zustehenden Einschätzungsprärogative beim PflegeZG die Grenze gezogen, bis zu der Kleinunternehmer vor einer Inanspruchnahme von Pflegezeit durch seine Beschäftigten geschützt werden sollen. Jenseits dieser Grenze soll eine unterschiedliche Behandlung von Beschäftigten nicht mehr zu rechtfertigen sein. Dabei ist es, der Rechtsprechung des BAG zu § 23 KSchG folgend, für die Berechnung des Schwellenwertes konsequent, auch Leiharbeitnehmer zu berücksichtigen, sofern durch sie ein regelmäßiger Beschäftigungsbedarf gedeckt wird. Wirtschaftlich ergeben sich für den Arbeitgeber nur geringe Unterschiede, so dass ein in der Regel beschäftigter Leiharbeitnehmer mit einem regulären Beschäftigten insoweit vergleichbar ist. Zählte man in der Regel beschäftigte Leiharbeitnehmer hingegen nicht mit, ergäben sich Umgehungsmöglichkeiten und es könnten Unternehmer solcher „Kleinunternehmen“ Ansprüche auf Pflegezeit ablehnen, für die der entsprechende Schutz des Schwellenwerts weder notwendig noch gedacht ist. Dem kann und muss entsprechend den Vorgaben des BVerfG beim Betriebsbegriff[274] durch entsprechende verfassungskonforme Auslegung und damit letztlich durch die Berücksichtigung von in der Regel beschäftigten Leiharbeitnehmern begegnet werden. Soweit durch Leiharbeitnehmer lediglich Ausfälle kompensiert oder vo-

---

272 Vgl. BAG vom 19.4.1990–2 AZR 487/89 – NZA 1990, 724, 726.

273 Vgl. *Löwisch* in FS Wank, S. 315, 320 f.

274 Vgl. BVerfG vom 27.1.1998–1 BvL 15/87 – NZA 1998, 470, 474.

rübergehende Auftragsspitzen erledigt werden, „die den allgemeinen Geschäftsbetrieb nicht kennzeichnen“[275], bleiben sie unberücksichtigt.

Im Ergebnis ist jedoch wünschenswert, dass der Gesetzgeber solche Fragen selbst durch klare gesetzliche Regelungen beantwortet. Im Hinblick auf die Leiharbeitnehmer war dazu auch Gelegenheit. Im Rahmen der öffentlichen Anhörung zum Entwurf eines Gesetzes zu besseren Vereinbarung von Familie, Pflege und Beruf durch den Ausschuss für Familie, Senioren, Frauen und Jugend, hat der Gutachter *Thüsing* in seiner Stellungnahme auf das Problem hingewiesen[276].

c) Darlegungs- und Beweislast

Schließlich gilt es zu klären, wen die Darlegungs- und Beweislast für die Über- bzw. Unterschreitung des Schwellenwertes trifft. Auf den ersten Blick erscheint dies klar. Der Wortlaut legt ein Regel-Ausnahme-Verhältnis nahe, bei dem die Überschreitung des Schwellenwertes die Regel darstellt. Somit wäre es Aufgabe des Arbeitgebers, jeweils eine Unterschreitung des Schwellenwertes zu beweisen[277]. Gestützt wird dieses Ergebnis durch den Umstand, dass der Gesetzgeber sich nach eigenem Bekunden an den §§ 15 ff. BEEG orientiert[278], gleichwohl aber im Hinblick auf den Schwellenwert eine vom BEEG abweichende Regelung getroffen hat. Im Gegensatz zu § 15 Abs. 7 BEEG und § 8 Abs. 7 TzBfG ist die Schwellenwertregelung des § 3 Abs. 1 Satz 2 PflegeZG negativ („Der Anspruch nach Satz 1 besteht nicht…“) und nicht positiv formuliert. Auf den zweiten Blick gilt es jedoch zu berücksichtigen, dass auch die Schwellenwertregelungen des § 23 Abs. 1 Sätze 2 und 3 KSchG negativ ausgestaltet sind und um die Frage der Darlegungs- und Beweislast der Betriebsgröße im Kündigungsschutzgesetz insbesondere mit der Änderung des Schwellenwertes zum 1.1.2004 eine nicht unwesentliche wissenschaftliche Auseinandersetzung entbrannt ist. Das BAG hat in ständiger Rechtsprechung trotz der negativen Formulierung die Darlegungs- und Beweislast stets dem Arbeitnehmer auferlegt[279]. Dabei hat es jedoch im Wege der abgestuften Beweislast dem Arbeitnehmer keine unüberwindbaren Hürden aufgestellt. „Der Arbeitnehmer genügt regelmäßig seiner Darlegungslast, wenn

---

275 Vgl. BAG vom 24.1.2013–2 AZR 140/12 – NZA 2013, 726, 729.

276 Vgl. Wortprotokoll zur Anhörung am 24.11.2014, S. 86, abrufbar unter https://www.bundestag.de/ausschuesse/ausschuesse18/a13/anhoerungen/anhoerung_inhalt_20141124/340034 (zuletzt abgerufen am 24.3.2018).

277 Vgl. *Müller*, BB 2008, 1058, 1059; *Kossens*, § 3 PflegeZG Rn. 14.

278 BT-Drucks. 16/7439, S. 91 = BR-Drucks. 718/07, S. 218.

279 Vgl. nur BAG vom 24.2.2005–2 AZR 373/03 – NZA 2005, 764 zu § 23 Abs. 1 KSchG idF bis zum 31.12.2003.

er schlüssig dargelegt hat, dass zum Kündigungszeitpunkt mehr als fünf Arbeitnehmer im Betrieb beschäftigt worden sind. Entsprechend der abgestuften Darlegungs- und Beweislast ist es dann an dem sachnäheren Arbeitgeber, die erheblichen Tatsachen und Umstände darzulegen, aus denen sich ergibt, dass diese Beschäftigtenzahl nicht repräsentativ für den Betrieb ist."[280] Dem liegen verschiedene Überlegungen zu Grunde. Zum einen muss nach allgemeinen Grundsätzen der Anspruchsteller alle Tatsachen beweisen, die den Anspruch begründen. Im Rahmen der Kündigungsschutzklage ist dies die Beschäftigung als Arbeitnehmer in einem Betrieb mit mehr als fünf (bis 31.12.2003) bzw. mehr als zehn Arbeitnehmern. Zum anderen führte eine Beweislast des Arbeitgebers zu der Folge, dass dieser eine negative Tatsache, nämlich das Nichtvorhandensein von Arbeitnehmern beweisen müsse[281]. Dem Wortlautargument und der vermeintlichen Regel-Ausnahme-Formulierung hielt das BAG entgegen, dass ein nicht den Schwellenwert überschreitender Betrieb als Ausnahme eben nicht den tatsächlichen Verhältnissen der deutschen Wirtschaft entspreche, sondern mithin die Regel sei und sich daher aus der gesetzlichen Formulierung keine Beweislast des Arbeitgebers eines Kleinbetriebs aufgrund der Berufung auf eine Ausnahme entnehmen lasse[282].

An dieser Rechtsprechung gab es sowohl in der Literatur als auch bei den Instanzgerichten nicht nur Zustimmung[283], sondern durchaus auch Kritik[284]. Gleichwohl hat das BAG an seiner Rechtsprechung festgehalten und im Jahre 2008 klargestellt, dass auch nach der seit dem 1.1.2004 geltenden Fassung des § 23 Abs. 1 KSchG die Darlegungs- und Beweislast den Arbeitnehmer trifft[285], freilich mit den bekannten Erleichterungen. Es ist davon auszugehen, dass das BAG hinsichtlich der Beweislast im Rahmen von § 3 PflegeZG diese Grundsätze übernehmen und ebenso entscheiden wird und das zu Recht. Die Argumente des BAG überzeugen, insbesondere müssen anspruchsbegründende Tatsachen vom

---

280 BAG vom 24.2.2005–2 AZR 373/03 – NZA 2005, 764.

281 BAG vom 26.6.2008–2 AZR 264/07 – AP Nr. 42 zu § 23 KSchG 1969.

282 BAG vom 24.2.2005–2 AZR 373/03 – NZA 2005, 764.

283 APS-*Moll*, § 23 Rn. 48; *von Hoyningen-Huene/Linck*, § 23 Rn. 47; TLL-*Thüsing*, § 23 Rn. 25; *Schreiber*, Anmerkung AP Nr. 42 zu § 23 KSchG 1969.

284 KR-*Weigand*, § 23 Rn. 54a; ErfK-*Kiel*, § 23 Rn. 21; *Reinecke*, NZA 1989, 577, 583 f.; *Spinner*, BB 2006, 154, 158; Löwisch-*Spinner*, § 23 Rn. 25; LAG Berlin vom 28.10.1994–6 SA 95/94 – LAGE § 23 KSchG Nr. 11 = BB 1995, 784; LAG Hamm vom 6.2.2003–8 Sa 1614/02 – LAGE § 23 KSchG Nr. 22.

285 BAG vom 26.6.2008–2 AZR 264/07 – AP Nr. 42 zu § 23 KSchG 1969 = DB 2008, 2311.

Anspruchsteller bewiesen werden und es ist nicht Aufgabe des Anspruchsgegners, das Fehlen anspruchsbegründender Tatsachen zu beweisen. Dass § 3 Abs. 1 Satz 2 PflegeZG eine widerlegbare Vermutung zugunsten eines Großarbeitgebers sein soll – nichts anderes wäre eine Beweislast zu Lasten des Arbeitgebers – lässt sich insbesondere im Hinblick auf die gegenteilige Realität nur schwer vertreten. Soweit im Rahmen der Diskussion um § 23 Abs. 1 KSchG eingewandt wird, für den Arbeitnehmer sei es insbesondere seit der Schwellenwerterhöhung auf zehn Arbeitnehmer schwieriger geworden, entsprechend vortragen zu können, kann dem im Rahmen der Pflegezeit nicht gefolgt werden. Zwar liegt der Schwellenwert mit 15 Beschäftigten höher, doch gehen mit ihm zwei Erleichterungen gegenüber § 23 KSchG einher. Zum einen wird nur nach ganzen Köpfen gezählt, anteilige Berücksichtigungen von teilzeitbeschäftigten Arbeitnehmern finden nicht statt. Zum anderen zählen ausnahmslos alle Beschäftigten im Sinne des § 7 Abs. 1 PflegeZG. Ausnahmen, wie etwa die zu ihrer Berufsbildung Beschäftigten in § 23 KSchG, gibt es nicht. Für den anspruchstellenden Arbeitnehmer ist es somit leichter möglich, die Anzahl der mit ihm beim selben Arbeitgeber beschäftigten Arbeitnehmer festzustellen und entsprechend vorzutragen. Im Ergebnis gelten für die Darlegungs- und Beweislast im Hinblick auf den Schwellenwert im Rahmen des § 3 Abs. 1 PflegeZG die vom BAG für § 23 Abs. 1 KSchG entwickelten Regeln[286].

d) Relevanter Zeitpunkt

Schließlich stellt sich die Frage, auf welchen Zeitpunkt bei der Ermittlung der Beschäftigtenzahl abzustellen ist. Dafür kommen sowohl der Zeitpunkt der Ankündigung der Pflegezeit gem. § 3 Abs. 3 PflegeZG als auch der tatsächliche Beginn der Pflegezeit also der Zeitpunkt der konkreten Freistellung in Betracht. Da das PflegeZG in § 3 Abs. 3 nur eine Mindestankündigungsfrist regelt und keine Höchstankündigungsfrist kennt, kann der Zeitpunkt der Feststellung unter Umständen eine durchaus wesentliche praktische Bedeutung haben. Da nach dem Wortlaut des Gesetzes der Freistellungsanspruch bei 15 oder weniger Beschäftigten überhaupt nicht besteht, kann es nur auf den Zeitpunkt ankommen, zu dem der Arbeitgeber die Freistellung gewährt und den Anspruch befriedigt, mithin also den konkreten Beginn der angekündigten Pflegezeit[287]. Auch Sinn und Zweck der Kleinunternehmerklausel, die kleine Arbeitgeber vor Überforderung schützen

---

286 So auch ErfK-*Gallner,* § 3 PflegeZG Rn. 1; AR-*Krumbiegel,* § 3 PflegeZG Rn. 7; *Linck,* BB 2008, 2738, 2739.

287 So auch *Kossens,* § 3 PflegeZG Rn. 10.

will, sprechen für den späteren Zeitpunkt. Ein Arbeitgeber, der seine Belegschaft in schlechten Zeiten von 20 auf zehn Beschäftigte verkleinern musste, soll keine Pflegezeit gewähren müssen, nur weil der potentiell anspruchsberechtigte Beschäftigte die Pflegezeit bereits ein Jahr früher und zu besseren wirtschaftlichen Zeiten angekündigt hatte.

2. Pflege eines pflegebedürftigen nahen Angehörigen in häuslicher Umgebung

Für den Anspruch auf Pflegezeit ist es erforderlich, dass der den Anspruch stellende Beschäftigte während der gewünschten Pflegezeit die Pflege selbst, also in eigener Person übernehmen will. Es ist dabei weder erforderlich, dass der Beschäftigte die Pflege bereits vor Beginn der Pflegezeit ausübt, noch dass er dies während der Pflegezeit alleine tun muss. Entsprechende Einschränkungen nimmt das Gesetz nicht vor. Die Pflege des nahen Angehörigen hat dabei gem. § 3 Abs. 1 Satz 1 PflegeZG in häuslicher Umgebung stattzufinden, anderenfalls besteht der Freistellungsanspruch nicht. Was genau unter häuslicher Umgebung zu verstehen ist, hat der Gesetzgeber jedoch nicht weiter definiert. Auch in der Begründung des Gesetzentwurfs findet sich wenig. Ziel des Entwurfsverfassers war es, den pflegebedürftigen Personen eine Pflege durch vertraute Personen in vertrauter Umgebung zu ermöglichen[288]. Daher kommt grundsätzlich jede vertraute Umgebung der pflegebedürftigen Person, insbesondere die eigene Wohnung oder die der Pflegeperson in Betracht[289]. Aber auch die Wohnung von Dritten, die selber nicht nahe Angehörige nach § 7 PflegeZG zu sein brauchen, kann eine häusliche Umgebung der zu pflegenden Person sein. Entscheidend ist, ob es sich bei der gewählten Umgebung aus Sicht der zu pflegenden Person um eine vertraute und häusliche Umgebung handelt. Abgrenzungsprobleme können sich allerdings ergeben, wenn die pflegebedürftige Person sich in einer professionellen Pflegeeinrichtung befindet. Handelt es sich bei einer solchen beispielsweise um eine stationäre Pflegeeinrichtung im Sinne von § 71 Abs. 2 SGB XI wie etwa ein Pflegeheim oder eine Einrichtung im Sinne von § 71 Abs. 4 SGB XI, wie etwa ein Krankenhaus oder eine Rehabilitationseinrichtung, so wird eine häusliche Umgebung regelmäßig nicht anzunehmen sein, auch wenn die Umgebung wegen eines langen Aufenthaltes für die pflegebedürftige Person als vertraut einzustufen ist. Solche Einrichtungen hat der Gesetzgeber jedoch offensichtlich bei der Schaffung des Pflegezeitgesetzes nicht gemeint.

---

288 Vgl. BT-Drucks. 16/7439, S. 90 = BR-Drucks. 718/07, S. 217.

289 So auch *Müller*, BB 2008, 1058, 1060 f.; *Preis/Nehring*, NZA 2008, 729, 733.

Probleme bei der Einordnung bereiten demgegenüber Pflegeeinrichtungen, die unterhalb der Schwelle des § 71 Abs. 2, Abs. 4 SGB XI liegen. Einrichtungen, mit abgestuftem Betreuungs- und Pflegeangebot gibt es zuhauf. Von Appartementanlagen, in denen die Bewohner alleine oder in Wohngruppen bzw. -gemeinschaften im Wesentlichen selbständig und selbstbestimmt leben, über Seniorenresidenzen und Betreutes Wohnen bis hin zu Alten- und Pflegeheimen sind vielerlei Abstufungen möglich. Entscheidend muss daher sein, dass in einer solchen Einrichtung der zu pflegenden Person durch die Ausgestaltung der Umgebung und der Pflegeleistungen immer noch ein Mindestmaß an selbständiger Lebensführung ermöglicht wird[290]. Ist dies der Fall, liegt eine häusliche Umgebung vor. Dies gilt auch dann, wenn gleichzeitig eine ambulante Pflegeeinrichtung gem. § 71 Abs. 1 SGB XI etwa in Form eines Pflegedienstes ergänzend in Anspruch genommen wird. Erfüllt die Einrichtung jedoch die Anforderungen des § 71 Abs. 2 SGB XI, bleibt für häusliche Pflege im Sinne des § 3 Abs. 1 Satz 1 PflegeZG kein Raum. Für eine von § 36 Abs. 4 Satz 1 SGB XI[291] abweichende Betrachtung besteht kein Anlass. Die Feststellung, ob eine Einrichtung die Voraussetzungen erfüllt, erfolgt im Rahmen des Abschlusses eines Versorgungsvertrages gem. §§ 72 ff. SGB XI.

3. Erforderlichkeit – mehrere Pflegepersonen

Für den Anspruch auf Pflegezeit bedarf es abweichend zum Anspruch aus § 2 PflegeZG keiner besonderen Erforderlichkeit der Pflege bei einem nahen Angehörigen. Die vorliegende Pflegebedürftigkeit sowie die Pflegeabsicht des Beschäftigten sind neben der Erreichung des Schwellenwertes und der Beschäftigteneigenschaft des Antragstellers ausreichend. Somit kann der Wunsch auf Gewährung von Pflegezeit seitens des Arbeitgebers nicht mit dem Hinweis auf eine weitere die Pflege übernehmende Person und einer dadurch fehlenden Erforderlichkeit der Freistellung verweigert werden. Aus diesem Umstand folgt umgehend die Frage, inwieweit das Pflegezeitgesetz die Pflege durch mehrere Beschäftigte überhaupt ermöglicht oder beschränkt.

Für die Pflege eines nahen Angehörigen durch mehrere Beschäftigte sind verschiedene Fallkonstellationen vorstellbar. Wird oder ist eine Person absehbar auf längere Zeit pflegebedürftig, ist es in der Regel sinnvoll, wenn die Angehörigen durch Aneinanderreihung ihrer jeweiligen Pflegezeiten einen möglichst langen

290 So auch *Kossens*, § 3 PflegeZG Rn. 24.

291 Vgl. zum gleichen Problem der Abgrenzung von häuslicher und stationärer Pflege *Udsching*, § 36 SGB XI Rn. 5 ff.; KassKomm-*Leitherer*, § 36 SGB XI Rn. 20, 31 ff.

Zeitraum an persönlicher Pflege zur Gunsten der betroffenen Person abdecken können. Umgekehrt sind aber auch Fälle schwerster Erkrankungen, die nur eine kurze Restlebenserwartung mit sich bringen, durchaus denkbar. Hier kann es gerade zum Wohle der betroffenen Person sein, mehrere pflegende Angehörige als Pflegeperson gleichzeitig zur Verfügung zu haben. Zu denken ist insbesondere an die Fälle schwerstkranker Kinder bei denen regelmäßig beide Elternteile die Betreuung nicht nur übernehmen möchten, sondern sinnvollerweise auch übernehmen können sollten. Ebenfalls ist denkbar, dass eine Pflegeperson allein nicht in der Lage ist, die Pflege eines nahen Angehörigen für den ganzen Tag zu bewerkstelligen, sondern eine Aufgabenteilung sinnvoll und erforderlich ist.

Der Gesetzgeber regelt in § 4 PflegeZG, dass die Pflegezeit für jeden pflegebedürftigen nahen Angehörigen längstens sechs Monate (Höchstdauer) besteht. Daraus ist jedoch nicht zu schließen, dass absolut je Pflegefall nur einmalig und von einem Beschäftigten eine Pflegezeit von maximal sechs Monaten beansprucht werden kann[292]. Das Pflegezeitgesetz erfasst jeweils nur das einzelne Arbeitsverhältnis. Somit bezieht sich die Beschränkung auch nur auf dieses. Die Regelung des § 4 PflegeZG bewirkt, dass jeder Beschäftigte gegenüber seinem Arbeitgeber je pflegebedürftigen nahem Angehörigen nur einmalig die Pflegezeit von maximal sechs Monaten verlangen kann. Damit ist jedoch keinerlei Auswirkung auf ein Beschäftigungsverhältnis eines anderen Beschäftigten, womöglich noch bei einem anderen Arbeitgeber und den etwaigen Anspruch dieses anderen Beschäftigten auf Pflegezeit verbunden. Eine solche Auswirkung würde unzulässigerweise in ein anderes Vertragsverhältnis eingreifen. Würde eine durch Arbeitgeber A dem Beschäftigten K zugunsten des nahen Angehörigen Z gewährte Pflegezeit einen Anspruch auf Pflegezeit des Beschäftigten L ebenfalls zugunsten des gemeinsamen Angehörigen Z gegen Arbeitgeber B ausschließen, würde dies unter Umständen zu Wettläufen führen und vor allem gegen das Verbot von Verträgen zu Lasten Dritter verstoßen. Abgesehen davon würde ein solches Verständnis diverse praktische Probleme mit sich bringen, denn der jeweilige Arbeitgeber kann ja nur schwer den Kreis der weiteren Beschäftigten, für die die pflegebedürftige Personen ein naher Angehöriger ist, bestimmen, um dann auch noch feststellen, ob aus diesem Kreis bereits jemandem Pflegezeit gewährt wurde. Schließlich wäre eine solche Beschränkung mit dem Ziel des Gesetzgebers, die Pflege in häuslicher Umgebung einer stationären Unterbringung vorzuziehen, nur schwer vereinbar,

292 So auch *Treber*, JbArbR 46 (2009), 91, 106.

wird doch im Regelfall der Pflegezeitraum mehr als sechs Monate betragen[293]. Auch das im Gegensatz zur kurzzeitigen Arbeitsverhinderung bei der Pflegezeit fehlende Erforderlichkeitskriterium sowie eine fehlende Konkurrenznorm sprechen gegen einen irgendwie gearteten Ausschluss mehrerer Pflegepersonen sogar für den Fall, dass es sich um denselben Arbeitgeber handelt[294]. Durch die Einmaligkeit des Anspruchs je nahen Angehörigen pro Beschäftigten ist eine ausreichende Begrenzung vorgesehen. Gleichzeitig besteht für jeden Pflegefall eine gewisse Flexibilität in der Betreuung und eine Überbeanspruchung des jeweiligen Arbeitgebers ist ausgeschlossen. Die Pflege durch mehrere Beschäftigte gleichzeitig ist also grundsätzlich legitim[295] und nicht rechtsmissbräuchlich[296].

4. Ankündigung

Der Anspruch auf Pflegezeit muss dem Arbeitgeber vom Beschäftigten spätestens zehn Arbeitstage[297] vor Beginn schriftlich angekündigt werden. Die Frist verlängert sich auf acht Wochen, wenn die Pflegezeit nach einer bereits in Anspruch genommen Familienpflegezeit nach dem FPfZG beantragt werden soll, § 2a Abs. 1 Satz 6 FPfZG. Für den Begriff des Arbeitstages sowie die Frage nach einer Auswirkung einer Teilzeitbeschäftigung gilt das gleiche wie bei § 2 PflegeZG[298]. Gleichzeitig mit der Ankündigung muss der Beschäftigte erklären, für welchen konkreten Zeitraum und in welchem Umfang die Freistellung von der Arbeitsleistung in Anspruch genommen werden soll. Der betroffene Arbeitgeber soll damit in die Lage versetzt werden, auf den Ausfall des Beschäftigten durch geeignete Maßnahmen reagieren zu können[299].

---

293 Daher forderte die Bundesfamilienministerin Kristina Schröder bereits am 3.3.2010 eine Familienpflegezeit von bis zu zwei Jahren: http://www.spiegel.de/politik/deutschland/0,1518,681393,00.html (zuletzt abgerufen am 24.3.2018). Das Familienpflegezeitgesetz vom 6.12.2012, BGBl. I. S. 2564, trat zum 1.1.2012 in Kraft.

294 Im Ergebnis ebenso *Müller*, BB 2008, 1058, 1061; *Treber*, JbArbR 46 (2009), 91, 106; *Kossens*, § 3 PflegeZG Rn. 22; kritisch *Preis/Nehring*, NZA 2008, 729, 734.

295 So auch *Treber*, JbArbR 46 (2009), 91, 106; *Roßbruch*, PflR 2008, 465, 471.

296 *Preis/Nehrig*, NZA 2008, 729, 734, stellen die Frage, ob die Pflege durch mehrere Beschäftigte legitim oder rechtsmissbräuchlich sei, beantworten sie jedoch nicht.

297 Zum Begriff des Arbeitstages siehe oben C. II.

298 Siehe oben unter C. II.

299 Vgl. die Begründung des Gesetzentwurfs in BR-Drucks. 718/07 S. 218 = BT-Drucks. 16/7439, S. 91.

a) Frist

Bei der Ankündigungsfrist kann zwischen einer Mindestankündigungsfrist einerseits und einer Höchstankündigungsfrist andererseits unterschieden werden.

aa) Mindestankündigungsfrist

Die für eine Reaktionsmöglichkeit durch den Arbeitgeber vom Gesetzgeber festgelegte Mindestankündigungsfrist von zehn Arbeitstagen ist reichlich knapp bemessen. Zum Vergleich: Elternzeit muss mindestens sieben Wochen vor der Inanspruchnahme durch den jeweiligen Elternteil dem Arbeitgeber gegenüber angekündigt werden, § 16 Abs. 1 Satz 1 BEEG. Diese Frist gibt dem betroffenen Arbeitgeber eine reelle Chance, auf den künftigen Arbeitsausfall adäquat reagieren zu können. Der Vergleich hinkt zwar ein wenig, kann doch der potentiell in Betracht kommende Zeitraum für Elternzeit durch die Anspruchsberechtigten naturgemäß deutlich vor dem eigentlichen Beginn der Elternzeit ermittelt werden. Elternzeit kündigt sich durch die notwendige Schwangerschaft vorher regelmäßig an[300], bei Pflegezeit kann, muss das aber nicht der Fall sein. Die Abweichung vom Vorbild des BEEG ist daher zumindest nachvollziehbar und jedenfalls nicht sonderlich erstaunlich[301]. Der Gesetzgeber musste sich für eine Frist entscheiden, die zwar einerseits die betroffenen Arbeitgeber nicht vollkommen unzumutbar belasten, andererseits aber auch Sinn und Zweck des Gesetzes nicht zuwider laufen durfte. Eine Gefahr für Letzteres bestünde bei einer Frist analog zu § 16 Abs. 1 BEEG[302], denn kurzfristig sich ergebende Pflegesituationen sind die Regel. Gleichwohl sind zehn Arbeitstage, mithin in der Regel genau zwei (Arbeits-) Wochen, denkbar knapp. Offenbar hat der Gesetzgeber sich bei der Pflegezeit an den in § 2 PflegeZG geregelten zehn Tagen der kurzzeitigen Arbeitsverhinderung orientiert. Hinter dieser Orientierung steht wohl der Gedanke, dass im Falle einer plötzlich eintretenden Pflegesituation bei einem nahen Angehörigen, der Beschäftigte zunächst zehn Tage die Leistung gem. § 2 PflegeZG verweigern und in direktem Anschluss daran, bis zu sechs Monate Pflegezeit gem. § 3 PflegeZG in Anspruch nehmen können soll. Insofern sind die beiden Säulen des Pflegezeitgesetzes in nachvollziehbarer Weise aufeinander abgestimmt. Notwendig war das freilich nicht. In der Praxis wird ein solcher nahtloser Übergang wohl auch die Ausnahme sein. Es erscheint nur schwer vorstellbar, dass ein Beschäftigter,

300 So auch *Kreutz*, ZTR 2008, S. 246, 247.

301 Anders *von Plettenberg*, S. 123.

302 Eine § 16 Abs. 1 BEEG entsprechende Frist für das PflegeZG fordert etwa *Berger-Delhey*, ZTR 2007, 604, 605.

der wegen einer akut eingetretenen Pflegesituation gem. § 2 PflegeZG der Arbeit fern bleibt, in dieser Krisensituation an die Ausgestaltung des Pflegezeitgesetzes denkt und dann auch noch die Zeit findet, am selben Tag formwirksam Pflegezeit bei seinem Arbeitgeber zu beantragen. Regelmäßig werden Betroffene sich mit der neuen Situation zunächst auseinandersetzen und die weitere Zukunft planen müssen. Dann verschiebt sich aber auch der frühestmögliche Beginn einer Pflegezeit gem. § 3 PflegeZG.

Soll die Pflegezeit sich hingegen unmittelbar an eine bereits vorher in Anspruch genommene Familienpflegezeit anschließen[303], besteht aus Sicht des Gesetzgebers keine Notwendigkeit einer kurzfristigen Ankündigung[304]. Entsprechend wurde mit der Einführung eines Anspruchs auf Familienpflegezeit durch die Ankündigungsfrist für eine sich unmittelbar anschließende Pflegezeit auf acht Wochen erweitert.

Zu spät kann die Ankündigung (regelmäßig) allerdings nur aus der subjektiven Sicht des betroffenen Beschäftigten, nicht aber tatsächlich erfolgen. Erfolgt die Ankündigung weniger als zehn Tage vor dem beabsichtigten Beginn der Pflegezeit, wird sie nicht unwirksam, sondern die angekündigte Pflegezeit beginnt entsprechend später, als bei Ankündigung ursprünglich gewünscht[305]. Ähnlich wie bei einer Kündigung zu einem nicht möglichen Beendigungszeitpunkt, ist die Ankündigungserklärung entsprechend umzudeuten. In den Fällen des Anschlusses an eine Familienpflegezeit gilt dies nicht. Der Anschluss kann nur unmittelbar verlangt werden, § 2a Abs. 1 Satz 6 FPfZG. Kommt die Ankündigung zu spät, erlischt der Anspruch[306].

bb) Höchstankündigungsfrist

Eine Höchstankündigungsfrist hat der Gesetzgeber für die Pflegezeit erstaunlicherweise nicht geregelt. Die Pate stehenden Normen der §§ 15 ff. BEEG enthalten zwar ebenfalls keine Höchstankündigungsfrist für die Elternzeit. Allerdings ergibt sich hier eine natürliche Grenze in Höhe der regelmäßigen Dauer einer Schwangerschaft: ohne Schwangerschaft keine Elternzeit. Bei der Pflegezeit ist das anders. Da bei einer (bereits) pflegebedürftigen Person in der Regel nicht feststeht, wie lange sie noch pflegebedürftig sein wird, ist es gut vorstellbar, dass

303 Gem. § 2a Abs. 1 Satz 6 FPfZG ist nur ein unmittelbarer Anschluss möglich. Vgl. auch *Müller*, BB 2014, 2135, 3127.

304 BT-Drucks. 18/3124, S. 33.

305 Vgl. ErfK-*Gallner*, § 3 PflegeZG Rn. 2; BeckOK/ArbR-*Joussen* § 3 PflegeZG Rn. 16.

306 So im Ergebnis wohl auch *Müller*, BB 2014, 3125, 3127.

mehrere Beschäftigte sich bereits frühzeitig auf eine Pflegereihenfolge mehrere Jahre im Voraus einigen und entsprechend die eigene Pflegezeit mehr als rechtzeitig bei ihrem jeweiligen Arbeitgeber ankündigen. Aus Sicht der Betroffenen ist das sinnvoll und das Gesetz verbietet das auch nicht. Auch für den einzelnen Arbeitgeber kann eine frühzeitige Ankündigung unter Umständen nützlich und willkommen sein, kann er doch deutlich langfristiger planen. Bedenken ergaben sich jedenfalls bis zum gesetzgeberischen Eingreifen zum 1.1.2015 jedoch im Hinblick auf den in § 5 PflegeZG mit der Ankündigung der Pflegezeit gewährten Kündigungsschutz (siehe unten E. III. 2.). Es war nicht nachvollziehbar, warum eine § 18 Abs. 1 Satz 1 BEEG entsprechende Regelung für die Pflegezeit fehlte[307]. Die Begrenzung des Kündigungsschutzes auf nunmehr maximal zwölf Wochen vor Beginn der Pflegezeit, verhindert, dass eine deutlich früher angekündigte Pflegezeit zu unzumutbaren Ergebnissen für den Arbeitgeber führt.

b) Ankündigung als Gestaltungsrecht

Während der Pflegezeit sind wie im Rahmen der Elternzeit die Hauptleistungspflichten der Arbeits- bzw. Dienstvertragsparteien suspendiert[308]. Der Beschäftigte schuldet keine Arbeit bzw. Dienste, der Arbeitgeber keinen Lohn. Das Beschäftigungsverhältnis ruht, bleibt aber im Übrigen unberührt. Wie bei der Elternzeit handelt es sich bei der Pflegezeit weniger um einen Anspruch im klassischen Sinne des § 194 BGB, also das Recht von einem anderen ein Tun oder Unterlassen zu fordern, sondern der Sache nach um ein Gestaltungsrecht[309]. Unter einem Gestaltungsrecht versteht man das subjektive Recht, mit dessen Ausübung der Berechtigte durch einseitige Erklärung eine Veränderung der bestehenden Rechtslage herbeiführen kann[310]. Genauso liegt es in den Fällen der Pflege- bzw. Elternzeit. Mit der einseitigen Ankündigung tritt die Suspendierung der Hauptleistungspflichten ein, ohne dass es der Zustimmung oder irgendeiner sonstigen Mitwirkung des Erklärungsempfängers bedarf, sofern die jeweiligen Voraussetzungen gegeben sind. Dass es sich nicht um einen klassischen Anspruch, auch

---

307 *Linck*, BB 2008, 2738, 2743.

308 Vgl. MünchHbArbR-*Reichold*, § 37 Rn. 27; Schaub-*Linck*, § 172 Rn. 16.

309 So auch *Hanau*, FS Buchner S. 281, 295; ErfK-*Dörner*, § 15 BEEG Rn. 2; MünchHbArbR-*Reichold*, § 37 Rn. 27; *Joussen*, NZA 2005, 336, 337; BAG vom 15.11.2011–9 AZR 348/10 – DB 2012, 751; BAG vom 15.12.2009–9 AZR 72/09 – NZA 2010, 447, 450; BAG vom 9.5.2006–9 AZR 278/05 – NZA 2006, 1413, 1414; aA *Preis/Nehrig*, NZA 2008, 729, 734.

310 Zur Definition ausführlich *Joussen*, AcP 203 (2003), 429, 441 mwN.

nicht um einen durch den Beschäftigten selbst vollstreckbaren[311], handelt, legt auch der Umstand nahe, dass eine Erfüllung durch den Arbeitgeber, anders als zum Beispiel beim Anspruch auf Erholungsurlaub, ohne Willen des Beschäftigten, nicht möglich ist[312]. Auch der Vergleich mit § 45 SGB V geht fehl[313]. § 45 SGB V regelt ein Leistungsverweigerungsrecht. Liegen die Voraussetzungen vor und der Arbeitnehmer bleibt der Arbeit fern, so begeht er keine Pflichtverletzung, die entsprechende Konsequenzen nach sich ziehen kann. Allerdings müssen die Voraussetzungen zu jedem Zeitpunkt der Leistungsverweigerung vorliegen. Wird das Kind also spontan gesund, entfällt jegliches weitere Leistungsverweigerungsrecht. Umgekehrt kann der betroffenen Arbeitnehmer trotz der Voraussetzungen des § 45 SGB V zur Arbeit erscheinen, seine Leistung erbringen und die Gegenleistung fordern, ohne dass der Arbeitgeber irgendeinen Einfluss hierauf hat. Anders hingegen liegt es sowohl bei Pflege- als auch bei Elternzeit. Wurden sie fristgerecht verlangt und lagen die Voraussetzungen vor, so suspendieren sie beide (!) Hauptleistungspflichten. Der Beschäftigte bzw. Arbeitnehmer kann also nicht ohne weiteres zur Arbeit erscheinen, seine Leistung anbieten und die Vergütung verlangen. Ohne Zustimmung des Arbeitgebers enden Pflege- und Elternzeit erst mit Ablauf der beantragten Zeit. Eine vorzeitige Beendigung ist für den Beschäftigten bzw. Arbeitnehmer nur mit Zustimmung des Arbeitgebers möglich, §§ 4 Abs. 2 Satz 2 PflegeZG, 16 Abs. 3 Satz 1 BEEG. Auch dies spricht für ein Gestaltungsrecht und gegen einen Anspruchscharakter[314]. Fallen die Voraussetzungen nach Beginn der Pflege – bzw. Elternzeit weg, so regelt das Gesetz, wann die Hauptleistungspflichten wieder aufleben – nicht sofort, sondern erst nach einer Vorbereitungszeit für den Arbeitgeber von vier (§ 4 Abs. 2 Satz 1 PflegeZG) bzw. drei (§ 16 Abs. 4 BEEG) Wochen.

Aus der Einordnung als Gestaltungsrecht folgt die für alle Gestaltungrechte geltende Bedingungs- und Befristungsfeindlichkeit[315]. Will der Beschäftigte Pflegezeit in Anspruch nehmen, hat er diese entsprechend bedingungs- und befristungsfrei anzukündigen. Andererseits bleibt der Beschäftigte an seine einmal erklärte Ankündigung auch gebunden, sofern nicht die Voraussetzungen zwischen Ankündigung und geplantem Beginn der Pflegezeit entfallen sind. Durch die gestaltende Wirkung stehen mit der Ankündigung Beginn und Ende der Pflegezeit fest und der betroffene Arbeitgeber darf sich herauf verlassen. Keinesfalls hat der

311 So aber *Preis/Nehrig,* NZA 2008, 729, 734.
312 So auch *Joussen,* NZA 2005, 336, 337.
313 So aber *Preis/Nehrig,* NZA 2008, 729, 734.
314 So auch *Joussen,* NZA 2005, 336, 337 für die Elternzeit.
315 *Medicus* AT Rn. 849.

Beschäftigte die Möglichkeit, die Ankündigung beliebig zu widerrufen. Dies verstieße nicht nur als ein venire contra factum proprium gegen das Gebot von Treu und Glauben, es wären damit im Hinblick auf den ab Ankündigung bestehenden Kündigungsschutz dem Rechtsmissbrauch auch Tür und Tor geöffnet. Schließlich würde eine solche freie Widerruflichkeit auch unverhältnismäßig in die Interessen des jeweiligen Arbeitgebers eingreifen, der möglicherweise aufgrund der rechtzeitigen Ankündigung bereits entsprechende Kompensationsentscheidungen, zum Beispiel durch die Einstellung von Ersatzpersonal, getroffen hat. Dass dieser nur in Höhe der Mindestankündigungsfrist des § 3 Abs. 3 PflegeZG geschützt ist, kann nicht zur Folge haben, dass der Beschäftigte durch beliebige Ankündigungen und Widerrufe einen maximalen Sonderkündigungsschutz erlangen kann[316]. Der Gesetzgeber erlaubt eine langfristige Ankündigung der Pflegezeit – wer diese Möglichkeit nutzt, ist aber an seinen Wunsch dann auch entsprechend lange gebunden.

c) Form der Ankündigung

Die Ankündigung der Pflegezeit ist eine empfangsbedürftige Willenserklärung. Hinsichtlich des Zugangs ergeben sich keine Abweichungen zur Mitteilung der kurzzeitigen Arbeitsverhinderung[317].

aa) Schriftform

Anders als im Rahmen des § 2 PflegeZG hat die Ankündigung der Pflegezeit allerdings schriftlich und nicht formfrei zu erfolgen. Unter schriftlich ist die Einhaltung der gesetzlichen Schriftform im Sinne des § 126 BGB zu verstehen[318]. Ankündigungen von Pflegezeit sind somit weder mündlich noch per Fax, Email, SMS oder eines ähnlichen Kommunikationsmittels wirksam möglich. Neben der praktisch wohl kaum relevanten notariellen Beurkundung, die gem. § 126 Abs. 4 BGB die Schriftform ersetzt, bildet allerdings die elektronische Form nach § 126a BGB eine Ausnahme. Auch sie kann gem. § 126 Abs. 3 BGB die gesetzlich angeordnete Schriftform ersetzen. Dazu bedarf es allerdings eines elektronischen Dokuments mit einer qualifizierten elektronischen Signatur nach dem Signaturgesetz. Zurzeit (2017) ist das Vorhandensein einer qualifizierten elektronischen

---

316 So aber *Kossens*, § 3 PflegeZG Rn. 39, der bis zur Zehn-Tages-Grenze einen freien Widerruf oder Korrektur für möglich hält.

317 Siehe oben unter C. III. I.

318 Vgl. KR-*Treber*, §§ 1–8 PflegeZG Rn. 46; AR-*Krumbiegel*, § 3 PflegeZG Rn. 11; *Kossens*, § 3 PflegeZG Rn. 46.

Signatur bei einem einfachen Beschäftigten noch kaum zu vermuten; der Verbreitungsgrad ist aber auch bei Arbeitgebern sehr gering. Der im Jahre 2010 neu eingeführte Bundespersonalausweis sieht zwar bereits die Möglichkeit einer elektronischen Unterschrift nach dem Signaturgesetz vor[319]. Es ist jedoch zu nicht erwarten, dass sich allgemein die elektronische Signatur schnell weiter verbreiten und in absehbarer Zeit zu einem gängigen Unterschriftenersatz werden wird.

Soweit vertreten wird, dass der Gesetzgeber mit dem Schriftformerfordernis nicht die strenge Form des § 126 BGB intendiert habe[320], ist dem nicht zu folgen[321]. Anhaltspunkte für diese Auffassung gibt es keine. Der Gesetzgeber kannte die vergleichbare Regelung in § 16 Abs. 1 Satz 1 BEEG[322] und es gibt überdies keinerlei Anhaltspunkte dafür, dass der Gesetzgeber „von den allgemeinen Schriftformregeln hätte abweichen wollen" und etwas anderes als die gesetzlich geregelte Schriftform in § 126 BGB gemeint haben könnte[323]. Vielmehr verweist der Verfasser des Gesetzgebungsentwurfs in der Begründung zu § 3 Abs. 4 PflegeZG, in dem die Schriftform für die Teilzeitvereinbarung festgelegt ist, ausdrücklich auf die erforderliche Rechtssicherheit und das Nachweisgesetz[324]. Im Rahmen des Nachweisgesetzes wird das Schriftformerfordernis als ein solches nach § 126 BGB verstanden[325]. Wenn der Gesetzgeber in § 3 Abs. 3 PflegeZG etwas anderes im Blick hatte, hätte er das entsprechend regeln können und müssen. So kann nur von einem einheitlichen Schriftformerfordernis innerhalb des § 3 PflegeZG und zwar einem solchen im Sinne des § 126 BGB ausgegangen werden.

bb) Rechtsfolgen von Formverstößen

Verstöße gegen das Schriftformerfordernis gehen grundsätzlich zu Lasten des Beschäftigten. Die Ankündigung ist Tatbestandsmerkmal. Erfolgt sie nicht oder nicht formwirksam, ist sie – im Falle des Formverstoßes gem. § 125 Satz 1 BGB – unwirksam und entfaltet ihre gestaltende Wirkung nicht. Als Folge werden die

---

319 Siehe http://www.personalausweisportal.de/DE/Buergerinnen-und-Buerger/Der-Personalausweis/Funktionen/funktionen_node.html (zuletzt abgerufen am 24.3.2018).

320 So z. B. *Preis/Nehring*, NZA 2008, 729, 733.

321 So auch *Kossens* § 3 PflegeZG Rn. 46; ErfK-*Gallner*, § 3 PflegeZG Rn. 2.

322 Vgl. zum Schriftformerfordernis im Rahmen der Elternzeit BeckOK/ArbR-*Schrader*, § 16 BEEG Rn. 1; ErfK-*Dörner/Gallner*, § 16 BEEG Rn. 2; BAG vom 26.6.2008–2 AZR 23/07 – NZA 2008, 1241.

323 Vgl. BeckOK/ArbR-*Joussen*, § 3 PflegeZG Rn. 16.

324 Vgl. BR-Drucks. 718/07 S. 222 = BT-Drucks. 16/7439, S. 92.

325 Vgl. ErfK-*Preis*, § 2 NachwG Rn. 3.

Hauptleistungspflichten nicht suspendiert und auch der die Pflegezeit flankierende Kündigungsschutz besteht nicht[326]. Aufgrund der Zehn-Tage-Frist in § 3 Abs. 3 PflegeZG kommt es auf eine unverzügliche Ankündigung der Pflegezeit jedoch nicht an. Daher kann im Falle der formunwirksamen Ankündigung diese jederzeit durch den Beschäftigten formwirksam erneut vorgenommen (nicht: nachgeholt) werden[327]. Wird dabei die Zehn-Tages-Frist unterschritten, beginnt die Pflegezeit entsprechend später[328].

Bleibt der Beschäftigte trotz fehlerhafter Ankündigung der Arbeit fern, verstößt er gegen seine Vertragspflichten. Neben dem Entfall des Entgeltanspruchs gem. §§ 326 Abs. 1, 275 Abs. 1 BGB sowie etwaigen Schadensersatzansprüchen des Arbeitgebers gem. §§ 280 Abs. 1, 283 BGB kommt auch eine Kündigung in Betracht. Arbeitsverweigerung gilt gemeinhin sogar als wichtiger Grund, der eine außerordentliche Kündigung gem. § 626 Abs. 1 BGB rechtfertigt. Wenn allerdings der Beschäftigte irrig von einer wirksam angekündigten Pflegezeit und den dadurch suspendierten Hauptleistungspflichten ausgeht, kann von Arbeitsverweigerung, insbesondere von beharrlicher Arbeitsverweigerung, nicht gesprochen werden, es sei denn, dass der Arbeitgeber den Beschäftigten auf seinen Rechtsirrtum aufmerksam gemacht hat oder dieser offensichtlich war. Als milderes Mittel ist dem ultima-ratio-Gedanken der Kündigung folgend, in diesen Fällen zunächst abzumahnen. Der Arbeitgeber kann davon ausgehen, dass der nicht zur Arbeit erscheinende Beschäftigte, auf seine Fehler aufmerksam gemacht, die Vertragsverletzung für die Zukunft unverzüglich einstellen wird.

cc) Textform de lege ferenda

Das Schriftformerfordernis stellt aufgrund der harten Rechtsfolge bei Formverstößen eine unnötige Hürde bei der Beantragung von Pflegezeit dar. Zwar muss eine entsprechende Erklärung des Beschäftigten eindeutig sein und auch die Beweisfunktion der Schriftform hat ihre Berechtigung. Jedoch ließen sich gleich sichere Ergebnisse auch bei Erklärungen in Textform gem. § 126b BGB erzielen. Für den Arbeitgeber als Erklärungsempfänger macht es praktisch keinen Unterschied, ob er die Erklärung schriftlich oder in Textform erhält. Für den Beschäftigten hingegen stellt die Zulassung der Textform eine deutliche Erleichterung dar,

---

326 So auch BAG vom 26.6.2008–2 AZR 23/07 – NZA 2008, 1241 für einen Verstoß gegen das vergleichbare Schriftformerfordernis des § 16 BEEG.

327 Vgl. *Müller*, BB 2008, 1058, 1061.

328 Vgl. BAG Urteil vom 17.2.1994–2 AZR 616/93 – NZA 1994, 656, 658 zum späteren Beginn der Elternzeit bei „verspäteter" Ankündigung; *Tamm*, PersV 2013, 404, 409; ErfK-*Gallner*, § 3 PflegeZG Rn. 2; BeckOK/ArbR-*Joussen*, § 3 PflegeZG Rn. 15.

könnte er doch einen entsprechenden Antrag auf Pflegezeit dann auch per Email oder Fax stellen. Einer besonderen Warnfunktion für den Beschäftigten bedarf es in diesem Zusammenhang nicht. Im Rahmen von Verbrauchererklärungen gegenüber Unternehmern hat der Gesetzgeber das bereits erkannt. Unternehmer dürfen seit dem 1.10.2016 gem. § 309 Nr. 13 BGB Verbrauchern im Rahmen von Allgemeinen Geschäftsbedingungen für Erklärungen ihnen gegenüber keine höheren Anforderungen mehr als die Textform gem. § 126b BGB auferlegen[329]. Eine entsprechende Anpassung von § 3 Abs. 3 PflegeZG ist sinnvoll.

II. Nachweis

Wer Pflegezeit in Anspruch nehmen will, muss die Pflegebedürftigkeit des nahen Angehörigen, den er pflegen möchte, durch eine entsprechende Bescheinigung der Pflegekasse oder des Medizinischen Dienstes der Krankenkasse bzw. eines entsprechenden Nachweises einer privaten Pflege-Pflichtversicherung nachweisen, § 3 Abs. 2 PflegeZG. Die Nachweispflicht besteht grundsätzlich und anders als im Rahmen der kurzzeitigen Arbeitsverhinderung nach § 2 PflegeZG nicht nur bei Verlangen des Arbeitgebers. Keine Vorgaben macht das Gesetz allerdings hinsichtlich des Zeitpunkts des Nachweises. Streng genommen kann dieser daher irgendwann erfolgen, zumal es sich nur bei der Pflegebedürftigkeit selbst, nicht aber bei deren Nachweis um eine Tatbestandsvoraussetzung für den Anspruch auf Pflegezeit handelt[330]. Der Gesetzgeber verweist in seiner Begründung zum Pflegezeitgesetz lediglich auf die Regelungen des § 18 Abs. 3 SGB XI[331]. Dort finden sich die Fristen, innerhalb derer der Medizinische Dienst der Krankenkassen eine Begutachtung der Pflegebedürftigkeit nach entsprechender Antragstellung durchzuführen hat. Diese Fristen sind je nach Situation unterschiedlich lang ausgestaltet. Höchstens eine Woche ab Antragstellung beträgt die Begutachtungsfrist, wenn der Antragsteller, also die pflegebedürftige Person, sich in einem Krankenhaus oder einer stationären Rehabilitationseinrichtung befindet und Pflegezeit nach dem Pflegezeitgesetz angekündigt wurde, § 18 Abs. 3 Satz 3 Nr. 2 SGB XI. Befindet sich der Antragsteller „nur" in häuslicher Umgebung und wurde Pflegezeit angekündigt, so hat die Begutachtung innerhalb von zwei Wochen ab Antragstellung zu erfolgen, § 18 Abs. 3 Satz 5 SGB XI. Aus arbeitsrechtlicher Sicht ist das unbefriedigend. Die minimale Ankündigungsfrist der

329 BGBl. I 2016, 233.

330 Vgl. ErfK-*Gallner*, § 3 PflegeZG Rn. 3; *Müller*, BB 2008, 1058, 1063; *Nielebock*, AiB 2008, 363, 366; *Treber*, JbArbR 46 (2009), 91, 106.

331 Vgl. BR-Drucks. 718/01 S. 217 = BT-Drucks. 16/7439, S. 92.

Pflegezeit beträgt zehn Arbeitstage, so dass unter Umständen selbst ein sich optimal verhaltender Beschäftigter den entsprechenden Nachweis nicht erbringen kann, bevor seine gewünschte und angekündigte Pflegezeit beginnt. Dazu ist er zwar dem Gesetz nach nicht verpflichtet, doch geht mit dieser Regelungssituation für den Beschäftigten ein nicht unerhebliches Risiko einher. Kommt nämlich der Medizinische Dienst der Krankenkasse bzw. die entsprechende Einrichtung einer privaten Pflege-Pflichtversicherung zu dem Ergebnis, dass beim nahen Angehörigen keine Pflegebedürftigkeit nach den §§ 14 und 15 SGB XI vorliegt, fehlt es an einer Tatbestandsvoraussetzung für den Anspruch auf Pflegezeit und der Beschäftigte blieb rechtswidrig der Arbeit fern[332]. Die daraus resultierenden arbeitsrechtlichen Konsequenzen, etwa Schadensersatzansprüche des Arbeitgebers, Abmahnung oder gar die Kündigung, hat der Beschäftigte dann zu tragen[333]. Diese Unsicherheit für die Beschäftigten zu beseitigen ist aber nicht so einfach. Die Ankündigungsfrist auf mindestens zwei (besser: sieben) Wochen zu verlängern, verbunden mit der Verpflichtung, den Nachweis unverzüglich, spätestens aber zu Beginn der Pflegezeit dem Arbeitgeber vorzulegen wäre zwar möglich. Allerdings stünde eine solche Verlängerung wohl dem gesetzgeberischen Zweck des PflegeZG entgegen[334]. Alternativ könnte die Ankündigung von Pflegezeit nur bei gleichzeitiger Vorlage des Nachweises wirksam erfolgen[335], was allerdings gerade bei plötzlich aufgetretenen Pflegesituationen auf die unvorbereitet reagiert werden muss, eine weitere formale und vor allem zeitliche Hürde darstellt, die mit Sinn und Zweck des Gesetzes ebenfalls nur schwer vereinbar ist.

Freilich bleiben zwei weitere Probleme. Zum einen muss der pflegebedürftige nahe Angehörige und nicht der Beschäftigte die Begutachtung beantragen. Es ist fraglich, ob dieser dazu aus gesundheitlichen Gründen immer in der Lage ist und ob die Pflegekassen bei fehlenden Vollmachten regelmäßig unkompliziert vom mutmaßlichen Willen des Betroffenen ausgehen und die Begutachtung auf Antrag des Beschäftigten durchführen. Außerdem gelten die Fristen des § 18 SGB XI nur für gesetzlich Versicherte. Eine entsprechende Regelung für Privatversicherte fehlt. Der Gesetzgeber hat dies zwar erkannt, es aber dennoch nicht für notwendig befunden, diesen Mangel abzustellen. Er geht vielmehr davon aus, dass die gesetzlich vorgeschriebene Verfahrensweise bei den gesetzlichen

332 Vgl. auch *Treber*, JbArbR 46 (2009), 91, 106.
333 Vgl. auch ErfK-*Gallner*, § 3 PflegeZG Rn. 3.
334 Zur Verlängerung der Ankündigungsfrist etwa entsprechend § 16 Abs. 1 Satz 1 BEEG und entsprechender Bedenken siehe oben unter D. I. 4. a) aa).
335 So der Vorschlag von *Preis/Nehring*, NZA 2008, 729, 733.

Versicherungen „auch bei Versicherten der privaten Pflege-Pflichtversicherung praktiziert wird."[336]

III. Dauer und Ende der Pflegezeit

Die Dauer der Pflegezeit ist nach dem Gesetz für jeden pflegebedürftigen nahen Angehörigen eines Beschäftigten auf längstens sechs Monate beschränkt, § 4 Abs. 1 PflegeZG. Die sechs Monate können, müssen aber vom Beschäftigten nicht voll ausgeschöpft werden. Die individuelle Dauer der Pflegezeit kann der Beschäftigte durch eine entsprechende Ankündigung gegenüber seinem Arbeitgeber bis zur Höchstgrenze selbst festlegen. Dabei ist er auch an keinerlei Beschränkungen, wie etwa eine nach Wochen oder Monaten bestimmte Zeitdauer, gebunden. Hat der Beschäftigte jedoch seine gewünschte Pflegezeit dem Arbeitgeber gegenüber entsprechend angekündigt, ist er hieran allerdings auch gebunden[337]. Aufgrund der gestaltungsrechtlichen Folgen der wirksamen Ankündigung[338] sind Änderungen der ursprünglich beantragten Pflegezeit sowohl im Hinblick auf die Lage als auch auf die Dauer grundsätzlich nur mit Zustimmung des Arbeitgebers möglich. Das gilt hinsichtlich der Dauer sowohl bei einer Verlängerung als auch bei einer Verkürzung der ursprünglich gewünschten und entsprechend angekündigten Pflegezeit, sofern das Gesetz nicht ausdrücklich etwas anderes bestimmt.

Die Pflegezeit endet, sofern weder eine Verlängerung noch eine Verkürzung in Betracht kommen, grundsätzlich mit Ablauf des Zeitraums für den sie beantragt wurde. Die beiden durch sie suspendierten Hauptleistungspflichten leben wieder auf. Der Beschäftigte schuldet wieder die Arbeits- bzw. Dienstleistung, der Arbeitgeber wieder die entsprechende Vergütung.

1. Verlängerung

Der Beschäftigte kann während der laufenden Pflegezeit, die zunächst nicht für den Maximalzeitraum von sechs Monaten (§ 4 Abs. 1 Satz 2 PflegeZG) beantragt war, beim Arbeitgeber die Verlängerung der Pflegezeit bis zu sechs Monaten beantragen. Formvorschriften sind dabei nicht zu beachten[339]. Der Verlängerungsan-

---

336 BR-Drucks. 718/07 S. 219 = BT-Drucks. 16/7439, S. 92. Für die privaten Kranken- und Pflegeversicherungen fungiert derzeit die Firma MEDICPROOF (www.medicproof.de) als Medizinischer Dienst und wird von den privaten Versicherungen mit der Erstellung der entsprechenden Gutachten beauftragt.

337 Vgl. für den Parallelfall bei der Elternzeit ErfK-*Dörner/Gallner*, § 16 BEEG Rn. 6.

338 Siehe oben unter D. I. 4. b).

339 Vgl. *Hexel/Lüders*, NZS 2009, 264, 269.

trag ist eine einfache empfangsbedürftige Willenserklärung und kann problemlos mündlich oder mittels jedes anderen (vor allem modernen) Kommunikationsmittels wie etwa mail, Telefax, SMS oder klassischen Briefs erfolgen. Der Einhaltung einer bestimmten Frist bedarf es nicht, allerdings muss der Verlängerungsantrag noch vor Ende, also während der ursprünglich beantragten und noch laufenden Pflegezeit, erfolgen. Anderenfalls handelt es sich der Sache nach um die nicht unproblematische[340] Beantragung einer erneuten Pflegezeit zugunsten desselben nahen Angehörigen und nicht um die Verlängerung einer laufenden Pflegezeit.

Der Arbeitgeber ist grundsätzlich in seiner Entscheidung frei, dem Wunsch des Beschäftigten auf Verlängerung zu entsprechen oder nicht. Frei bedeutet in diesem Zusammenhang allerdings nicht, dass der Arbeitgeber völlig nach Belieben handeln darf. Vielmehr ist er nicht auf wichtige Gründe oder dringende betriebliche Erfordernisse beschränkt, denn der Gesetzgeber hat keinerlei Voraussetzungen an Zustimmung bzw. Ablehnung geknüpft. Dem Arbeitgeber ein willkürliches Ablehnungsrecht zuzugestehen, würde allerdings dem Sinn und Zweck des Gesetzes, die Pflege durch nahe Angehörige zu Hause in vertrauter Umgebung weitestgehend zu ermöglichen, nicht gerecht werden. Es ist nicht lebensfremd, dass sich die zum Zeitpunkt Beantragung der Pflegezeit bietende Situation im Laufe der Pflegezeit ändert und eine Verlängerung objektiv erforderlich werden lässt. Allerdings darf auch der Arbeitgeber bei einer nachträglichen Verlängerung nicht über Gebühr beansprucht werden. Der Sache nach soll und muss eine Interessenabwägung zwischen Arbeitgeber und Beschäftigtem stattfinden.

Die Elternzeit kennt in § 16 Abs. 3 Satz 1 BEEG ebenfalls das Zustimmungserfordernis des Arbeitgebers für die Verlängerung der Elternzeit. Die Interessenlage der Beteiligten ist direkt vergleichbar. Auch in diesen Fällen sieht sich der Arbeitgeber einem Änderungswunsch der ursprünglich gestaltungsrechtlich durch den Elternzeiter selbst in Gang gesetzten Elternzeit durch eben diesen Elternzeiter ausgesetzt. Der Gesetzgeber hat es auch im Rahmen der Elternzeitregelungen unterlassen, Voraussetzungen für eine Zustimmungsverweigerung durch den Arbeitgeber zu regeln[341]. Völlig zu Recht wird jedoch durch die herrschende Lehre eine vollkommen freie und ggf. sachfremde Entscheidungsmöglichkeit des Arbeitgebers abgelehnt[342]. Der Arbeitgeber kann eine Ablehnung allerdings

340 Siehe dazu gleich unter D.III.3.

341 Vgl. ausführlich zum Parallelproblem bei der Elternzeit *Lindemann/Simon*, NJW 2001, 258, 259.

342 Vgl. HWK-*Gaul*, § 15 BEEG Rn. 5; HWK-*Gaul*, § 16 BEEG Rn. 10; BeckOK/ArbR-*Schrader*, § 16 BEEG Rn. 10; *Willikonsky*, § 16 Rn. 6.

auf sachliche Gründe stützen, die nicht dringend zu sein brauchen[343], jedenfalls aber muss er seine Entscheidung gem. § 315 Abs. 3 BGB nach billigem Ermessen treffen[344].

Für die Zustimmung des Arbeitgebers bei der Verlängerung der Pflegezeit kann nichts anderes gelten[345]. Im ruhenden Arbeitsverhältnis sind nur die Primär- nicht aber die Sekundärpflichten suspendiert. Rücksichtnahme auf den jeweils anderen Vertragspartner ist also geboten.

Ausdrücklich gesetzlich geregelt ist die Verlängerung der Pflegezeit für den Sonderfall, dass ein vorgesehener Wechsel in der Person des Pflegenden aus einem wichtigen Grund nicht erfolgen kann. In diesem Fall hat der Beschäftigte gegen den Arbeitgeber einen Anspruch auf Verlängerung der Pflegezeit. Einer Zustimmung des Arbeitgebers bedarf es nicht. Vielmehr wird bei Vorliegen des wichtigen Grundes durch das Verlängerungsverlangen des Beschäftigten die Pflegezeit gestalterisch verlängert[346]. Beweispflichtig für das Vorliegen eines wichtigen Grundes ist allerdings der Beschäftigte. Er trägt also insbesondere das Risiko der arbeitsrechtlichen Folgen, für den Fall, dass kein wichtiger Grund vorliegt. Dabei ist wie im Parallelfall des § 16 Abs. 3 Satz 4 BEEG unter einem wichtigen Grund nicht ein solcher wie im Rahmen des § 626 Abs. 1 BGB gemeint. Vielmehr muss der Grund „nur" ausreichend gewichtig sein, um die Interessen des Arbeitgebers, die durch das grundsätzlich erforderliche Zustimmungserfordernis geschützt werden, hinter den Interessen des Beschäftigten vollständig zurücktreten lassen, wobei die Grenze der Unzumutbarkeit für den Beschäftigten nicht erreicht werden muss[347]. Als wichtiger Grund kommt jedenfalls der tatsächliche Ausfall der ursprünglich nach einem Wechsel vorgesehenen Pflegeperson in Betracht. Auf den Grund des Ausfalls kommt es dabei jedenfalls dann nicht an, wenn den Beschäftigten kein Verschulden an dem Ausfall trifft, wie etwa bei der Erkrankung.

Aus welchem Grund eine Verlängerung auch erfolgen mag, in jedem Fall stellt sich die Frage nach dem Umfang der weiteren Pflegezeit. Unproblematisch sind die Fälle in denen der Beschäftigte bis zum ursprünglichen geplanten Ende

---

343 Vgl. *Buchner/Becker,* § 15 BEEG Rn. 17.

344 Vgl. BAG vom 18.10.2011–9 AZR 315/10 – NZA 2012, 262; BAG vom 21.4.2009–9 AZR 392/08 – NZA 2010, 155.

345 Ebenso *Schwerdle*, ZTR 2007, 655; a,A. LAG Baden-Württemberg vom 31.3.2010–20 Sa 87/09 – BB 2010, 1541; ErfK-*Gallner,* § 4 PflegeZG Rn. 1; *Freihube/Sasse,* DB 2008, 1320, 1322; aA Küttner-*Poeche*, Pflegezeit Rn. 28.

346 Vgl. für den Parallelfall der Verlängerung der Elternzeit HWK-*Gaul,* § 16 BEEG Rn. 11.

347 Vgl. auch Rancke-*Rancke,* § 16 BEEG Rn. 12.

der Pflegezeit vollständig von der Arbeit freigestellt war und dies auch für den Verlängerungszeitraum so wünscht. Die Pflegezeit „läuft“ einfach weiter. Besonderheiten ergeben sich aber in den Fällen, in denen im Verlängerungszeitraum eine Teilzeitbeschäftigung erfolgen soll. Wenn der Arbeitgeber schon über die Verlängerung selbst im Wesentlichen frei, bis auf die Grenzen des § 315 Abs. 3 BGB, entscheiden darf, muss auch über eine Teilzeitbeschäftigung für die Dauer des Verlängerungszeitraums, die es überhaupt nur geben kann, wenn der Verlängerung selbst vorher zugestimmt wird, separat, freilich in den Grenzen des § 3 Abs. 4 PflegeZG, entschieden werden. Eine Entscheidung über die Teilzeit ergibt sich nicht automatisch aus der Verlängerung der Pflegezeit, denn dann könnte nur an die Ausgestaltung der ursprünglich beantragten Pflegezeit angeknüpft werden. War für die zunächst beantragte Pflegezeit schon von Beginn an Teilzeit vereinbart, würde dies für den Verlängerungszeitraum fortgelten[348], gab es hingegen eine vollständige Freistellung, bliebe es auch für den Verlängerungszeitraum dabei.

Für eine automatische Fortführung der Pflegezeit in der bisherigen Form, ohne separate Entscheidung über eine ggf. gewünschte Pflegeteilzeit, gibt es keinen Grund. Für die Pflegeteilzeit ist seitens des Gesetzgebers eine Vereinbarungslösung vorgesehen. Eine für den zunächst beantragten Pflegezeitraum abgeschlossene Teilzeitvereinbarung kann nicht einfach über den ursprünglich erfassten Zeitraum hinaus ausgedehnt werden. Beide Parteien haben dies nicht vorhergesehen und die unveränderte Fortführung kann zu unverhältnismäßigen Ergebnissen führen.

Insbesondere in den Fällen, in denen der Beschäftigte gem. § 4 Abs. 1 Satz 2 PflegeZG einen Anspruch auf die Verlängerung der Pflegezeit hat, wird das deutlich. Die Interessen des Arbeitgebers müssen hier bereits insoweit zurücktreten, als er der Verlängerung selbst nicht entgegentreten kann, sondern sie hinzunehmen hat. Gleichzeitig dem Arbeitgeber auch den Einwand eines dringenden betrieblichen Grundes gem. § 3 Abs. 4 Satz 2 PflegeZG und die Möglichkeit jedenfalls die (ggf. weitere) Teilzeitbeschäftigung ablehnen zu können, zu nehmen, ist allerdings kaum nachvollziehbar. Warum soll der Arbeitgeber die Teilzeitbeschäftigung aus dringenden betrieblichen Gründen für einen von vornherein beantragten Maximalzeitraum von sechs Monaten ablehnen dürfen, im Falle einer zunächst nur für drei Monate beantragten Pflegezeit mit anschließender „zwingender“ Verlängerung um drei weitere Monate für diesen zweiten Teil aber nicht? Der Arbeitgeber kann auch nicht an seiner ursprünglichen Entscheidung

348 So *Kossens,* § 4 PflegeZG Rn. 6, der einen Weiterlauf einer bereits bestehenden Teilzeitbeschäftigung für richtig hält.

für oder gegen eine Teilzeitbeschäftigung festgehalten werden, denn die dieser Entscheidung zugrunde liegenden Tatsachen und Umstände haben sich mit der Verlängerung geändert. Es ist nicht fern jeder Lebenserfahrung, dass für den zunächst beantragten Pflegezeitraum keine dringenden betrieblichen Gründe, die eine Teilzeitbeschäftigung ausschließen, vorlagen, für den Verlängerungszeitraum hingegen schon. Zumindest müsste im Verlängerungsfall geprüft werden, ob, bezogen auf den Gesamtzeitraum, nicht ex post betrachtet, von Anfang an wichtige Gründe für eine Ablehnung für den gesamten Zeitraum einschließlich Verlängerung vorlagen.

Gleiches gilt auch in umgekehrter Richtung. Es ist ebenso möglich, dass ursprünglich vorliegende dringende betriebliche Gründe, die einer Pflegeteilzeit entgegenstanden, im Verlängerungszeitraum nicht mehr vorliegen und der Beschäftigte ein Interesse an einer Verlängerung der Pflegevollzeit als Pflegeteilzeit hat. Freilich sind diese Fälle weniger praktisch, da der Arbeitgeber bereits den Verlängerungswunsch an sich unter niedrigeren Hürden ablehnen kann und sich dann die Frage nach dringenden betrieblichen Gründen zur Ablehnung eines Teilzeitwunsches naturgemäß nicht mehr stellen kann.

Für den Fall, dass mit der Verlängerung erstmals eine Teilzeitbeschäftigung verlangt wird, muss naturgemäß eine entsprechende Vereinbarung gem. § 3 Abs. 4 PflegeZG überhaupt erst geschlossen werden. Hier kann ein dringender betrieblicher Grund, der eine Ablehnung rechtfertigt, bereits bei der ursprünglichen Ankündigung vorgelegen haben. Hat der Beschäftigte jedoch zunächst keine Teilzeitbeschäftigung gewünscht, gab es auch keinen Grund, hierüber zu verhandeln. Es bleibt daher festzuhalten, dass die Verlängerung der Pflegezeit gem. § 4 PflegeZG nur die Pflegezeit an sich und damit die vollständige Freistellung erfasst[349]. Eine Teilzeitbeschäftigung muss separat unter den Voraussetzungen des § 3 Abs. 4 PflegeZG zwischen Beschäftigtem und Arbeitgeber – ggf. erneut – ausgehandelt werden. Die vom Gesetzgeber grundsätzlich eingeräumte Möglichkeit, wegen eines dringenden betrieblichen Grundes eine Teilzeitbeschäftigung abzulehnen, wird durch eine Verlängerung der Pflegezeit nicht berührt. Hierfür besteht auch kein Grund. Für den Arbeitgeber stellt sich die zwingende Verlängerung gem. § 4 Abs. 1 Satz 2 PflegeZG der Sache nach nicht anders als die Inanspruchnahme der Pflegezeit an sich gem. § 3 PflegeZG dar. Wenn aber bereits für den Grundfall der Pflegezeit schon die Ablehnung der Teilzeitbeschäftigung aus dringenden betrieblichen Gründen möglich ist, muss das für die Verlängerung erst recht so

349 So grundsätzlich auch *Kossens,* § 4 PflegeZG Rn. 7 mit Ausnahme des Sonderfalls in FN 348.

sein. Wer eine automatische Verlängerung einer bereits für den ursprünglichen Zeitraum der Pflegezeit geschlossenen Teilzeitvereinbarung mit der Verlängerung der Pflegezeit an sich befürwortet, muss aber auch berücksichtigen, dass Arbeitgeber den Verlängerungswunsch dann möglicherweise schon deshalb ablehnen, weil sie eine weitere Teilzeitbeschäftigung nicht wollen. Nicht selten ist eine volle Freistellung für den Arbeitgeber mit wesentlich weniger Aufwand verbunden, als eine nur teilweise Freistellung.

2. Vorzeitige Beendigung

Neben einer Verlängerung kommt auch die Verkürzung des ursprünglich geplanten Zeitraums für die Pflegezeit aufgrund vorzeitiger Beendigung in Betracht. Einvernehmlich können Arbeitgeber und Beschäftigter die vorzeitige Beendigung jederzeit vereinbaren. Ebenso wie eine einvernehmliche Verlängerung ist das unproblematisch.

a) Nach Beginn der Pflegezeit

Eine begonnene Pflegezeit endet kraft Gesetzes – mit einer Vorlaufzeit von vier Wochen – zwingend vorzeitig, wenn der nahe Angehörige nicht mehr pflegebedürftig oder die häusliche Pflege des nahen Angehörigen unmöglich oder unzumutbar ist, § 4 Abs. 2 PflegeZG. Die spontane Zustandsverbesserung, die die Pflegebedürftigkeit beendet und eine weitere Pflege überflüssig macht, wird wohl bedauerlicherweise eher den Ausnahmefall darstellen. Hauptanwendungsfall wird neben dem Tod des nahen Angehörigen wohl die stationäre Behandlungsbedürftigkeit darstellen. In beiden Fällen ist dem Beschäftigten die weitere Pflege in häuslicher Umgebung nicht mehr möglich und die Voraussetzungen für die Pflegezeit liegen nicht mehr vor. Das hat auch der Gesetzgeber so gesehen[350]. Kein Fall der vorzeitigen Beendigung liegt allerdings vor, wenn der Beschäftigte die Pflege zum Beispiel aus Gründen der Überforderung nicht mehr allein durchführt. Bleibt es bei der Pflege in häuslicher Umgebung ist eine neu hinzukommende Pflegeunterstützung unschädlich. Ein Erforderlichkeitskriterium gibt es im Rahmen der Pflegezeit ja gerade nicht[351].

Der Gesetzgeber hat mit der angeordneten vierwöchigen Vorlaufzeit insbesondere die Interessen des Arbeitgebers berücksichtigt und ihm eine gewisse Planungssicherheit verschafft[352]. Er muss seine ursprünglich getroffenen Disposi-

---

350 Vgl. BR-Drucks 718/07, S. 223 = BT-Drucks. 16/7439, S. 93.

351 Siehe oben unter D. I. 3.

352 Vgl. BR-Drucks 718/07, S. 223 = BT-Drucks. 16/7439, S. 93.

tionen nach Wegfall des Pflegebedarfs und der dann zu erwartenden baldigen Rückkehr des Beschäftigten kurzfristig ändern. Dafür soll ihm ein Mindestmaß an Zeit bleiben. Flankiert werden die vier Wochen Vorlaufzeit durch die Verpflichtung des Beschäftigten, den Arbeitgeber unverzüglich und somit ohne schuldhaftes Zögern (§ 121 BGB) über die geänderten Umstände zu informieren, § 4 Abs. 2 Satz 2 PflegeZG. Verletzungen dieser Pflicht können Schadensersatzansprüche gegenüber dem Beschäftigten auslösen[353]. Überdies darf der Arbeitgeber, der für den sich in Pflegezeit befindenden Beschäftigten eine Ersatzkraft befristet eingestellt hat, das befristete Beschäftigungsverhältnis mit einer Frist von zwei Wochen gem. § 6 Abs. 3 Satz 1 PflegeZG kündigen, wobei ein besonderer Kündigungstermin nicht eingehalten zu werden braucht. Der Arbeitgeber braucht also keine Doppelbeschäftigung zu fürchten[354]. Dies insbesondere deshalb nicht, weil die vier Wochen Vorlaufzeit, anders als im vergleichbaren Fall im Rahmen der Elternzeit, fest sind. Stirbt während der Elternzeit das Kind, so endet die Elternzeit gem. § 16 Abs. 4 BEEG spätestens drei Wochen nach dem Tod des Kindes. Ein früheres Ende ist aber nach einigen Stimmen in der Literatur möglich, wenn der betroffene Arbeitnehmer dies verlangt[355]. Für die Pflegezeit erübrigt sich eine entsprechende Diskussion aufgrund der eindeutigen gesetzlichen Regelung.

b) Vor Beginn der Pflegezeit

Der Sache nach unkompliziert, wenn auch im Ergebnis für den Arbeitgeber wesentlich folgenreicher, ist der Eintritt eines vorzeitigen Beendigungsgrunds nach Ankündigung aber noch vor Beginn der Pflegezeit. Dieser Fall ist von § 4 Abs. 2 PflegeZG, der offensichtlich nur Veränderungen während der laufenden Pflegezeit und nicht schon vor deren Beginn[356] regelt, nicht erfasst. Hier gilt folglich auch die Vier-Wochen-Frist nach richtiger Ansicht nicht.

---

353 Vgl. *Müller/Stuhlmann*, ZTR 2008, 290, 293.

354 Vgl. BR-Drucks 718/07, S. 224 = BT-Drucks. 16/7439, S. 93.

355 Vgl. ErfK-*Dörner*, § 16 BEEG Rn. 10; *Willikonsky*, § 16 BEEG Rn. 13; Rancke-*Rancke*, § 16 BEEG Rn. 18; a.A. wohl *Buchner/Becker*, § 16 BEEG Rn. 32, die das Wort „spätestens" im Hinblick auf die Höchstfrist der Elternzeit insgesamt verstehen; ebenso AR-*Klose*, § 16 BEEG Rn. 9.

356 Dem Wortlaut nach „endet die Pflegezeit" was nur möglich ist, wenn sie schon begonnen hat.

aa) Entfall der Anspruchsvoraussetzungen

Entfallen die Voraussetzungen für den Anspruch auf Pflegezeit noch vor deren eigentlichen Beginn, kann die Pflegezeit mangels Anspruchs auch nicht angetreten werden. Insofern ist es systematisch stimmig, dass der Gesetzgeber diesen Fall nicht separat geregelt hat. Kündigt der Beschäftigte also sechs Wochen vorher die Pflegezeit ordnungsgemäß an und verstirbt dann der pflegebedürftige nahe Angehörige zwei Wochen vor Beginn der geplanten Pflegezeit, so entfällt der Anspruch auf diese und mit ihm automatisch die mit der Ankündigung eingetretene Suspendierung der Hauptleistungspflichten zum geplanten Beginn der Pflegezeit. Das Beschäftigungsverhältnis wird ohne jegliche Unterbrechung fortgesetzt: der Beschäftigte schuldet weiterhin seine vertraglich vereinbarte Leistung, ebenso wie der Arbeitgeber die Vergütung. Das wirtschaftliche Risiko trägt in diesen Fällen allein der Arbeitgeber. Regressansprüche kommen schon mangels Pflichtverletzung des Beschäftigten regelmäßig nicht in Betracht[357]. Wichtig ist es in diesem Zusammenhang aber, die veränderten Umstände genau in Augenschein zu nehmen. Sie müssen zu einem Entfall des Anspruchs auf Pflegezeit für den Beschäftigten führen. Beim Tod oder einer medizinisch erforderlich gewordenen stationären Versorgung des pflegebedürftigen nahen Angehörigen ist das eindeutig. Beides führt zu einem Verlust des Anspruchs.

bb) „Rücktritt" von der Pflegezeit

Wesentlich problematischer sind jedoch die Fälle, in denen die ursprüngliche Planung der Pflegezeit aus anderen Gründen verändert wird. Wenn nach der Ankündigung der Pflegezeit etwa eine „andere bedarfsgerechte Versorgung des Pflegebedürftigen sichergestellt ist"[358], hat das nicht den Anspruchsverlust für den Beschäftigten zur Folge. Anders als bei der kurzzeitigen Arbeitsverhinderung ist dem Anspruch auf Pflegezeit ein Erforderlichkeitskriterium als anspruchsbegründende Tatsache gerade fremd[359]. Liegen die Anspruchsvoraussetzungen auch bei veränderter Tatsachenlage nach wie vor vor, steht es nicht im Ermessen des Beschäftigten, nach der Ankündigung der Pflegezeit aber vor deren Beginn sich zu

357 Etwas anderes mag für Sonderfälle gelten, wenn beispielsweise der Beschäftigte den Tod des nahen Angehörigen vorsätzlich herbeigeführt hat. Auch in solchen Fällen ist aber stets zu prüfen, ob das ggf. sogar strafrechtlich relevante Verhalten des Beschäftigten auch eine Pflichtverletzung iSd § 280 Abs. 1 BGB gegenüber dem Arbeitgeber darstellt.

358 Vgl. *Kossens*, § 4 PflegeZG Rn. 18.

359 Siehe oben unter D. I. 3.

überlegen, dass eine Betreuung durch beispielsweise einen ambulanten Pflegedienst doch besser sei und somit die ursprünglich beantragte Pflegezeit nicht mehr in Anspruch nehmen zu wollen. Würde man dies zulassen, wären dem Missbrauch gerade im Hinblick auf eine fehlende Begrenzung der Vorankündigungsfrist und dem gewährten Kündigungsschutz Tür und Tor geöffnet. Unterhalb der Grenze des Wegfalls der Anspruchsvoraussetzungen kann auf die angekündigte Pflegezeit nur mit Zustimmung des Arbeitgebers mithin einvernehmlich verzichtet werden. Dies folgt schon aus der Eigenschaft als Gestaltungsrecht[360]. Mit der Ankündigung wird die Rechtslage umgestaltet und die Primärpflichten werden zum angekündigten Beginn suspendiert. Dem kann sich der Beschäftigte nicht frei und willkürlich entziehen. Eine andere Schlussfolgerung ergibt sich auch nicht aus dem Umstand, dass der Gesetzgeber keine Regelung für eine Beendigung von Pflegezeit vor deren geplantem Beginn, getroffen hat. Eine solche Regelung war offenbar aus Sicht des Gesetzebers nicht erforderlich. Damit wird nicht ausgedrückt, dass der Beschäftigte es sich frei überlegen kann, ob er eine angekündigte Pflegezeit antreten will oder nicht[361]. Vielmehr wird durch den Verzicht auf eine solche Regelung deutlich, dass ein Ende vor Beginn gerade nicht möglich ist, freilich mit der Ausnahme, dass die Anspruchsvoraussetzungen vor Beginn tatsächlich entfallen sind. Auch im Hinblick auf das wirtschaftliche Risiko, das der Arbeitgeber in diesen Fällen zu tragen hat, ist eine freie Entscheidung des Beschäftigten nicht vertretbar. Die vierwöchige Auslauffrist des § 4 Abs. 2 PflegeZG zeigt gerade, dass der Gesetzgeber schützenswerte Interessen des Arbeitgebers für den Fall, dass die Pflegezeit ungeplant endet, anerkannt hat. Dies kann vor Beginn der Pflegezeit aber nach deren Ankündigung nicht anders sein, als nach Beginn der Pflegezeit insbesondere dann, wenn der Arbeitgeber bereits Maßnahmen ergriffen hat. Dem steht die Mindestankündigungsfrist von „nur" zehn Tagen (§ 3 PflegeZG) auch nicht entgegen. Für eine Reaktion auf die Ankündigung von Pflegezeit hat der Gesetzgeber für den Arbeitgeber eben eine andere (kürzere) Frist vorgesehen, als für den umgekehrten Fall, der Reaktion auf die bevorstehende Beendigung einer laufenden Pflegezeit. Das ist auch sachgerecht, wie sich am Beispiel einer Ersatzarbeitskraft deutlich zeigt. Eine solche einzustellen ist deutlich einfacher und in zehn Tagen realistisch zu bewältigen (z. B. Zeitarbeitnehmer), als eine solche Ersatzarbeitskraft wegen der Beendigung der Pflegezeit kurzfristig wieder „loszuwerden", mithin zu kündigen, wie sich schon an der in § 6 Abs. 3 PflegeZG geregelten zweiwöchigen Kündigungsfrist zeigt. Der Einwand, bis zehn Tage vor

360 Siehe oben unter D. I. 4. b).
361 So aber *Kossens*, § 4 PflegeZG Rn. 18.

dem geplanten Beginn der Pflegezeit könne der Beschäftigte seine Ankündigung frei wiederrufen, weil der Arbeitgeber aufgrund der gesetzgeberischen Wertung erst ab zehn Tagen vor dem Beginn geschützt sei[362], geht daher fehl.

Hat der Beschäftigte die Pflegezeit beantragt und kommt in den Genuss der damit verbundenen Privilegien, so muss er sich an seiner Entscheidung auch festhalten lassen. Das gilt insbesondere und gerade auch, wenn die Ankündigung deutlich vor der Mindestfrist von zehn Tagen erfolgt ist[363]. Schließlich ist der Beschäftigte ja nicht gezwungen, frühzeitig die Pflegezeit zu beantragen und sich damit selbst zu binden. Folgerichtig hat er dann aber auch keine privilegierte Stellung.

Sofern man ein freies „Rücktrittsrecht" auf Grund selbst veränderter Umstände oder plötzlicher Meinungsänderung auch unterhalb der Anspruchsentfallgrenze vertritt, gäbe es auch keine Möglichkeit für den Arbeitgeber, für etwaige nutzlose Aufwendungen Schadensersatz gem. § 280 Abs. 1 BGB zu verlangen[364]. Es fehlte im Fall eines freien „Rücktrittsrechts" schlicht an einer den Anspruch begründenden Pflichtverletzung des Beschäftigten.

3. Mehrere Pflegezeiten

Der Anspruch auf Pflegezeit besteht für jeden Beschäftigen bezogen auf denselben pflegebedürftigen nahen Angehörigen nach dem Gesetzeswortlaut nur einmal für den maximalen Zeitraum von sechs Monaten. Mehrere Pflegezeiten sind gleichwohl zumindest denkbar. So könnte die Pflegezeit für denselben nahen Angehörigen auf mehrere Zeitabschnitte verteilt werden, die insgesamt die Höchstdauer von sechs Monaten nicht übersteigen. Außerdem ist es denkbar, dass der Pflegezeit in Anspruch nehmende Beschäftigte nach Beendigung der Pflegezeit seinen Arbeitgeber wechselt und nunmehr erneut bezogen auf denselben pflegebedürftigen nahen Angehörigen Pflegezeit verlangt. Schließlich kann der Pflegezeit in Anspruch nehmende Beschäftigte auch mehrere (Teilzeit-)Beschäftigungsverhältnisse gleichzeitig haben.

a) Verteilung auf mehrere Zeitabschnitte

Neben der gesetzlich geregelten Verlängerung der zunächst nicht für den Maximalzeitraum von sechs Monaten angekündigten und angetretenen Pflegezeit stellt sich die Frage, ob die Pflegezeit vom Beschäftigten auch auf mehrere Zeit-

362 So *Kossens,* § 3 PflegeZG Rn. 39.
363 A.A. *Kossens,* § 3 PflegeZG Rn. 39.
364 Vgl. *Kossens,* § 4 PflegeZG Rn. 18.

abschnitte verteilt werden kann. Im Rahmen der Elternzeit ist eine solche Verteilung – mit Zustimmung des Arbeitgebers – gem. § 16 Abs. 1 Satz 5 BEEG ausdrücklich möglich. Ein Zeitraum von bis zu zwölf Monaten ist sogar bis zur Vollendung des achten Lebensjahres des Kindes übertragbar. Entsprechende Regelungen finden sich für die Pflegezeit im PflegeZG hingegen nicht[365], wären aber bei einem entsprechenden Willen des Gesetzgebers zu erwarten gewesen[366]. Der Gesetzgeber hat in § 4 Abs. 1 Satz 1 PflegeZG lediglich die Höchstdauer der Pflegezeit festgelegt, deren Wortlaut „Die Pflegezeit" und „längstens 6 Monate" für einen einmaligen und damit auch zusammenhängenden Pflegezeitzeitraum spricht[367]. Gleiches gilt für die Wahl des Wortes „Zeitraum", nicht von Zeiträumen in § 3 Abs. 3 PflegeZG[368]. Außerdem hat der Gesetzgeber in § 4 Abs. 1 Satz 2 und Satz 3 PflegeZG in Anlehnung an § 16 Abs. 3 Satz 1 und Satz 4 BEEG die Verlängerung einer bereits begonnenen Pflegezeit bis zur Höchstdauer normiert. Aus beiden Regelungen, dem Wortlautargument sowie dem Umstand, dass der Gesetzgeber sich insgesamt an den §§ 15 ff BEEG bei der Schaffung der Pflegezeitregelungen orientiert hat[369], lässt sich sicher schließen, dass der Gesetzgeber sich die Pflegezeit erkennbar als einen einmaligen, zusammenhängenden Zeitraum vorgestellt und entsprechend gestaltet hat. Dabei wurde auf die Möglichkeit einer Verteilung der Pflegezeit auf mehrere Zeitabschnitte (Aufsplittungsmöglichkeit)[370], wie sie das BEEG in § 16 Abs. 1 Satz 5 für die Elternzeit ausdrücklich vorsieht, offensichtlich bewusst verzichtet[371]. Auch das gesetzgeberische Ziel, das mit der Einführung der Pflegezeit verfolgt werden soll, spricht dafür. Eine auf mehrere Zeitabschnitte verteilte Pflegezeit wird der dauerhaften Pflege in heimischer anstatt in stationärer Umgebung nicht gerecht. Im Hinblick auf die Höchstdauer von sechs Monaten ist eine Aufteilung in mehrere, notwendigerweise (deutlich) kleinere Zeitabschnitte

---

365 So auch das LAG Baden-Württemberg vom 31.3.2010–20 Sa 87/09 – BB 2010, 1541.

366 Vgl. ErfK-*Gallner*, § 4 PflegeZG Rn. 1.

367 Vgl. *Hexel/Lüders*, NZS 2009, 264, 268; unsicher *Preis/Nehring*, NZA 2008, 729, 734, die den Wortlaut für nicht eindeutig halten, ebenso *Weinbrenner*, S. 93; *ders.* AiB 2013, 468, 469 mit Hinweis auf den ebenfalls nicht existierenden Begriff der Elternzeiten.

368 Vgl. auch *Weinbrenner*, S. 93 mit Hinweis auf den in § 16 Abs. 1 Satz 1 BEEG verwendeten Begriff der „Zeiten".

369 BT-Drucks. 16/7439, S. 91 = BR-Drucks. 718/07, S. 218.

370 Vgl. *Preis/Nehring*, NZA 2008, 729, 734.

371 So auch *Weinbrenner*, AiB 2013, 468, 470, der dem Gesetzgeber bescheinigt, zwischen Verlängerung und Aufteilung unterscheiden zu können.

auch kaum sinnvoll[372]. Ist ein naher Angehöriger pflegebedürftig, so ist er das nicht nur für kurze, sondern in der Regel für längere Zeitabschnitte. Sinn und Zweck der Pflegezeit nach § 3 PflegeZG ist nicht die kurzzeitige Pflege für einzelne Tage oder wenige Wochen, sondern die heimische (Dauer)Pflege[373] im Gegensatz zur stationären Unterbringung in einer Pflegeeinrichtung. Daran vermag die gesetzgeberische Formulierung in § 1 PflegeZG der Verbesserung der Vereinbarkeit von Pflege und Beruf, die sich auf den Zweck des gesamten Pflegezeitgesetzes bezieht, nichts zu ändern. Tritt plötzlich und unerwartet eine akute Pflegesituation ein, bietet das Gesetz mit dem Leistungsverweigerungsrecht nach § 2 PflegeZG nämlich eine adäquate Reaktionsmöglichkeit für den betroffenen Beschäftigten. Die Pflegezeit gem. § 3 PflegeZG hingegen soll für einen vorübergehenden Zeitraum von bis zu sechs Monaten eine Dauerbetreuung ermöglichen. Auch die Systematik dieser beiden durch das PflegeZG neu geschaffenen Ansprüche für betroffene Beschäftigte spricht somit systematisch gegen eine Verteilung der Pflegezeit auf mehrere Zeitabschnitte. Würde man nämlich die Verteilung auf mehrere Zeitabschnitte und damit eine mehrmalige Inanspruchnahme von Pflegezeit bis zur Höchstdauer von sechs Monaten zulassen, könnte dies auch im Abstand von wenigen Tagen erfolgen. Sachlich würden sich dann die Anwendungsbereiche von Pflegezeit (§ 3 PflegeZG) und kurzzeitiger Arbeitsverhinderung (§ 2 PflegeZG) überschneiden. Bereits anhand der strengeren Voraussetzungen des § 2 PflegeZG (akute Pflegesituation und Erforderlichkeit), die im Zweifel unterlaufen würden, ist zu erkennen, dass dies offensichtlich nicht dem Regelungszweck des Pflegezeitgesetzes entspricht.

Eine Zersplitterung der Pflegezeit würde schließlich auch den Arbeitgeber über Gebühr beanspruchen, müsste er die entsprechenden arbeitsorganisatorischen Maßnahmen doch für jeden Zeitabschnitt separat vornehmen. Bei der Einstellung von befristetem Ersatzpersonal wird dabei sowohl für den Arbeitgeber als auch den potentiellen Vertreter des Beschäftigten die Zumutbarkeitsschwelle überschritten. Ob Ersatzkräfte überhaupt noch sinnvoll eingesetzt werden können, ist ebenfalls sehr fraglich. Für eine solche Privilegierung der Pflegeinteressen der betroffenen Beschäftigten gibt es schon wegen der über § 2 PflegeZG geschaffenen Möglichkeiten auch keinen hinreichenden Grund[374].

---

372 A.A. *Joussen*, NZA 2009, 69, 74; *Kossens*, § 4 PflegeZG Rn. 2; *ders.*, jurisPR-ArbR 26/2010 Anm. 2.

373 So auch ArbG Stuttgart Urteil vom 24.9.2009–12 Ca 1792/09, das von einem „deutlich längeren Zeitraum" spricht.

374 So auch das BAG vom 15.11.2011–9 AZR 348/10 – DB 2012, 751.

Außerdem würde mit der Zulassung einer Aufteilung ein Wertungswiderspruch wenn nicht gar Systembruch einhergehen. Bei der Ankündigung der Pflegezeit ist der Beschäftigte in seiner Entscheidung frei und nicht an eine Zustimmung des Arbeitgebers gebunden[375]. Das müsste dann konsequenterweise für die Ankündigung jedes einzelnen Pflegezeitabschnitts gelten. Einschränken ließe sich das nicht. Für eine Beschränkung des freien Ankündigungsrechts auf den ersten Zeitabschnitt ließe sich aber ebenso wenig, wie für einen Zwang, alle Zeitabschnitte auf einmal anzukündigen, im Gesetz auch nur irgendein Anhaltspunkt finden. So heißt es in § 3 Abs. 3 PflegeZG ausdrücklich „für welchen Zeitraum" und nicht „für welche Zeiträume"[376]. Eine Mehrfachankündigung en bloc ist damit vom Gesetzeswortlaut schon gar nicht erfasst. Im Ergebnis stünde der Beschäftigte, der die Pflegezeit auf beliebig viele kleinere Zeitabschnitte verteilt mithin deutlich besser da, als derjenige, der einmalig eine – gesetzlich ausdrücklich geregelte – Verlängerung einer bereits angetretenen Pflegezeit wünscht. Letzterer wäre nämlich ausdrücklich auf die Zustimmung des Arbeitgebers angewiesen (§ 4 Abs. 1 Satz 2 PflegeZG), ersterer nicht[377].

Schließlich würde mit einer Stückelung, womöglich noch über einen sehr langen Zeitraum verteilt, auch der in § 5 PflegeZG gewährte Sonderkündigungsschutz ein völlig unangemessenes Gewicht erhalten und könnte die Form eines dauerhaften Sonderkündigungsschutzes annehmen[378].

Aus den genannten Gründen wird in der Literatur zu Recht überwiegend die Auffassung vertreten, dass eine Verteilung auf mehrere Zeitabschnitte nicht vom Gesetzeswortlaut gedeckt ist und dem Beschäftigten ein entsprechender Anspruch nicht zusteht[379].

Jedenfalls für den Fall der Verteilung von Pflegezeit auf mehrere Zeitabschnitte durch mehrfache Ankündigung von Pflegezeit für jeweils weniger als sechs

375 Siehe oben unter D. I. 4.

376 Vgl. ErfK-*Gallner,* § 4 PflegeZG Rn. 1; *Müller,* BB 2010, 705, 706; LAG Baden-Württemberg vom 31.3.2010–20 Sa 87/09 - BB 2010, 1541.

377 So auch das LAG Baden-Württemberg vom 31.3.2010–20 Sa 87/09 - BB 2010, 1541.

378 So auch schon ArbG Stuttgart vom 24.9.2009–12 Ca 1792/09 - BB 2009, 2477; LAG Baden-Württemberg vom 31.3.2010–20 Sa 87/09 - BB 2010, 1541; a.A. *Kossens,* jurisPR-ArbR 26/2010 Anm. 2.

379 ErfK-*Gallner,* § 4 PflegeZG Rn. 1; AR-*Krumbiegel,* § 4 PflegeZG Rn. 2; *Preis/Nehring,* NZA 2008, 729, 734; *Müller,* BB 2008, 1058, 1061; *ders.,* BB 2010, 705; im Ergebnis wohl auch *Kossens,* § 4 PflegeZG Rn. 2; *ders.,* AuA 2008, 328, 329; a.A. *Joussen,* NZA 2009, 69, 73; BeckOK/ArbR-*Joussen,* § 4 PflegeZG Rn. 5; wohl auch *Glatzel,* NJW 2009, 1377, 1378; Küttner-*Poeche,* Pflegezeit Rn. 27.

Monate hat das BAG[380] dieses Ergebnis höchstrichterlich bestätigt. Das BAG folgt den beiden Vorinstanzen, dem Arbeitsgericht Stuttgart[381] und dem Landesarbeitsgerichts Baden-Württemberg[382], und lehnt völlig zu Recht den Anspruch von Beschäftigten auf Pflegezeit in mehreren Zeitabschnitten, die jeweils separat angekündigt werden, ab. Das Pflegezeitgesetz gewährt nur ein einmaliges Gestaltungsrecht. Eine mehrmalige Ausübung ist nicht möglich. Bemerkenswert ist dabei, dass die zum Zeitpunkt der erstinstanzlichen Entscheidung des ArbG Stuttgart amtierende Bunderegierung noch davon ausging, dass eine mehrmalige Inanspruchnahme durch den Gesetzgeber nicht ausgeschlossen, und die Dauer der Pflegezeit in mehrere Zeitabschnitte aufgeteilt werden könne[383].

Ausdrücklich offengelassen hat das BAG hingegen die Frage, ob eine Verteilung der Pflegezeit auf mehrere Zeitabschnitte dann möglich ist, wenn die Zeitabschnitte in einer einmaligen Ankündigung zusammengefasst sind. Gleichwohl: die genannten Argumente, insbesondere der Wortlaut („Zeitraum" nicht: „Zeiträume") sprechen dagegen[384]. Die Begründung des BAG lässt darüber hinaus vermuten, dass es auch die Verteilung der Pflegezeit auf mehrere Zeitabschnitte mittels einmaliger Ankündigung als nicht vereinbar mit dem PflegeZG ansieht[385].

b) Erneute Pflegezeit bei neuem Arbeitgeber

Der Anspruch auf Pflegezeit besteht für jeden Beschäftigten bezogen auf denselben pflegebedürftigen nahen Angehören nur einmal. Auf den ersten Blick erscheint Wortlaut des § 4 Abs. 1 PflegeZG recht eindeutig[386]. Auf den zweiten Blick hingegen wird klar, dass nicht eindeutig ist, ob die einmalige Inanspruchnahmemöglichkeit nur für dasselbe Arbeitsverhältnis oder aber absolut gilt. Steht dem Beschäftigten, der Pflegezeit in Anspruch genommen hat, bei einem Arbeitgeber-

---

380 BAG vom 15.11.2011-9 AZR 348/10 - DB 2012, 751.

381 ArbG Stuttgart vom 24.9.2009-12 Ca 1792/09 - BB 2009, 2477.

382 LAG Baden-Württemberg vom 31.3.2010-20 Sa 87/09 - BB 2010, 1541.

383 Vgl. die Antwort des parlamentarischen Staatssekretärs Brausiepe vom 25. Januar 2010 auf eine entsprechende Anfrage der Abgeordneten Elisabeth Scharfenberg (BÜNDNIS 90/ DIE GRÜNEN), BT-Drucks. 17/584, S. 28 f.

384 Ebenso *Freihube*, Anmerkung zu BAG vom 15.11.2011-9 AZR 348/10 - AP Nr. 1 zu § 3 PflegeZG; *Kern*, Anmerkung zu BAG vom 15.11.2011-9 AZR 348/10 - ArbR 2012, 144; *Raif*, Anmerkung zu BAG vom 15.11.2011-9 AZR 348/10 - GWR 2012, 136; *Müller*, Anmerkung zu BAG vom 15.11.2011-9 AZR 348/10 - EzA § 4 PflegeZG Nr. 1.

385 Vgl. *Göhle-Sander*, jurisPR-ArbR 15/2012 Anm. 1.

386 Siehe oben unter D. III. 3. a).

wechsel nach Beendigung der Pflegezeit erneut Pflegezeit zugunsten desselben pflegebedürftigen nahen Angehörigen gegenüber dem neuen Arbeitgeber zu? Soweit es sich nach wie vor um dasselbe Beschäftigungsverhältnis handelt, ist diese Frage eindeutig zu verneinen. Kein neues Beschäftigungsverhältnis entsteht etwa in den Fällen des Betriebsübergangs gem. § 613a BGB. Hier bleibt das alte Arbeitsverhältnis bestehen, der neue Inhaber tritt aber in die Rechte und Pflichten aus dem bestehenden Arbeitsverhältnis ein. Gleiches gilt auch für die Fälle der Gesamtrechtsnachfolge[387], also etwa dem Tod des Arbeitgebers. Dann tritt der Erbe kraft Gesetzes im Wege der Universalsukzession gem. § 1922 BGB unmittelbar in das(selbe), bereits bestehende Beschäftigungsverhältnis ein. Weil der Beschäftigte in diesem Beschäftigungsverhältnis bereits seine Pflegezeit in Anspruch genommen („verbraucht") hat und ihm nur ein einmaliges Gestaltungsrecht zusteht[388], kommt eine erneute Inanspruchnahme nicht in Betracht. Die Belastung des Arbeitgebers durch eine Pflegezeit soll diesen je Beschäftigten und pflegebedürftigen nahen Angehörigen nur einmal und nicht mehrfach treffen.

Wird hingegen nach Beendigung der ersten Pflegezeit das ursprüngliche Beschäftigungsverhältnis beendet und eine neues Beschäftigungsverhältnis mit einem neuen Arbeitgeber begründet, stellt sich die Situation durchaus anders dar. Der Gesetzgeber wollte ausweislich § 1 PflegeZG Beschäftigten die Möglichkeit eröffnen, pflegebedürftige nahe Angehörige in häuslicher Umgebung zu pflegen und damit die Vereinbarkeit von Beruf und familiärer Pflege verbessern. Eine weitere Pflegezeit wird diesem gesetzgeberischen Ziel gewiss gerecht. Sinn und Zweck der Beschränkung der Pflegezeit in zeitlicher Hinsicht sowie auf einen einmaligen und zusammenhängenden Zeitraum hingegen sind es, den jeweils betroffenen Arbeitgeber durch die Inanspruchnahme von Pflegezeit nicht zu überfordern. Die Pflegezeitansprüche des Beschäftigten müssen ihre Grenzen haben, um nicht zu unzumutbaren, verfassungswidrigen Eingriffen in die Rechtsposition des Arbeitgebers zu werden, nicht hingegen um begünstigende „Mehrfachansprüche" von Beschäftigten zu verhindern. Diese verfassungsmäßig gebotene Einschränkung kann ihren Zweck gegenüber einem neuen Arbeitgeber jedenfalls für den konkreten Beschäftigten nicht erfüllen[389]. Der neue Arbeitgeber wurde durch die beim vorherigen Arbeitgeber genommene Pflegezeit nicht belastet. Er bedarf daher keines Schutzes vor einer „erneuten" mithin zweiten Inanspruchnahme durch den Beschäftigten. Für ihn besteht seit Einführung des Pflegezeitgesetzes

---

387 Vgl. ausführlich zur Frage, ob auch bei einer Gesamtrechtsnachfolge die Vorschriften zum Betriebsübergang Anwendung finden ErfK-*Preis*, § 613a BG Rn. 58, 181 ff.

388 Vgl. BAG vom 15.11.2011–9 AZR 348/10 – DB 2012, 751.

389 So wohl im Ergebnis auch *Göhle-Sander*, jurisPR-ArbR 15/2012 Anm. 1.

grundsätzlich bei jedem Beschäftigten das Risiko, dass Pflegezeit in Anspruch genommen wird.

Es ist dem Gesetz weder dem Wortlaut nach, noch nach Sinn und Zweck zu entnehmen, dass die Beschränkung auf eine einmalige Pflegezeit als absolut zu verstehen ist und sich jeder spätere Arbeitgeber auf eine in der Vergangenheit in Anspruch genommene Pflegezeit – zugunsten desselben pflegebedürftigen nahen Angehörigen – bei einer Weigerung, erneut Pflegezeit zu „gewähren", berufen kann. Rechte und Pflichten aus einem Schuldverhältnis bestehen grundsätzlich nur innerhalb dieses Rechtsverhältnisses (inter partes) und haben keine absolute Wirkung gegenüber Jedermann (erga omnes). Wird eine absolute Wirkung gewünscht, muss der Gesetzgeber diese ausdrücklich anordnen, wie er es beispielsweise in § 6 BUrlG getan hat. Der volle Anspruch auf Erholungsurlaub entsteht, den Ablauf der sechsmonatigen Wartezeit unterstellt, mit Beginn des Kalenderjahres. Mithin kann der Arbeitnehmer bereits im Januar den vollen Jahresurlaub geltend machen und der Arbeitgeber ihn gewähren. Wechselt nun der Arbeitnehmer nach Inanspruchnahme des Erholungsurlaubs den Arbeitgeber, so könnte er den Urlaubsanspruch im neuen Arbeitsverhältnis erneut geltend machen, wenn nicht der Gesetzgeber einen solchen Doppelanspruch ausdrücklich ausgeschlossen hätte. Um das praktisch relevante Nachweisproblem zu lösen, muss der Altarbeitgeber eine entsprechende Urlaubsbescheinigung gem. § 6 Abs. 2 BUrlG ausstellen, die es dem neuen Arbeitgeber ermöglicht, einen doppelt geltend gemachten Urlaubsanspruch zurückzuweisen. Entsprechende Regelungen fehlen dem PflegeZG, obwohl der Gesetzgeber einen grundsätzlichen Beschränkungsbedarf gesehen und entsprechend umgesetzt hat – aber eben nur innerhalb desselben Beschäftigungsverhältnisses.

Eine erneute Pflegezeit zu Gunsten desselben pflegebedürftigen nahen Angehörigen kann daher in einem neuen Beschäftigungsverhältnis in Anspruch genommen werden, auch wenn das BAG das bis dato offen gelassen hat[390]. Eine Beschränkung des Anspruchs auf einen Arbeitgeber enthält das PflegeZG insoweit nicht. Für die Pate stehende Elternzeit bzw. Erziehungsurlaub hat das BAG 1999 bereits ähnlich entschieden. Zwar ist die Elternzeit, anders als die Pflegezeit, absolut an das Alter des Kindes gebunden, gleichwohl bestand die Frage, ob vor Erreichen dieser absoluten Altersgrenze Elternzeit bzw. Erziehungsurlaub nach einem Arbeitgeberwechsel erneut bis zur absoluten Grenze in Anspruch genommen werden kann oder ob der Anspruch nur einmalig gegenüber dem Arbeitgeber des zum Zeitpunkt der Geburt bestehenden Arbeitsverhältnisses

390 BAG vom 15.11.2011–9 AZR 348/10 – NZA 2012, 46 ff. Rn. 31.

besteht. Das BAG konnte dem Wortlaut des BErzGG eine entsprechende Beschränkung nicht entnehmen[391].

Für Arbeitgeber besteht damit seit Einführung des PflegeZG grundsätzlich bei jedem Beschäftigten das Risiko einer entsprechenden Inanspruchnahme. Dem können sie allerdings effektiv durch die bestehenden Befristungsmöglichkeiten, die auch bisher schon eine verlängerte „Probezeit" ermöglichten, entgegentreten.

c) *Pflegezeit in mehreren Beschäftigungsverhältnissen*

Beschäftigte, die Pflegezeit in Anspruch nehmen wollen, können gleichzeitig in mehreren Beschäftigungsverhältnissen zu verschiedenen Arbeitgebern stehen. Nehmen sie Pflegezeit in Anspruch, muss ihnen das gegenüber allen Arbeitgebern gleichzeitig möglich sein. Ein anderes Verständnis wäre mit Sinn und Zweck des Pflegezeitgesetzes nicht vereinbar. Für die Elternzeit ist dies anerkannt[392]. Für die Pflegezeit kann sinnvoller Weise nichts anderes gelten. Der Sache nach handelt es sich in solchen Fällen auch immer um dieselbe und damit um eine Pflegezeit, nicht mehrere Pflegezeiten.

Der Beschäftigte ist allerdings nicht gezwungen, die Pflegezeit in beiden Beschäftigungsverhältnissen gleichzeitig in Anspruch zu nehmen. Quasi als Alternative zur Pflegeteilzeit eines Vollzeitbeschäftigten gem. § 3 Abs. 4 PflegeZG, kann der Teilzeitbeschäftigte die Pflegezeit zunächst nur in einem Teilzeitbeschäftigungsverhältnis voll oder auch nur teilweise (sofern das sinnvoll möglich ist) in Anspruch nehmen, während er in einem weiteren Beschäftigungsverhältnis seine Vertragspflichten weiterhin voll erfüllt. Nach Beendigung der Pflegezeit im ersten Beschäftigungsverhältnis, kann die Pflegezeit im zweiten Beschäftigungsverhältnis in Anspruch genommen werden. Für diesen Sonderfall kann der Beschäftigte die Gesamtdauer der Pflegezeit über die Höchstgrenze von sechs Monaten ausdehnen. Dabei ist jedoch zu beachten, dass in dem Beschäftigungsverhältnis, in dem gerade keine Pflegezeit in Anspruch genommen wird, auch kein Kündigungsschutz gem. § 5 PflegeZG besteht. Das PflegeZG schränkt eine solche Konstruktion nicht ein.

4. Pflegezeit in gekündigtem Beschäftigungsverhältnis

Wohl selten aber dennoch denkbar ist die Inanspruchnahme von Pflegezeit in einem bereits gekündigten Beschäftigungsverhältnis. Erfolgt die Kündigung vor einer entsprechenden Ankündigung durch den Beschäftigten, ist sie vom

391 Vgl. BAG vom 11.3.1999–2 AZR 19/98 – NZA 1999, 1047 ff.

392 Vgl. Schaub-*Linck*, § 172 Rn. 5; *Buchner/Becker*, § 15 BEEG Rn. 5.

Kündigungsverbot nicht erfasst. Solange das Beschäftigungsverhältnis jedoch fortbesteht, kann Pflegezeit angekündigt werden und die entsprechenden Rechtsfolgen werden ausgelöst. Spätestens mit Ende des Beschäftigungsverhältnisses endet allerdings auch automatisch die Pflegezeit, unabhängig davon, ob die angekündigte Zeit abgelaufen ist oder nicht. Pflegezeit mit ihrer die Hauptpflichten suspendierenden Wirkung kann nur in einem bestehenden Beschäftigungsverhältnis existieren. Besteht dieses nicht mehr, teilt die Pflegezeit dieses Schicksal.

Gleiches gilt, wenn das Beschäftigungsverhältnis aus anderen Gründen endet. In Betracht kommt etwa eine erfolgreiche Anfechtung der auf den Vertragsabschluss gerichteten Willenserklärung durch den Arbeitgeber. Streng genommen entfiele das Beschäftigungsverhältnis dann gem. § 142 BGB ex-tunc und eine Pflegezeit hätte nie bestanden. Nach der Lehre vom fehlerhaften Arbeitsvertrag wirkt die Anfechtung im in Vollzug gesetzten Arbeitsverhältnis aufgrund der mit einer ex-tunc-Wirkung verbundenen Rückabwicklungsprobleme allerdings ausnahmsweise nur ex-nunc[393].

IV. Vergütung

Während der laufenden Pflegezeit ruht das Beschäftigungsverhältnis. Die beiderseitigen Hauptleistungspflichten sind suspendiert[394]. Der Arbeitgeber schuldet somit auch keine Vergütung.

1. Reguläre Vergütung

Im Hinblick auf die reguläre, in der Regel monatliche Vergütung ist das trivial. Doch wie verhält es sich mit Vergütungsbestandteilen, die nicht regelmäßig monatlich auf dem Konto des Beschäftigten eingehen?

Soweit neben dem Entgelt regelmäßig auch andere Leistungen vom Arbeitgeber als Gegenleistung zur Arbeitsleistung geschuldet sind, ist auch diese Leistungspflicht während der Pflegezeit suspendiert. Das betrifft beispielsweise ein zusätzlich zum Entgelt kraft Vertragsabrede zur Verfügung gestelltes Firmenfahrzeug zur privaten Mitbenutzung. Ein solches schuldet der Arbeitgeber während der Pflegezeit ebenso wie die regelmäßige Vergütung nicht und kann es für die

---

393 *Junker*, GK-Arbeitsrecht, § 3 Rn. 193–198; BAG vom 5.12.1957–1 AZR 594/56 – AP Nr. 2 zu § 123 BGB

394 Vgl. MünchHbArbR-*Reichold*, § 37 Rn. 27; Schaub-*Linck*, § 172 Rn. 16.

Dauer der Pflegezeit vom Beschäftigen heraus verlangen[395]. Gleiches gilt auch für andere regelmäßigen Leistungen mit reinem Entgeltcharakter.

Bei Sonderzahlungen bzw. Gratifikationen ist nach deren Zweck zu differenzieren. Wird ihre Gewährung allein an den Bestand des Beschäftigungsverhältnisses geknüpft, bestehen sie auch bei genommener Pflegezeit, ebenso wie das Beschäftigungsverhältnis selbst, ungekürzt weiter[396]. Kommt ihnen jedoch ein leistungsbezogener Entgeltcharakter zu, so sind sie anteilig um den Zeitraum der in Anspruch genommenen Pflegezeit zu kürzen[397], denn seine Leistung erbringt der Beschäftigte während der Pflegezeit gerade nicht.

2. Förderdarlehen

Personen, die Pflege- oder Pflegeteilzeit gem. § 3 PflegeZG in Anspruch nehmen, können seit dem 1.1.2015 gem. § 3 Abs. 1 FPfZG eine Fördermöglichkeit in Form eines zinslosen Darlehens in Anspruch nehmen. Eine finanzielle Fördermöglichkeit war bis dahin nur Personen, die Familienpflegezeit nach dem FPflegeZG in Anspruch nehmen, zugänglich. Mit Änderung des Familienpflegezeitgesetzes durch das Gesetz zur besseren Vereinbarung von Familie, Pflege und Beruf" vom 23.12.2014[398] wurde die bis dahin (nur) für Familienpflegezeiter bestehende, recht komplizierte[399] Fördermöglichkeit von einer Aufstockung des Entgelts durch den Arbeitgeber und einer Familienpflegezeitversicherung, hin zu einer in § 3 FPfzG geregelten zinslosen Darlehensregelung erheblich reformiert, bürokratisch vereinfacht[400] und auch auf die bis dahin nicht erfassten Fälle der „echten" Pflegezeit gem. § 3 PflegeZG erstreckt.

Für die Dauer der Freistellung gem. § 3 PflegeZG gewährt das Bundesamt für Familie und zivilgesellschaftliche Aufgaben auf Antrag dem Beschäftigten ein

---

395 Vgl. auch BAG vom 14.12.2010–9 AZR 631/09 zur Gewährung eines Firmenwagens zur privaten Mitbenutzung im Krankheitsfall nach Ablauf des Entgeltfortzahlungszeitraums; BAG vom 11.10.2000–5 AZR 240/99 – AP BGB § 611 Sachbezüge Nr. 13; LAG Düsseldorf vom 28.10.2010–11 Sa 522/10; LAG Baden-Württemberg vom 27.7.2009–15 Sa 25/09 – DB 2009, 2050.

396 Vgl. *Kaiser*, Erziehungs- und Elternurlaub, S. 80 f. für das gleiche Problem im Rahmen der Elternzeit.

397 Vgl. *Linck*, BB 2008, 2738, 2742; *Kaiser*, Erziehungs- und Elternurlaub, S. 80 f.

398 BGBl. I 2014, S. 2462 ff.

399 Vgl. *Haarke*, NJW-Spezial 2015, 50; zum bisherigen Verfahren im Rahmen des FPfZG *Barkow von Creytz*, DStR 2012, 191, 192 ff.; *Göttling/Neumann*, NZA 2012, 119 ff.

400 BR-Drucks. 463/14, S. 25.

zinsloses Darlehen. Der Antrag[401] ist schriftlich beim Bundesamt für Familie und zivilgesellschaftliche Aufgaben zu stellen und wirkt vom Zeitpunkt des Vorliegens der Voraussetzungen – im Fall der Pflegezeit gem. § 3 PflegeZG mit Beginn der Freistellung – sofern er innerhalb von drei Monaten nach deren Vorliegen gestellt wird. Später gestellte Anträge wirken ab Beginn des Monats der Antragstellung.

Die Förderung erfolgt in monatlichen Darlehensraten. Zur Ermittlung deren Höhe wird gem. § 3 Abs. 3 FPfZG ein pauschaliertes Nettoentgelt vor und während der Freistellung ermittelt. Dabei bleiben Sachbezüge, wie etwa Dienstwagen zur privaten Nutzung, etc. außer Betracht. Die monatliche Förderrate beträgt dann die Hälfte der Differenz beider Werte, § 3 Abs. 2 FPfZG. Für die Ermittlung des pauschalierten Nettoentgelts wird aus Vereinfachungsgründen[402] auf die im jeweiligen Kalenderjahr geltende Verordnung über die pauschalierten Nettoentgelte für das Kurzarbeiterentgelt[403] zurückgegriffen, § 3 Abs 3 FPfZG.

Die Förderhöhe ist jedoch in zweifacher Hinsicht begrenzt. Zum einen wird bei der Ermittlung des pauschalierten Nettoentgelts während der Förderung ein Mindestentgelt wie es bei einer verbleibenden Beschäftigung von 15 Wochenstunden bestünde, vermutet bzw. fingiert, § 3 Abs. 4 FPfZG. Das lässt sich mit der Herkunft des Förderinstrumentes aus dem Familienpflegezeitgesetz erklären. Anders als bei der Pflegezeit nach dem Pflegezeitgesetz, kann im Rahmen der Familienpflegezeit keine vollständige Befreiung von der Arbeitsleitung verlangt werden. Vielmehr muss eine 15stündige Beschäftigung pro Woche verbleiben, § 2 Abs. 1 Satz 2 FPfZG.

Im Übrigen berücksichtigt die Verordnung über die pauschalierten Nettoentgelte für das Kurzarbeiterentgelt nur Bruttoentgelte bis zur Höhe der Beitragsbemessungsgrenze. Die Förderhöhe wird auch auf diesem Wege begrenzt. So ergibt sich für das Jahr 2017 bei Steuerklasse III, eine maximale monatliche Förderhöhe in Höhe von 1047,87 €[404].

---

401 Das Bundesamt für Familie und zivilgesellschaftliche Aufgaben stellt ein Antragsformular unter http://www.wege-zur-pflege.de/fileadmin/daten/Antraege/Familienpflegezeit/Neu_barrierefrei_30.03/Formular_Bewilligung_zinslosesDarlehen_barriere.pdf (zuletzt abgerufen am 24.3.2018) zur Verfügung.

402 BT-Drucks. 18/3124, S. 35.

403 Für das Jahr 2017 BGBl. I 2016, 2893.

404 Für die Berechnung der maximalen Förderhöhe wird ein vor in Inanspruchnahme der Pflegezeit in Vollzeit (40h/Woche) tätiger verheirateter Beschäftigter, Steuerklasse III, mit einer Bruttovergütung in Höhe der Beitragsbemessungsgrenze von 6360,- € und einer verbleibenden Mindestarbeitszeit während der Pflegezeit (§ 3 Abs. 4 FPfZG) von 15h/Woche zu Grunde gelegt. Für diesen Fall ergibt sich dann

Das Förderdarlehen ist nach Beendigung der Förderung in Raten zurückzuzahlen. In besonderen Fällen (§ 7 FPfZG) kann das Bundesamt für Familie und zivilgesellschaftliche Aufgaben eine Stundung oder einen Teilerlass gewähren.

V. Pflegeteilzeit

Anstelle der vollen Pflegezeit, also der vollständigen Freistellung von der Arbeitspflicht, kann der Beschäftigte vom Arbeitgeber für die Dauer der Pflegezeit auch nur eine teilweise Freistellung verlangen und somit eine Pflegeteilzeit in Anspruch nehmen. Ein entsprechender Wunsch ist gem. § 3 Abs. 3 PflegeZG zusammen mit der Ankündigung der Pflegezeit dem Arbeitgeber mindestens zehn Arbeitstage vor Beginn der Pflegezeit zu übermitteln. Dabei sind sowohl die gewünschte Verringerung als auch die gewünschte Verteilung der Arbeitszeit anzugeben. Dabei kann der Beschäftigte nicht nur die Verteilung auf die einzelnen Arbeitstage, sondern auch die Lage an einzelnen Tagen angeben. Einer Beschränkung auf das arbeitsvertraglich festgelegte Arbeitszeitmodell unterliegt er dabei nicht[405].

1. Voraussetzungen

Während die vollständige Befreiung von der Arbeitspflicht aufgrund des gestaltungsrechtlichen Charakters der Ankündigung mit deren Zugang beim Arbeitsgeber automatisch eintritt, bedarf es für die teilweise Freistellung gem. § 3 Abs. 4 PflegeZG zwischen Arbeitgeber und Beschäftigtem einer besonderen schriftlichen Vereinbarung.

a) Vereinbarung

Beide Parteien müssen sich über die Verringerung und die Verteilung der Arbeitszeit einigen. Dass dies gelingt, davon ist der Gesetzgeber ausdrücklich ausgegangen[406]. Wenn jedoch keine Einigkeit erzielt wird, sind die sich daraus ergebenden Rechtsfolgen fraglich.

---

für 2017 ein pauschaliertes monatliches Nettoentgelt vor der Freistellung in Höhe von 3918,41 €. Während der Freistellung führt ein Bruttoentgelt bei verbliebenen 15h/Woche in Höhe von 2385,00 € ((6360,00/[52/12*40])*15*52/12 = 2385,00 €) zu einem pauschalierten Nettoentgelt in Höhe von 1822,67 €. Die Förderhöhe ergibt sich aus der Differenz beider Nettobeträge geteilt durch 2 und beträgt 1047,87 € ([3918,41–1822,67]/2 = 2095,74 €/2 = 1047,87 €).

405 Vgl. BAG Urteil vom 18.8.2009–9 AZR 517/08 – NZA 2009, 1207 zum Verteilungswunsch bei § 8 TzBfG.

406 Siehe BR-Drucks. 718/07, S. 222.

Der Arbeitgeber, der den Wünschen des Arbeitnehmers nach Verringerung und Verteilung der Arbeitszeit nicht entsprechen möchte, tut bestenfalls einfach gar nichts. Seine Untätigkeit führt jedenfalls nicht zu einer inhaltlich vom Arbeitnehmer gewünschten Vereinbarung. Zwar trifft den Arbeitgeber wohl eine vertragliche Nebenpflicht, den Wünschen stattzugeben oder sie begründet zurückzuweisen, mithin auf das entsprechende Begehren des Beschäftigten überhaupt zu reagieren[407]. Das Schweigen des Arbeitgebers kann aber die ausdrücklich erforderliche Willenserklärung, die für die vom Gesetzgeber vorgesehene Vereinbarungslösung erforderlich ist, nicht ersetzen[408] und daher eine fehlende Reaktion des Arbeitgebers auch nicht ohne weiteres als stillschweigendes Einverständnis mit den geäußerten Wünschen des Beschäftigten verstanden werden[409]. Anders als in § 8 Abs. 5 Sätze 2 und 3 TzBfG hat der Gesetzgeber im Pflegezeitgesetz auf eine Fiktionslösung verzichtet.

Auch trifft den Arbeitgeber nicht die grundsätzliche Pflicht jedenfalls innerhalb von zehn Arbeitstagen ab Ankündigung der Pflegezeit auf den Reduzierungs- und Verteilungswunsch des Beschäftigten zu reagieren. Eine entsprechende Pflicht kann nicht aus der Ankündigungsfrist des § 3 Abs. 3 PflegeZG[410] entnommen werden, schon gar nicht für die Fälle, in denen die Ankündigung durch den Beschäftigten deutlich früher als zehn Arbeitstage erfolgt ist. Die Mindestankündigungsfrist soll dem Arbeitgeber, trotz besonderer Interessen des Beschäftigten an der Pflegezeit, ein Minimum an Planungs- und Reaktionsmöglichkeiten einräumen. Daraus eine Höchstfrist des Arbeitgebers zur Äußerung auf Teilzeitwünsche zu konstruieren, ist mehr als fraglich[411]. Warum auch sollte der Arbeitgeber bei einer zum Beispiel schon ein Jahr vor Beginn angekündigten und mit einem entsprechenden Teilzeitwunsch verbundenen Pflegezeitankündigung bereits nach zehn Arbeitstagen zur Äußerung über den Teilzeitwunsch verpflichtet sein? Meistens wird eine sinnvolle Beurteilung des Teilzeitwunsches bei sehr frühzeitiger Ankündigung kaum möglich, dringende betriebliche Gründe nicht absehbar sein. Selbst wenn man eine Antwortpflicht innerhalb von zehn Arbeitstagen postuliert, stellt sich die Frage nach der Rechtsfolge eines Verstoßes hiergegen. Schweigen

---

407 So auch *Hexel/Lüders,* NZS 2009, 264, 269.

408 Zur Bedeutung von Schweigen als Annahme siehe *Medicus,* BGB AT Rn. 387.

409 So aber *Müller/Stuhlmann,* ZTR 2008, 290, 292.

410 A.A. *Nielebock,* AiB 2008, 363, 366.

411 So aber *Müller,* BB 2008, 1058, 1062; *Nielebock,* AiB 2008, 363, 366; *Kossens,* § 3 PflegeZG Rn. 58.

löst im Rechtsverkehr grundsätzlich keine Rechtsfolgen aus[412]. *Kossens* führt aus, dass „dies zu Lasten des Arbeitgebers“ gehe, „weil dieser darlegungs- und beweispflichtig für das Vorliegen betrieblicher Gründe ist, die der Pflegezeit des Beschäftigten entgegenstehen“[413]. Was darunter zu verstehen ist, bleibt hingegen unbeantwortet. Infrage käme allenfalls, für den maßgeblichen Zeitpunkt für die Beurteilung, ob dringende betriebliche Gründe vorliegen, auf den Zeitpunkt zehn Arbeitstage nach Ankündigung abzustellen und dem Arbeitgeber eine Berufung auf nach diesem Zeitpunkt eingetretene Umstände zu verweigern. Zwar verfährt das BAG in Streitfällen im Rahmen von § 8 TzBfG etwa in diesem Sinne und hält den Zeitpunkt der Ablehnung des Teilzeitwunsches für maßgeblich, begründet dies aber mit der Regelung des § 8 Abs. 6 TzBfG[414]. Da eine entsprechende Regelung aber für das Pflegezeitgesetz ebenfalls fehlt, ist eine Übertragung dieser Rechtsprechung nicht möglich. Außerdem ist im Rahmen des Teilzeitanspruches gem. § 8 TzBfG die Reaktionszeit für den Arbeitgeber deutlich länger. Nicht nur muss der Arbeitnehmer seinen Teilzeitwunsch mindestens drei Monate vor dem geplanten Beginn ankündigen. Schließlich tritt die Fiktion gem. § 8 Abs. 5 Sätze 2 und 3 TzBfG unabhängig von einem ggf. deutlich mehr als drei Monate vorher angekündigten Teilzeitwunsch immer erst einen Monat vor dem geplanten Beginn ein. Dem Arbeitgeber bleiben daher immer mindestens zwei Monate zur Reaktion und die Möglichkeit, Ablehnungsgründe noch bis zu einem Monat vor der geplanten Reduzierung vorzutragen.

Kommt eine einvernehmliche Einigung zwischen Arbeitgeber und Beschäftigtem nicht zu Stande, bleibt dem Beschäftigten daher nur die Möglichkeit, seinen Wunsch gerichtlich durchzusetzen. Aufgrund des gestaltungsrechtlichen Charakters der Ankündigung tritt zum gewünschten und vom Beschäftigten angekündigten Zeitpunkt jedenfalls im Zweifel nur die vollständige und vom Willen des Arbeitgebers unabhängige Freistellung von der Arbeitsleitung ein. Hat der Arbeitgeber eine ihm vom Beschäftigten angebotene Teilzeitvereinbarung zu Unrecht verweigert und hat dieser erfolgreich Klage auf Abgabe der Annahmeerklärung erhoben, so wird gem. § 894 ZPO die Annahme des Arbeitgebers mit der Rechtskraft des Urteils fingiert, die vom Arbeitnehmer gewünschte Teilzeitvereinbarung damit also formwirksam geschlossen[415]. Den Arbeitgeber treffen

412 Vgl. *Medicus* BGB AT, Rn. 345; MüKo-*Armbrüster*, Vor § 116 BGB Rn. 8; Staudinger-*Singer*, Vorb. §§ 116 ff. Rn. 61; ausführlich *Fischinger*, JUS 2015, 294 ff.

413 *Kossens* § 3 PflegeZG Rn. 58.

414 Vgl. BAG vom 18.2.2003–9 AZR 356/02 – NZA 2003, 911; ebenso ErfK-*Preis*, § 8 TzBfG Rn. 43.

415 Vgl. MüKo-*Gruber*, § 894 ZPO Rn. 15; BeckOK/ZPO-*Vorwerk/Wolf*, § 894 Rn. 7.

in der Folge für die Zukunft Ansprüche aus Annahmeverzug, § 615 BGB, wenn er den Beschäftigten während der noch laufenden Pflegezeit nicht oder nicht in ausreichendem Umfang beschäftigt, sowie Schadensersatz aus § 280 BGB für die Vergangenheit, da die zustimmende Willenserklärung erst mit Rechtskraft des Urteils als abgegeben gilt[416]. Weil die Pflegezeit mit sechs Monaten aber nur kurz dauert, werden Streitigkeiten über eine Teilzeitvereinbarung wohl regelmäßig im Wege des einstweiligen Rechtsschutzes (§ 940 ZPO) entschieden werden[417].

b) Form

Für die Vereinbarung zwischen Arbeitgeber und Beschäftigtem hat der Gesetzgeber die Schriftform angeordnet. Diese richtet sich grundsätzlich nach § 126 BGB. Ein Verstoß gegen die Schriftform hat die Nichtigkeit der Vereinbarung gem. § 125 BGB zur Folge. Das ist die konsequente Folge des vom Gesetzgeber gewählten Wortlauts, wenn auch im Ergebnis unbefriedigend. Es ist nicht ersichtlich, welchen Zweck es haben soll, dass eine mündliche Vereinbarung für beide Parteien nicht bindend sein soll. Der Entwurfsverfasser hat sich bei der Aufnahme der Schriftform in den Gesetzestext ausweislich der Begründung des Gesetzentwurfs von der Rechtssicherheit durch klare Nachweismöglichkeiten leiten lassen und dabei ausdrücklich auf das Nachweisgesetz verwiesen[418]. Weil aber ein Verstoß gegen das Nachweisgesetz nicht die Nichtigkeit eines nur mündlich geschlossenen Arbeitsvertrages zur Folge hat, versuchen manche Autoren die in § 3 Abs. 4 PflegeZG angeordnete Schriftform unterhalb der Voraussetzungen von § 126 BGB anzusiedeln. Die vertretene Bandbreite reicht von Ausreichenlassen der Textform gem. § 126b BGB, „weil die Warn- und Beweisfunktion keine wesentliche Rolle spielen“[419], bis hin zur Wirksamkeit einer nur mündlichen Vereinbarung, weil dem Schriftformerfordernis in § 3 Abs. 4 PflegeZG „lediglich klarstellende Bedeutung beizumessen“ ist[420] und es der Nichtigkeitsandrohung nicht bedarf[421]. Letzteres ist allerdings weder mit dem Wortlaut noch der vom Gesetzgeber ausdrücklich intendierten Rechtssicherheit zu vereinbaren. Auch der Hinweis auf das Nachweisgesetz führt nicht weiter. Zwar führt ein Verstoß dagegen nicht

---

416 Vgl. *Musielak/Voit*, § 894 Rn. 10; MüKo-*Gruber*, § 894 ZPO Rn. 13 f.; BeckOK/ZPO-*Vorwerk/Wolf*, § 894 Rn. 7 f.

417 Vgl. ErfK-*Gallner*, § 3 PflegeZG Rn. 4; Küttner-*Poeche*, Pflegezeit Rn. 33; *Preis/Nehring*, NZA 2008, 729, 735.

418 Vgl. BR-Drucks. 718/07, S. 222.

419 Vgl. *Preis/Nehring*, NZA 2008, 729, 735; ebenso Küttner-*Poeche*, Pflegezeit Rn. 33.

420 Vgl. *Müller/Stuhlmann* ZTR 2008, 290, 292.

421 Vgl. *Joussen*, NZA 2009, 69, 73; wohl ebenso *Düwell*, jurisPR-ArbR 51/2007, Anm. 6.

zur Nichtigkeit des Arbeitsvertrages. Das liegt allerdings an der ausdrücklichen Formulierung des Nachweisgesetzes, das keine Verknüpfung zwischen der Wirksamkeit des Arbeitsvertrages und der Erfüllung der sich aus § 2 NachweisG für den Arbeitgeber ergebenden Pflichten enthält. Diese entstehen vielmehr erst mit Abschluss des Arbeitsvertrages und setzen dessen Bestand somit voraus. An der Formfreiheit des Arbeitsvertrages rüttelt das Nachweisgesetz nicht. Unbestritten ist demgegenüber, dass das Nachweisgesetz selbst die Einhaltung der Schriftform gem. § 126 BGB verlangt[422]. Die Begründung des Gesetzentwurfs zu § 3 Abs. 4 PflegeZG kann auch hier ihren Ursprung gefunden haben.

Die Textform gem. § 126b BGB hingegen wäre für die vom Entwurfsverfasser verfolgten Zwecke ausreichend. Allerdings hat er diese ihm spätestens seit 2001 bekannte Form nicht gewählt[423]. Dem gilt es Rechnung zu tragen, auch wenn das BAG im Rahmen von § 99 Abs. 3 BetrVG, trotz angeordneter Schriftform die Textform für ausreichend erachtet[424]. Freilich begründet das BAG seine Abweichung damit, dass es im Rahmen von § 99 Abs. 3 nicht um ein Rechtsgeschäft, sondern nur um eine rechtsgeschäftsähnliche Handlung gehe, auf die die §§ 125 ff. BGB nur analog anwendbar seien. Für eine Willenserklärung kann das schon aus Gründen der Rechtssicherheit nicht gelten. Es ist dem Gesetzgeber allerdings unbenommen, das Pflegezeitgesetz auch an dieser Stelle nachzubessern und die Textform gem. § 126b BGB als ausreichend anzuordnen. Bis dahin muss aber die in § 3 Abs. 4 PflegeZG ohne weitere Einschränkungen angeordnete Schriftform als eine solche gem. § 126 BGB verstanden werden[425], was die Nichtigkeit einer diese Form nicht erfüllenden Teilzeitvereinbarung zwischen Beschäftigtem und Arbeitgeber gem. § 125 BGB zur Folge hat.

2. Dringende betriebliche Gründe

Der Arbeitgeber hat grundsätzlich den Wünschen der Beschäftigten zu entsprechen und kann die gewünschte Reduzierung und Verteilung der Arbeitszeit nur aus dringenden betrieblichen Gründen verweigern. Der Gesetzgeber hat sich hierbei an § 15 BEEG orientiert[426]. Gleichwohl hat er auf eine ausdrückliche Aus-

422 Vgl. ErfK-*Preis*, § 2 NachweisG Rn. 3, 27; *Düwell* jurisPR-ArbR 51/2007, Anm. 6.

423 § 126b BGB wurde durch das Gesetz zur Anpassung der Formvorschriften des Privatrechts und anderer Vorschriften an den modernen Rechtsgeschäftsverkehr vom 13.7.2001, BGBl. I S. 1542, mit Wirkung zum 1.8.2001 in das BGB eingefügt.

424 Vgl. BAG vom 9.12.2008–1 ABR 79/07 – NZA 2009, 627.

425 So auch ErfK-*Gallner*, § 3 PflegeZG Rn. 4.

426 Vgl. BR-Drucks. 718/07, S. 222.

gestaltung als negatives Tatbestandsmerkmal, wie es in § 15 Abs. 7 Nr. 4 BEEG geschehen ist[427], verzichtet. Das Nichtvorliegen betrieblicher Gründe muss der während der Pflegezeit Teilzeit begehrende Beschäftigte in seinem Antrag anders als der Teilzeit wünschende Elternzeiter nicht einmal behaupten. Für deren tatsächliches Vorliegen trifft aufgrund der Formulierung „es sei denn" den ablehnungswilligen Arbeitgeber die Darlegungs- und Beweislast. Dieser muss entsprechend substantiiert vortragen, Beweis(e) anbieten und erbringen[428].

Auf eine eigene Definition der dringenden betrieblichen Gründe hat der Gesetzgeber im Pflegezeitgesetz verzichtet. Allerdings wurde bewusst dieselbe Formulierung („dringende betriebliche Gründe") wie in § 15 Abs. 7 Satz 1 Nr. 4 BEEG gewählt[429]. Daher müssen die Ablehnungsgründe, anders als zum Beispiel bei § 8 TzBfG, dringend sein, mithin ein besonderes Gewicht haben. Den Wünschen des Beschäftigten wird somit ein besonderer Vorrang vor den Interessen des betroffenen Arbeitgebers eingeräumt.

Wegen des gleichen Wortlauts wie in § 15 Abs. 7 Satz 1 Nr. 4 BEEG und dem entsprechenden Willen des Gesetzgebers kann im Rahmen von § 3 Abs. 4 Satz 2 PflegeZG für die Konkretisierung der dringenden betrieblichen Gründe als unbestimmtem Rechtsbegriff auf die zu § 15 BEEG (bzw. § 15 BErzGG) entwickelten Grundsätze zurückgegriffen werden[430]. Dringende betriebliche Gründe liegen daher nur im Ausnahmefall vor, wenn sie der Entsprechung des Teilzeitwunsches als zwingendes Hindernis entgegenstehen[431]. Die Hürden für eine Ablehnung hat die Rechtsprechung in der Vergangenheit hoch gelegt[432]. Der Arbeitgeber hat also zunächst zu prüfen, ob ggf. auch durch Umorganisation dem Teilzeitwunsch des Beschäftigten entsprochen werden kann. Will er geltend machen, dass der Teilzeitwunsch mit der Art der Stelle (Unteilbarkeit) oder einem bereits existierenden Teilzeitmodell im entsprechenden Betrieb oder Unternehmen nicht vereinbar ist, muss er dies ebenfalls konkret darlegen. Insoweit wird die Rechtsprechung auch bei § 3 Abs. 4 PflegeZG, ebenso wie bereits bei § 15 Abs. 7 Satz 1 Nr. 4 BEEG[433] wegen

---

427 Vgl. BAG vom 15.4.2008–9 AZR 380/07 – NZA 2008, 998 für § 15 Abs. 7 BEEG.

428 Vgl. BAG vom 15.4.2008–9 AZR 380/07 – NZA 2008, 998 und BAG vom 15.12.2009–9 AZR 72/09 – NZA 2010, 447 für den insoweit inhaltsgleichen § 15 Abs. 7 Nr. 4 BEEG.

429 Vgl. BR-Drucks. 718/07, S. 222.

430 Vgl. ErfK-*Gallner,* § 3 PflegeZG Rn. 4; *Hexel/Lüders,* NZS 2009, 264, 269.

431 Vgl. nur BAG vom 9 AZR 82/07, BAG vom 18.5.2004–9 AZR 319/03 -

432 Vgl. BAG vom 15.4.2008–9 AZR 380/07 – NZA 2008, 998 und BAG vom 15.12.2009–9 AZR 72/09 – NZA 2010, 447.

433 Vgl. BAG vom 5.6.2007–9 AZR 82/07 – NZA 2007, 1352; ErfK-*Gallner,* § 15 BEEG Rn. 17.

der vergleichbaren Interessenlage auf das bei § 8 TzBfG entwickelte Prüfschema für „betriebliche" Ablehnungsgründe[434] zurückgreifen. Dabei wird zunächst geprüft, ob es ein Organisationsschema gibt, ob dieses durchgeführt wird und ob es die Arbeitszeit bzw. ein bestimmtes Arbeitszeitmodell bedingt. Erst danach erfolgt die Prüfung, ob die gewünschte Teilzeit dem entgegensteht und auf der letzten Stufe erfolgt die Erheblichkeitsprüfung. Das Dringlichkeitserfordernis, das § 8 TzBfG gerade nicht enthält, entfällt dadurch aber nicht. Ob sich ein solcher Aufwand für einen nur maximal sechs Monate andauernden Zustand „lohnt", wird jeder Arbeitgeber vor einer Ablehnung aus organisatorischen Gründen daher wohl zu überlegen haben.

VI. Urlaub

Arbeitnehmer und damit der wohl größte Teil der Gruppe der Beschäftigten im Sinne des § 7 PflegeZG haben einen gesetzlichen Mindesturlaubsanspruch gem. § 3 Abs. 1 BUrlG in Höhe von 24 Werktagen bei einer Sechs-Tage-Woche bzw. 20 Werktagen bei einer Fünf-Tage-Woche, sofern die sechsmonatige Wartezeit (§ 4 BUrlG) erfüllt wurde und kein Fall des Teilurlaubs (§ 5 BUrlG) vorliegt. Nach ständiger Rechtsprechung[435] und der überwiegenden Auffassung in der Literatur[436] entsteht der Urlaubsanspruch unabhängig davon, ob der Arbeitnehmer im Urlaubsjahr gearbeitet hat oder nicht. Der Anspruch ist allein vom Bestand des Arbeitsverhältnisses abhängig. Das gilt auch im ruhenden Arbeitsverhältnis und somit auch während der Inanspruchnahme von Pflegezeit[437]. Dabei ist es unerheblich, ob der Ruhenszeitraum nach Entstehung des Urlaubsanspruchs, in der Regel am Ersten eines Jahres, liegt[438] oder das Arbeitsverhältnis für den gesamten Anspruchszeitraum ruht[439]. Freilich ist dieses Ergebnis nicht unumstritten[440]. Den

---

434 Vgl. BAG vom 18.2.2003-9 AZR 164/02 – NZA 2003, 1392; BAG vom 18.5.2004-9 AZR 319/03 – NZA 2005, 108.

435 Vgl. nur BAG vom 28.1.1982-6 AZR 571/79 – NJW 1982, 1548; BAG vom 18.3.2003-9 AZR 190/02 – AP § 3 BUrlG Rechtsmissbrauch Nr. 17; BAG vom 24.3.2009-9 AZR 983/07 – NZA 2009, 538.

436 Vgl. AR-*Gutzeit*, § 4 BUrlG Rn. 2; ErfK-*Gallner*, § 1 BUrlG Rn. 14; *Leinemann/Linck*, § 1 Rn. 61 mwN.

437 Siehe oben unter D. IV.

438 Vgl. BAG vom 30.7.1986-8 AZR 475/84 – NZA 1987, 13 für den Fall zweimonatigen Ruhens nach Entstehung des Urlaubsanspruchs.

439 Vgl. BAG vom 7.8.2012-9 AZR 353/10 – NZA 2012, 1216.

440 Gegen eine Entstehung von Urlaubsansprüchen im ruhenden Arbeitsverhältnis etwa LAG Hamm vom 20.3.1984-11 Sa 1864/83 – BB 1984, 1553; LAG Düsseldorf vom 1.10.2010-9 Sa 1541/09 – ArbuR 2011, 128; LAG Köln vom 10.3.2011-3 Sa 1057/10 –

Erwägungen, der gesetzliche Urlaubsanspruch entstehe während eines ruhenden Arbeitsverhältnisses schon gar nicht, kann jedoch nicht gefolgt werden. Schon der Wortlaut der gesetzlichen Kürzungsregeln etwa in den §§ 17 Abs. 1 BEEG, 4 Abs. 1 ArbPlSchG und 4 Abs. 4 PflegeZG spricht dafür, dass der Urlaubsanspruch nach Erfüllung der Wartezeit nur vom Bestand des Arbeitsverhältnisses abhängt und ein Ruhen des Arbeitsverhältnisses unbeachtlich ist. Nur ein Urlaubsanspruch der bereits entstanden ist, kann überhaupt gekürzt werden[441]. Das hat auch das BAG jedenfalls für den Fall der Elternzeit ausdrücklich festgestellt[442]. Der Gesetzgeber ist also erkennbar von einer Entstehung des Urlaubsanspruchs auch in einem ruhenden Arbeitsverhältnis ausgegangen. Dem BAG[443] ist daher im Ergebnis zuzustimmen.

1. Kürzung von Urlaubsansprüchen

Kürzungen des (gesetzlichen Mindest-)Urlaubs können wegen dessen Unabdingbarkeit gem. § 13 BUrlG vom Arbeitgeber nur in den gesetzlich geregelten Fällen vorgenommen werden. Solche Regelungen gibt es für die Zeit ruhender Arbeitsverhältnisse etwa für die Elternzeit (§ 17 Abs. 1 BEEG), die Wehrpflicht bzw. Zivildienst (§ 4 Abs. 1 ArbPlSchG bzw. § 78 ZDG)[444] und seit dem 1.1.2015 auch für die Pflegezeit (§ 4 Abs. 4 PflegeZG)[445].

Der Arbeitgeber kann gem. § 4 Abs. 4 PflegeZG den einem Pflegezeit in Anspruch nehmenden Beschäftigten zustehenden Erholungsurlaub für jeden vollen Kalendermonat vollständiger Freistellung um ein Zwölftel kürzen. Die Regelung entspricht der des § 17 Abs. 1 BEEG[446]. Inhaltliche Änderungen bestehen daher

---

ZTR 2011, 689; LAG München vom 26.5.2011-4 Sa 66/11; LAG Baden-Württemberg vom 9.6.2011-6 Sa 109/10; LAG Düsseldorf vom 19.1.2012-15 Sa 380/11 - ZTR 2012, 283 ff.; *Fieberg*, NZA 2009, 929 ff.

441 A.A. *Bürger*, ZTR 2011, 707, 713, der die Urlaubsgewährung nicht als Nebenpflicht sondern Hauptpflicht charakterisiert und konsequent die Kürzungsregelungen als deklaratorisch einstuft.

442 BAG vom 17.5.2011-9 AZR 197/10 - DB 2012, 182 mit Hinweis auf BAG vom 30.7.1986-8 AZR 475/84 - NZA 1987, 13.

443 Vgl. BAG vom 7.8.2012-9 AZR 353/10 - NZA 2012, 1216.

444 Die allgemeine Wehrpflicht wurde durch das Gesetz zur Änderung wehrrechtlicher Vorschriften 2011 vom 28.4.2011, BGBl. I, S. 678 mit Wirkung zum 1.7.2011 ausgesetzt aber nicht abgeschafft.

445 Mit dem Gesetz zur besseren Vereinbarkeit von Familie, Pflege und Beruf vom 23.12.2014, BGBl. I 2014, S. 2462 wurde § 4 PflegeZG mit Wirkung zum 1.1.2015 um Absatz 4 ergänzt.

446 Vgl. *Kossens*, § 4 PflegeZG Rn. 36; ErfK-*Gallner*, § 4 PflegeZG Rn. 4.

nicht. Der Arbeitgeber kann den Urlaub kürzen, er muss es freilich nicht[447]. Will er die Kürzungsmöglichkeit in Anspruch nehmen, muss er dies gegenüber dem Beschäftigten erklären. Auf einen bestimmten Zeitpunkt kommt es dabei nicht an. Eine konkludente Erklärung ist ausreichen.

Die Kürzungsmöglichkeit besteht nur bei vollständiger Freistellung, also nicht anlässlich von Pflegeteilzeit. Sie erfasst den gesamten Urlaubsanspruch, sowohl den gesetzlichen Mindesturlaub als auch etwaige darüber hinausgehende individualvertraglich oder tarifvertraglich gewährte Ansprüche[448].

Die Kürzungsmöglichkeit besteht allerdings nur in Fällen „echter" Pflegezeit gem. § 3 Abs. 1 PflegeZG. Gegenüber Kleinarbeitgebern besteht für den Beschäftigten kein Anspruch auf Pflegezeit. Somit kann ein solcher durch den Arbeitgeber auch nicht erfüllt werden. Gleichwohl können Arbeitgeber und Beschäftigter eine Pflegezeit individualvertraglich vereinbaren. Dass der Gesetzgeber dies ausdrücklich für möglich hält, lässt sich § 3 Abs. 1 Satz 2 FPfZG, der eine finanzielle Förderung auch dann vorschreibt, wenn eine entsprechende Individualvereinbarung vorliegt. In diesen Fällen ist § 4 Abs. 4 PflegeZG nicht anwendbar. Vereinbart werden kann die Kürzung wegen der Unabdingbarkeit des Urlaubsanspruchs gem. § 13 BurlG aber ebenfalls nicht[449]. Das ist hinsichtlich des Gesetzeszweckes unbefriedigend. Kleinarbeitgeber werden kaum gewillt sein, Pflegezeit auf freiwilliger Basis zu gewähren, wenn Sie obendrein – anders als der verpflichtete Arbeitgeber – keine Möglichkeit haben, den Erholungsurlaub zu kürzen. Dies ließe sich de lege ferenda durch eine Aufnahme einer § 3 Abs. 1 Satz 2 FPfZG entsprechenden Regelung in § 4 Abs. 3 PflegeZG ändern.

2. Übertragung und Erlöschen

Im Übrigen gelten die allgemeinen urlaubsrechtlichen Vorschriften. So kann wegen einer Pflegezeit nicht in Anspruch genommener Urlaub gem. § 7 Abs. 3 BUrlG bis zum 31.3. des Folgejahres übertragen werden sofern die Pflegezeit nicht so rechtzeitig vor Ablauf des Urlaubsjahres endet, dass noch bestehender Urlaub in Anspruch genommen werden kann. Insoweit stellt die Pflegezeit einen in der Person des Arbeitnehmers liegenden Grund, der eine Übertragung recht-

447 BAG vom 28.7.1992–9 AZR 340/91 – NZA 1994, 27, 28.

448 Vgl. BeckOK/ArbR-*Schrader*, § 17 BEEG Rn. 3.

449 A.A. *Kossens*, § 4 PflegeZG Rn. 35, der eine Vereinbarung von Anrechungsregelungen für möglich hält.

fertigt, dar[450]. Ansonsten verfällt der Urlaubsanspruch mit Ablauf des Urlaubsjahres am 31.12.[451] Allerdings kann der Arbeitgeber vor Beginn der Pflegezeit dem Arbeitnehmer die Gewährung von Urlaub anbieten und die Übertragung somit regelmäßig zumindest weitgehend verhindern. Anders als die krankheitsbedingte Arbeitsunfähigkeit, kommt die Pflegezeit nicht vollkommen unangekündigt. Schon der gesetzlich vorgeschriebene Ankündigungszeitraum von zehn Arbeitstagen (§ 3 Abs. 3 PflegeZG) umfasst in der Regel den halben Mindesturlaubsanspruch. Wird die Pflegezeit früher angekündigt, etwa um in den Genuss des Sonderkündigungsschutzes zu gelangen, kann der Urlaub vor Beginn der Pflegezeit gewährt werden. Nur soweit das nicht möglich ist, findet eine Übertragung überhaupt statt[452]. Nach Ablauf des Übertragungszeitraums verfallen Restansprüche grundsätzlich gem. § 7 Abs. 3 BUrlG[453].

Von Interesse sind daher die Fälle, in denen die Pflegezeit erst nach Ablauf des Übertragungszeitraums, z. B. zum 30.5. des Folgejahres endet. Der Urlaubsanspruch aus dem Vorjahr kann in diesem Fall maximal um einen vollen Monat gem. § 4 Abs. 4 PflegeZG gekürzt werden. Es besteht daher zumindest die Möglichkeit, dass weitere übertragbare Restansprüche bestehen. Bis zur Schultz-Hoff-Entscheidung[454] des EuGH hätte das BAG wohl, wie in seiner über fünfundzwanzigjährigen ständigen Rechtsprechung zur langfristigen krankheitsbedingten Arbeitsunfähigkeit[455], in jedem Fall einen Untergang übertragener Urlaubsansprüche spätestens nach Ablauf des Übertragungszeitraums am 31.3. weiter vertreten.

Im Jahr 2009 hat der EuGH in der Schultz-Hoff-Entscheidung allerdings ausgeführt, dass der gesetzliche Mindesturlaubsanspruch wegen Art. 7 der Arbeitszeitrichtlinie 2003/88/EG nicht mit Ablauf des Übertragungszeitraums erlöschen dürfe, wenn der Arbeitnehmer aus krankheitsbedingten Gründen den Urlaub nicht nehmen durfte. Ob ein Verfall auch unzulässig ist, wenn der Arbeitnehmer aus anderen Gründen den Urlaub nicht nehmen durfte, hat der EuGH hingegen

450 Vgl. AR-*Gutzeit*, § 7 BUrlG Rn. 33 zur Erkrankung naher Angehöriger als persönlichem Grund.

451 Vgl. AR-*Gutzeit*, § 7 BUrlG Rn. 29; HWK-*Schinz*, § 7 BurlG Rn. 70 ff.; BeckOK/ArbR-*Lampe*, § 7 BUrlG Rn. 18.

452 Vgl. BAG vom 24.11.1992–9 AZR 549/91 – NZA 1993, 472; AnwK/ArbR-*Düwell*, § 7 Rn. 112 ff.; ErfK-*Gallner*, § 7 BUrlG Rn. 62.

453 Vgl. AR-*Gutzeit*, § 7 BUrlG Rn. 36. BeckOK/ArbR-*Lampe*, § 7 BUrlG Rn. 19.

454 EuGH vom 20.1.2009 – RS. C-350/06, Schultz-Hoff/Deutsche Rentenversicherung Bund – NZA 2009, 135.

455 Vgl. nur BAG vom 7.12.1993–9 AZR 683/92 – NZA 1994, 802.

nicht ausdrücklich entschieden. Ausdrücklich steht nach Auffassung der EuGH Art. 7 Abs. 1 der Arbeitszeitrichtlinie einer nationalen Regelung, die sogar den Verlust des Anspruchs auf Jahresurlaub am Ende eines Bezugszeitraums vorsieht, nicht entgegen, sofern der Arbeitnehmer tatsächlich die Möglichkeit hatte, den Urlaubsanspruch auszuüben[456]. Dabei legt der EuGH seiner Auslegung der Richtlinie zugrunde, dass diese „ausweislich ihres sechsten Erwägungsgrundes[457] den Grundsätzen der Internationalen Arbeitsorganisation hinsichtlich der Arbeitszeitgestaltung Rechnung getragen hat". In Art. 5 IV des Übereinkommens Nr. 132 der Internationalen Arbeitsorganisation vom 24.6.1970 heißt es jedoch, dass für den bezahlten Jahresurlaub „Arbeitsversäumnisse aus Gründen, die unabhängig vom Willen des beteiligten Arbeitnehmers bestehen, wie z. B. Krankheit, als Dienstzeit anzurechnen sind". Daraus lässt sich der Schluss ziehen, dass sich die Schultz-Hoff-Entscheidung des EuGH über die Unverfallbarkeit des gesetzlichen Urlaubsanspruchs im Krankheitsfall jedenfalls nicht auf Sachverhalte übertragen lässt, in denen das Arbeitsversäumnis abhängig vom Willen des Arbeitnehmers eingetreten ist. Dies wird besonders deutlich, wenn man berücksichtigt, dass der EuGH in seiner Entscheidung zur zweiten Frage der Vorlageentscheidung des LAG Düsseldorf[458], nämlich zur Frage des Verfalls des Urlaubsabgeltungsanspruchs, ausdrücklich auf die vom Willen des Arbeitnehmers unabhängigen Gründe für die Inanspruchnahme des Jahresurlaubs abstellt.

Somit hängt die Frage, ob wegen Pflegezeit übertragener Urlaub am Ende des Übertragungszeitraums europarechtskonform überhaupt verfallen kann wenn die Pflegezeit über das Ende des Übertragungszeitraums hinaus andauert, davon ab, ob man die Pflegezeit und die daraus resultierende fehlende Inanspruchnahmemöglichkeit nicht der Kürzungsmöglichkeit des § 4 Abs. 4 PflegeZG unterliegenden Urlaubs[459] als einen vom Willen des Arbeitnehmer unabhängigen Grund betrachtet. Auf den ersten Blick scheint die Antwort klar: anders als bei Krankheit kann der Arbeitnehmer selbst entscheiden, ob er Pflegezeit in Anspruch nimmt oder nicht. Es handelt sich um ein Gestaltungsrecht, welches der Arbeitnehmer

---

456 EuGH vom 20.1.2009 – Rs. C-350/06, Schultz-Hoff/Deutsche Rentenversicherung Bund - NZA 2009, 135, 137.

457 Vgl. Richtlinie 2003/88/EG vom 4.11.2003, Abl. L 299 vom 18.11.2003.

458 LAG Düsseldorf vom 2.8.2006–12 Sa 486/06 – NZA-RR 2006, 628.

459 Beginnt eine volle Pflegezeit am 1.12. eines Jahres, dauert sie bis zum 30.5 des Folgejahres. Der Urlaubsanspruch des ersten Jahres ist in diesem Fall nur um 1/12 kürzbar. Es könnten also Restansprüche bestehen, die der Beschäftigte z. B. ursprünglich plante, im Dezember zu stellen.

ausdrücklich ausüben muss[460]. Für die Elternzeit hat das LAG Niedersachsen[461] mit genau dieser Begründung, die Klägerin habe sich letztlich selbst willentlich für eine Inanspruchnahme von Elternzeit entschieden, die grundsätzlich Vereinbarkeit der Kürzungsregelung des § 17 BEEG mit Art. 7 der Arbeitszeitrichtlinie begründet.

Freilich ist diese Argumentation mit der freien Entscheidung des Arbeitnehmers formal. Möglicherweise gibt es moralische oder ähnliche Zwänge, die dem Arbeitnehmer keine Wahl lassen, Elternzeit, Pflegezeit oder eine andere Form eines ruhenden Arbeitsverhältnisses in Anspruch nehmen zu müssen. Der Einwand von *Boemke*[462], das Bundesverfassungsgericht habe im Rahmen seiner Bürgschaftsentscheidungen[463] faktische Zwänge, die rechtlichen Hindernissen gleichgestellt sind, ausdrücklich anerkannt, ist daher nachvollziehbar[464]. Im Ergebnis überzeugt das jedoch nicht. Die Ausübung eines Gestaltungsrechts, das zu einem Ruhen des Arbeitsverhältnisses führt, kann nur als willentliches Verhalten angesehen werden. Eine Vergleichbarkeit von Pflegezeit und Krankheit besteht nicht. So hält auch das LAG Baden-Württemberg grundsätzlich die Befristungsregel des § 7 Abs. 3 Satz 3 BUrlG bezüglich des Urlaubsanspruchs aus einem ruhenden Arbeitsverhältnis für anwendbar, wenn dieses vom Arbeitnehmer bewusst und gewollt herbeigeführt wurde[465].

Im Ergebnis verfallen wegen der Inanspruchnahme von Pflegezeit übertragene Urlaubsansprüche spätestens mit Ablauf des Übertragungszeitraums am 31.3. des

---

460 Siehe oben unter D. I. 4. b).

461 LAG Niedersachsen vom 16.11.2010–3 Sa 1288/10.

462 Anmerkung zu LAG Niedersachsen vom 16.11.2010–3 Sa 1288/10 – jurisPR-ArbR 16/2011 Anm. 3.

463 Beschluss vom 19.10.1993–1 BvR 567/89, 1 BvR 1044/89 – BVerfGE 89, 214 = NJW 1994, 36.

464 So wohl auch ErfK-*Gallner*, § 4 PflegeZG Rn. 4, die zwar einen willentlichen Akt des Beschäftigten einräumt aber eine Beeinträchtigung bei der Freiheit seines Entschlusses sieht und damit zu einer Übertragbarkeit von 15 Monaten ab Ende des Urlaubsjahres wie bei Langzeiterkrankten kommt.

465 Vgl. LAG Baden-Württemberg vom 21.12.2011–10 Sa 19/11 unter II. 2. der Gründe (Rn. 33), wobei das LAG im konkreten Fall einen Verfall nach Ablauf des Übertragungszeitraums ablehnte, weil die Ursache für das ruhende Arbeitsverhältnis eine Erkrankung des Arbeitnehmers war, die unstreitig auch während des gesamten Ruhenszeitraums fortbestand. Die Verpflichtung der nationalen Gerichte die volle Wirkung des Unionsrechts sicherzustellen, verpflichte in diesem besonderen Fall dazu als Ursache für die fehlende Möglichkeit der Urlaubsanspruchsausübung nicht das ruhende Arbeitsverhältnis, sondern die Arbeitsunfähigkeit heranzuziehen.

Folgejahres auch dann, wenn die Pflegezeit erst nach diesem Datum endet. Für eine weitere Übertragung, etwa bis zum Ende des Urlaubsjahres (31.12.) in das das Ende der Pflegezeit fällt, fehlen die entsprechenden gesetzlichen Regelungen. Der Gesetzgeber hat auf eine über § 7 Abs. 3 Satz 3 BUrlG hinausgehende Übertragungsregelung, wie es sie etwa für die Elternzeit in § 17 Abs. 2 BEEG ausdrücklich gibt, verzichtet. Diesem Ergebnis steht auch die Rechtsprechung des EuGH nicht entgegen, weil es eben einen Unterschied macht, ob der Arbeitnehmer am Urlaubsantritt wegen eigener Krankheit unwillentlich oder wegen einer Pflegezeit willentlich gehindert ist[466].

Folgt man dem nicht, so wären aber zumindest dieselben Maßstäbe wie bei langzeiterkrankten Arbeitnehmern anzuwenden. Für diese hat der EuGH im November 2011 seine Ausführungen aus der Schultz-Hoff-Entscheidung wieder eingeschränkt, in eigenen Worten „nuanciert"[467]. Auch bei Langzeiterkrankung bleiben Urlaubsansprüche nicht unbeschränkt bestehen und summieren sich auf, sondern sie verfallen entsprechend Art. 9 Abs. 1 des Übereinkommens Nr. 132 der Internationalen Arbeitsorganisation vom 24.6.1970 spätestens 18 Monate nach Ablauf des Jahres, in dem sie entstanden sind. Tarifverträge können kürzere Fristen festlegen. Ein tariflich angeordneter Verfall 15 Monate nach Ablauf des Urlaubsjahres ist jedenfalls europarechtskonform. Das LAG Hamm hat als erstes diese Rechtsprechung des EuGH umgesetzt[468]. Das BAG ließ nicht lange auf sich warten[469]. Zwar folgte das BAG dem EuGH hinsichtlich der Argumentation mit Art. 9 Abs. 1 des Übereinkommens Nr. 132 der Internationalen Arbeitsorganisation vom 24.6.1970 nicht, sah sich aber bei der Auslegung von Art. 7 der Arbeitszeitrichtlinie durch den EuGH an dessen Feststellung, dass der Übertragungszeitraum deutlich länger als zwölf Monate sein müsse, durch Art. 23 GG und Art. 267 AEUV gebunden. Urlaubsansprüche, die aus gesundheitlichen Gründen nicht erfüllt werden können, verfallen mit Ablauf von 15 Monaten nach Ablauf des Urlaubsjahres, mithin am 31. März des zweiten Jahres nach dem ursprünglichen Urlaubsjahr[470]. Sofern man in Fällen der Pflegezeit einen Verfall von Resturlaubsansprüchen am Ende des

466 A.A. *von Steinau-Steinrück/Mosch*, NJW-Spezial 2010, 178, 179.
467 Vgl. EuGH vom 22.11.2011 – Rs. C-214/10, KHS AG/Schulte – NZA 2011, 1333.
468 Vgl. LAG Hamm vom 12.1.2012–16 Sa 1352/11 – EzA-SD 2012, Nr. 5; LAG Hamm vom 22.3.2012–16 Sa 1176/09.
469 BAG vom 7.8.2012–9 AZR 353/10 – NZA 2012, 1216.
470 BAG vom 7.8.2012–9 AZR 353/10 – NZA 2012, 1216.

Übertragungszeitraums ablehnt, sind jedenfalls diese 15 Monate ab Ende des Urlaubsjahres die Höchstgrenze[471].

3. Vereinbarkeit von § 4 Abs. 4 PflegeZG mit Art. 7 2003/88/EG

Als Folge der Entscheidungen des EuGH zum Verfall von Urlaubsansprüchen stellt sich auch die Frage, ob die Kürzungsregelung des § 4 Abs. 4 PflegeZG selbst mit europäischem Recht, konkret Artikel 7 der Arbeitszeitrichtlinie 2003/88/EG vereinbar ist. Die Kürzungsregelung des § 26 Abs. 2 Buchstabe c) TVöD hat das BAG 2012 bereits als teilweise unwirksam erklärt[472]. Soweit die Kürzung auch Ansprüche von Arbeitnehmern erfasst, die aus gesundheitlichen Gründen ihre Arbeitsleistung nicht erbracht haben, verstößt die Kürzungsregelung unter Berücksichtigung des Unionsrechts gegen § 13 Abs. 1 Satz 1 BUrlG. § 4 Abs. 4 PflegeZG hingegen erfasst die Ansprüche erkrankter Arbeitnehmer nicht. Im Übrigen wird man § 4 Abs. 4 PflegeZG ebenso wie § 17 BEEG[473] als eine erforderliche Maßnahme für die Inanspruchnahme des Mindesturlaubs im Sinne von Art. 7 Abs. 1 der Arbeitszeitrichtlinie 2003/88/EG verstehen können. Der EuGH hat in seinen Entscheidungen weiterhin stets den Umstand herausgestellt, dass es um den Verlust von Urlaubsansprüchen geht, die vom Willen des Arbeitnehmers unabhängig sind. Auch das ist in den Fällen der Pflegezeit nicht der Fall. Der Beschäftigte muss sich willentlich für Pflegezeit entscheiden[474]. Die Kürzungsregelung des § 4 Abs. 4 PflegeZG verstößt somit nicht gegen die Arbeitszeitrichtlinie 2003/88/EG[475].

---

471 So im Ergebnis auch ErfK-*Gallner*, § 4 PflegeZG Rn. 4.

472 BAG vom 18.9.2012–9 AZR 623/10 – n.V.; BAG vom 7.8.2012–9 AZR 353/10 – NZA 2012, 1216.

473 Vgl. ErfK-*Gallner*, § 17 BEEG Rn. 2; LAG Niedersachsen vom 29.3.2012–5 Sa 140/12; LAG Niedersachsen vom 16.11.2010–3 Sa 1288/10.

474 Siehe oben unter D.VI.2; so auch das LAG Niedersachsen vom 16.11.2010–3 Sa 1288/10 für die Inanspruchnahme von Elternzeit.

475 Zum gleichen Ergebnis hinsichtlich § 17 BEEG kommen LAG Hamm vom 27.6.2013–16 Sa 51/13; LAG Hessen vom 6.12.2013–3 Sa 980/12; LAG Rheinland-Pfalz vom 16.1.2014–5 Sa 180/13, die sich aber alle auch auf § 2 Nr. 6 der Rahmenvereinbarung zum Elternurlaub der Richtlinie 96/34/EG bzw. § 5 Nr. 2 der Nachfolgerregelung der Rahmenvereinbarung zum Elternurlaub der Richtlinie 2010/18/EU berufen, was für § 4 Abs. 4 PflegeZG nicht möglich ist.

VII. Befristete Arbeitsverhältnisse für Ersatzpersonal

Arbeitgeber, deren Beschäftigte Pflegezeit in Anspruch nehmen und für bis zu sechs Monate der Arbeit fernbleiben, müssen regelmäßig den Ausfall der Arbeitsleitung durch Umorganisation kompensieren. Neben Mehrarbeit durch die übrigen Beschäftigten des betroffenen Betriebs bzw. Unternehmens kommt auch der Einsatz von Ersatzpersonal in Betracht. Einfachster Weg ist dabei die Leiharbeit, kann doch der Arbeitgeber den Leihvertrag mit dem Entleiher ohne arbeitsrechtliche Schwierigkeiten regelmäßig auch kurzfristig kündigen, wenn die eingekaufte Arbeitskraft nicht mehr benötigt wird.

Als Alternative bleibt dem Arbeitgeber aber auch die Einstellung von eigenem Personal. Realistisch ist das nur für die Fälle von Pflegezeit. In Fällen der kurzzeitigen Arbeitsverhinderung, die auf einen maximalen Zeitraum von zehn Arbeitstagen zeitlich begrenzt sind, erscheint die Einstellung von zusätzlichem Personal, abgesehen von Leiharbeitnehmern, aufgrund des damit verbundenen Zeitaufwands in der Regel nicht praktikabel, sie ist aber möglich.

1. Befristungsgrund

Wird nur eine Vertretung für die Dauer der Pflegezeit eines regulären Beschäftigten benötigt, wird der Arbeitgeber regelmäßig das Arbeitsverhältnis mit der Vertretungskraft befristen. Neben einer sachgrundlosen Befristung, die allerdings den Beschränkungen des § 14 Abs. 2 TzBfG unterliegt, kommt auch eine Befristung mit Sachgrund gem. § 14 Abs. 1 Satz 1 TzBfG in Betracht. Der Gesetzgeber hat als solchen Sachgrund ausdrücklich die Vertretung eines Pflegezeit oder Freistellung wegen kurzzeitiger Arbeitsverhinderung in Anspruch nehmenden Beschäftigten in § 6 Abs. 1 PflegeZG normiert und sich dabei an der Regelung des § 21 BEEG für die Elternzeit orientiert. Notwendig war die Schaffung eines ausdrücklichen Sachgrundes freilich nicht. Schon das TzBfG kennt den Sachgrund der Vertretung eines anderen Arbeitnehmers für ein befristetes Arbeitsverhältnis in § 14 Abs. 1 Satz 2 Nr. 3. Bereits hierauf ließen sich befristete Arbeitsverhältnisse während der Pflegezeit begründet stützen. Ausdrücklich geht der Wortlaut des § 6 Abs. 1 Satz 2 PflegeZG jedoch noch über § 14 Abs. 1 Satz 2 Nr. 3 TzBfG hinaus, indem auch Einarbeitungszeiten, die über die reine Vertretungszeit (= Zeitraum der Pflegezeit) hinausgehen, vom Sachgrund ausdrücklich mit umfasst sind und eine entsprechend längere Befristung rechtfertigen. Gleichwohl ist auch das nicht neu. Auch bei Befristungen gem. § 14 Abs. 1 Satz 2 Nr. 3 TzBfG, der freilich Einarbeitungszeiten nicht ausdrücklich nennt, sind diese aber, wenn auch nicht unumstritten[476], anerkannt[477], solange die gesamte Befristungsdauer die eigentliche Vertretungszeit nicht wesentlich überschreitet[478]. Der Sachgrund muss grundsätzlich nur die Befristung selbst, nicht aber deren Dauer rechtfertigen[479]. Wie lang eine Einarbeitungszeit im Sinne des § 6 Abs. 1 Satz 2 PflegeZG sein darf, hat der Gesetzgeber offen gelassen. Auch die Patenvorschrift des § 21 Abs. 2 BEEG enthält eine solche Angabe nicht. Für die Bestimmung einer zulässigen Dauer der Einarbeitungszeit kann es sinnvollerweise nur auf die tatsächlichen Umstände des Einzelfalls ankommen. Die Einarbeitungszeit hängt nämlich nicht nur von den individuellen Fähigkeiten des Ersatzarbeitnehmers, sondern auch von der Komplexität der durch diesen auszuübenden (Vertretungs-)Tätigkeit ab. Die maximal zulässige Einarbeitungszeit an der maximalen Vertretungszeit selbst festzumachen und sie deutlich darunter anzusetzen[480] erscheint hingegen recht willkürlich und ist in der Sache nicht hilfreich. Selbst wenn die Einarbeitungszeit einen zur Vertretungszeit verhältnismäßig langen Zeitraum umfasst, bleibt es letztlich aufgrund der damit verbundenen Kosten, die durch eine lange Einarbeitungszeit entstehen, eine wirtschaftliche Frage, ob der Arbeitgeber sich dies leisten möchte, um den durch Pflegezeit anfallenden Arbeitsausfall zu kompensieren, und keine rechtliche Frage, ob das zulässig ist. Die Befristung der Pflegezeit und damit auch der wegen einer Inanspruchnahme erforderlichen Vertretungsdauer auf im Verhältnis zur Elternzeit „nur“ sechs Monate kann nicht die Folge haben, dass Arbeitgeber, deren Beschäftigte hochkomplexe Aufgaben ausgeführt haben, diese allein wegen einer langen Einarbeitungszeit[481] nicht vertreten lassen können. Sofern die Einarbeitungszeit für die zu übernehmende Vertretungsaufgabe objektiv erforderlich ist, kommt es daher nicht auf deren Länge an und die Befristung kann entsprechend über die eigentliche Vertretungszeit hinaus vereinbart werden. Wichtig hingegen ist, dass die Gesamtdauer der Befristung kalendermäßig bestimmt oder

476 KR-*Lipke,* § 14 TzBfG Rn. 142; *Preis/Gotthardt,* DB 2000, 2071.

477 Vgl. APS-*Backhaus,* § 14 TzBfG Rn. 341; ErfK-*Müller-Glöge,* § 14 TzBfG Rn. 36.

478 Meinel/Heyn/Herms-*Meinel,* § 14 Rn. 35 mit Hinweis auf BAG vom 29.7.2009–7 AZR 907/07 – AP TzBfG § 14 Nr. 65.

479 So schon bei Einführung des TzBfG im Jahre 2001 *Hromadka,* BB 2001, 620, 622.

480 So aber *Kossens,* § 6 PflegeZG Rn. 15 ff. der wegen der maximal sechs Monate dauernden Pflegezeit, Einarbeitungszeiten auf einen Monat begrenzen will. ErfK-*Gallner,* § 6 Rn. 1 will die Einarbeitungszeit auf zehn Tage bei Vertretung wegen Freistellung gem. § 2 PflegeZG bzw. sechs Monate bei Vertretung wegen Freistellung gem. § 3 PflegeZG begrenzen.

481 Vgl. KR-*Lipke,* § 14 TzBfG Rn. 15, der Einarbeitungszeiten von sechs Wochen für nicht ungewöhnlich hält.

bestimmbar ist oder aus dem angegeben Zweck – Vertretung während Pflegezeit oder Freistellung wegen kurzeitiger Arbeitsverhinderung gem. § 6 Abs. 1 PflegeZG – zu entnehmen ist.

2. Sonderkündigungsrecht

Flankierend zum Befristungsgrund hat der Gesetzgeber ein Sonderkündigungsrecht geschaffen. Grundsätzlich ist ein befristetes Arbeitsverhältnis überhaupt nur dann vor Ablauf der Befristung ordentlich kündbar, wenn die ordentliche Kündbarkeit ausdrücklich vereinbart wurde, § 15 Abs. 3 TzBfG. Dann gelten allerdings die üblichen Kündigungsfristen des § 622 BGB, also mindestens vier Wochen zum Fünfzehnten oder zum Ende eines Kalendermonats bzw. etwaige davon abweichende tarifliche Fristen. Ein wegen des Sachgrundes der Vertretung für eine Pflegezeit in Anspruch nehmende Person befristetes Arbeitsverhältnis kann der Arbeitgeber bei einer vorzeitigen Beendigung der Pflegezeit (§ 4 Abs. 2 PflegeZG) hingegen gem. § 6 Abs. 3 PflegeZG mit einer Frist von zwei Wochen und damit deutlich früher kündigen, als dies ohne diese Regelung möglich wäre. Die Gefahr, dass die befristet beschäftigte Person allgemeinen Kündigungsschutz erreicht[482] besteht nicht. Die Pflegezeit ist auf maximal sechs Monate befristet und damit schon nicht lang genug, um die Wartezeit des § 1 KSchG zu erfüllen. Im Übrigen ist das KSchG in den Fällen des Sonderkündigungsrechts wegen vorzeitiger Beendigung der Pflegezeit ausdrücklich nicht anwendbar. Allerdings ist das Sonderkündigungsrecht disponibel und kann bei Abschluss des befristeten Vertrages ausgeschlossen werden.

3. Anwendung der Vorschriften des TzBfG

Zu beachten ist weiterhin, dass § 6 Abs. 1 PflegeZG nur den Sachgrund der Befristung selbst sowie das Sonderkündigungsrecht liefert, sich die Befristung im Übrigen aber nach den allgemeinen Vorschriften des TzBfG richtet. So ist auch bei befristeten Arbeitsverhältnissen zur Vertretung einer Pflegeperson selbstverständlich die Befristungsabrede gem. § 14 Abs. 4 TzBfG schriftlich zu treffen, anderenfalls ist die Befristungsabrede unwirksam und das Arbeitsverhältnis unbefristet geschlossen.

Die Sachgrundregelung des § 6 Abs. 1 PflegeZG ist ebenso wie die des § 21 BEEG keine speziellere Norm im Verhältnis zu § 14 Abs. 1 Satz 2 Nr. 3 TzBFG.

---

482 Auch befristet beschäftigte Arbeitnehmer können vor Ablauf der Befristung und für die Restdauer des Vertrages allgemeinen gesetzlichen Kündigungsschutz erwerben, vgl. KR-*Lipke* § 15 TzBfG Rn. 21.

Vielmehr konkretisiert sie ebenso wie § 21 BEEG[483] den bereits in § 14 Abs. 1 Satz 2 Nr. 3 TzBfG normierten Sachgrund. Sie steht somit neben § 14 Abs. 1 Satz 2 Nr. 3 TzBfG und verdrängt diesen nicht[484]. Da § 6 Abs. 1 PflegeZG allerdings die Befristung zur Vertretung eines Beschäftigten im Sinne des PflegeZG gestattet[485], geht er hinsichtlich des Anwendungsbereichs über den des § 14 Abs. 1 Satz 2 Nr. 3 TzBfG, der nur die Vertretung eines Arbeitnehmers gestattet, hinaus.

483 Vgl. BAG vom 29.4.2015–7 AZR 310/13 – NZA 2015, 928; BAG vom 17.11.201–7 AZR 443/09 – NZA 2012, 1351; ErfK-*Müller-Glöge* § 21 BEEG, Rn. 2.

484 Vgl. ErfK-*Gallner*, § 6 PflegeZG Rn. 1.

485 Zum Begriff siehe oben unter B.I.

E. Kündigungsschutz

Um die Inanspruchnahme der durch das Pflegezeitgesetz geschaffenen Instrumente nicht durch Ängste vor dem Verlust des Arbeitsplatzes zu hemmen, hat der Gesetzgeber in § 5 PflegeZG einen umfassenden Sonderkündigungsschutz für die betroffenen Beschäftigten installiert.

I. Umfang des Kündigungsschutzes

§ 5 Abs. 1 PflegeZG verbietet Kündigungen durch den Arbeitgeber vom Zeitpunkt der Ankündigung bis zur Beendigung der kurzzeitigen Arbeitsverhinderung gem. § 2 PflegeZG oder der Pflegezeit gem. § 3 PflegeZG. Erfasst sind damit Kündigungen jeglicher Art, also sowohl außerordentliche als auch ordentliche, letztere auch in jeder möglichen Ausgestaltung als verhaltens-, personen- oder betriebsbedingte Kündigung, als Änderungskündigung oder auch die Kündigung durch den Insolvenzverwalter nach den Vorschriften der InsO. Eine trotz des Verbots ausgesprochene Kündigung ist gem. § 134 BGB in Verbindung mit § 5 PflegeZG nichtig. Der relevante Zeitpunkt ist dabei der Zugang der Kündigung beim Beschäftigten, nicht der Zeitpunkt zu dem das Beschäftigungsverhältnis enden soll. Kündigt ein Beschäftigter nach Zugang einer Kündigung in zulässiger Weise Pflegezeit an und liegt der Beendigungszeitpunkt innerhalb des beantragten Zeitraums, so wirkt sich die später beantragte Pflegezeit auf die Wirksamkeit der Kündigung nicht aus.

Nicht untersagt allerdings ist die Kündigung durch den Beschäftigten selbst. Dieser kann jederzeit das Arbeitsverhältnis unter Wahrung der jeweils geltenden Kündigungsfristen kündigen. Ebenfalls vom Kündigungsverbot nicht erfasst, sind sämtliche andere Arten der Beendigung des Beschäftigungsverhältnisses. Zulässig bleiben daher die einvernehmliche Beendigung mittels Aufhebungsvertrages oder die Anfechtung der auf Vertragsabschluss gerichteten Willenserklärung gem. §§ 119 ff. BGB.

II. Voraussetzungen

Der durch § 5 PflegeZG gewährte Kündigungsschutz besteht nur, wenn jeweils auch die Voraussetzungen der §§ 2 oder 3 PflegeZG vorliegen, mithin ein Leistungsverweigerungsrecht wegen einer akuten Pflegesituation bei einem pflegebedürftigen nahen Angehörigen eingetreten ist, die das Fernbleiben des

Beschäftigten erforderlich macht bzw. ein Anspruch auf Pflegezeit überhaupt besteht.

Kündigungsschutz besteht gem. § 5 Abs. 1 PflegeZG bereits ab der Ankündigung und Pflegezeit muss gem. § 3 Abs. 3 Satz 1 PflegeZG mindestens zehn Arbeitstage vor Beginn dem Arbeitgeber gegenüber schriftlich angekündigt werden. Eine frühere Ankündigung ist freilich möglich. Für den Anspruch reicht es aber aus, wenn die Anspruchsvoraussetzungen zum gewünschten Beginn der Pflegezeit vorliegen, nicht bereits bei Ankündigung. Das ermöglicht theoretisch kündigungsbedrohten Beschäftigten eine Flucht in die Pflege, um zumindest kurzzeitig eine Kündigung zu verhindern. Um dies wirksam zu verhindern, kann Kündigungsschutz nur dann bestehen, wenn bei der Ankündigung feststeht, dass die Voraussetzungen zu Beginn des gewünschten Beginns der Pflegezeit vorliegen werden oder dies zumindest überwiegend wahrscheinlich ist. Reine Vermutungen können nicht ausreichen. Durch die zeitliche Begrenzung des Kündigungsschutzes auf zwölf Wochen, die der Gesetzgeber mit dem Gesetz zur besseren Vereinbarkeit von Familie, Pflege und Beruf vom 23.12.2014[486] zum 1.1.2015 eingeführt hat, ist das Problem allerdings überschaubar, das Missbrauchsrisiko erheblich minimiert worden.

Kündigungsschutz besteht schließlich dann nicht, wenn die Ankündigung unter Missachtung der vorgegebenen Schriftform im Sinne von § 126 BGB erfolgt und damit materiell unwirksam ist[487].

III. Beginn und Dauer des Kündigungsschutzes

Der Kündigungsschutz beginnt gem. § 5 Abs. 1 PflegeZG mit der Ankündigung und endet mit Ablauf bzw. Ende der jeweiligen Freistellung gem. §§ 2 Abs. 1, 4 Abs. 2 PflegeZG oder sofort, sofern die Anspruchsvoraussetzungen noch vor Beginn der Inanspruchnahme von Pflegezeit bzw. kurzzeitiger Arbeitsverhinderung wieder entfallen sind. Mit dem Gesetz zur besseren Vereinbarkeit von Familie, Pflege und Beruf vom 23.12.2014[488] hat der Gesetzgeber mit Wirkung zum 1.1.2015 in § 5 Abs. 1 PflegeZG eine bis dahin fehlende Höchstdauer von zwölf Wochen eingefügt. Dauerkündigungsschutz, wie bis er bis dahin praktisch möglich war, ist damit ausgeschlossen.

486 BGBl. I, S. 2462 ff.

487 Vgl. BAG Urteil vom 26.6.2008–2 AZR 23/07 – NZA 2008, 1241 für einen Verstoß gegen das vergleichbare Schriftformerfordernis des § 16 BEEG; *Burkard-Pötter*, NJW-Spezial 2012, 498, 499.

488 BGBl. I 2014, S. 2462 ff.

1. Kurzzeitige Arbeitsverhinderung (§ 2 PflegeZG)

Etwas ungenau ist der Wortlaut von § 5 PflegeZG, der für den Beginn des Kündigungsschutzes nur auf die Ankündigung abstellt, aber nicht nach kurzzeitiger Arbeitsverhinderung gem. § 2 PflegeZG und echter Pflegezeit gem. § 3 PflegeZG unterscheidet. Anders als für die echte Pflegezeit kennt das PflegeZG für die kurzzeitige Arbeitsverhinderung aber gar keine Ankündigung sondern nur die unverzügliche Mitteilung.

a) Mitteilung = Ankündigung?

Das Wort „Ankündigung" in § 5 Abs. 1 PflegeZG weist auf eine zeitliche Differenz zwischen dieser und dem eigentlichen Beginn der Freistellung hin – im Fall der Pflegezeit sind das mindestens die in § 3 Abs. 3 PflegeZG genannten zehn Arbeitstage. Eine solche zeitliche Differenz ist bei der kurzzeitigen Arbeitsverhinderung aber in der Regel schon wegen der als akut verlangten Pflegesituation gar nicht möglich, jedenfalls nicht in diesem Ausmaß. So verlangt auch das Gesetz in § 2 Abs. 2 PflegeZG keine vorherige Ankündigung der kurzzeitigen Arbeitsverhinderung, sondern nur eine unverzügliche Mitteilung. Diese wiederum ist aber keine Voraussetzung für die Inanspruchnahme der in § 2 PflegeZG normierten Rechte, sondern nur eine Obliegenheit des Beschäftigten[489]. Die Mitteilung hat zwar unverzüglich, also ohne schuldhaftes Zögern (§ 121 Abs. 1 BGB) zu erfolgen, das kann aber situationsbedingt auch (erst) nach Beginn der Leistungsverweigerung (noch) der Fall sein. Ob daher die Mitteilung gem. § 2 Abs. 2 PflegeZG der geeignete Anknüpfungspunkt für den Beginn des Kündigungsschutz sein kann, ist zumindest nicht eindeutig. Der gewährte Kündigungsschutz soll die Inanspruchnahme des Leistungsverweigerungsrechts zum Schutz des Beschäftigten begleiten. Damit müsste er grundsätzlich in dem Zeitpunkt entstehen, indem die Voraussetzungen für eine Leistungsverweigerung gem. § 2 PflegeZG vorliegen und der Beschäftigte vom Leistungsverweigerungsrecht berechtigt Gebrauch gemacht und zwar unabhängig davon, ob die unverzügliche Mitteilung gem. § 2 Abs. 2 PflegeZG ordnungsgemäß erfolgt ist oder nicht, gerade weil sie keine Voraussetzung des Leistungsverweigerungsrechts ist. Die Konsequenz wäre, dass der Kündigungsschutz auch beim Fehlen einer Mitteilung vor bzw. zu Beginn der Leistungsverweigerung, ebenso wie das Leistungsverweigerungsrecht selbst, ab dem Zeitpunkt, in dem die Voraussetzungen für die Leistungsverweigerung vorliegen, beginnt[490].

489 Siehe FN 153.
490 So Tschöpe-*Rinck*, Teil 3 H Rn. 134.

Allerdings würde dies dem Arbeitgeber Unmögliches abverlangen. § 5 PflegeZG verbietet die Erklärung einer Kündigung und zwar jeder Kündigung. Der rechtstreue Arbeitgeber kann dieses Verbot jedoch nur befolgen, wenn er von den Umständen, die das Verbot begründen, Kenntnis hat. Dies muss auch für den Kündigungsschutz im Rahmen der kurzzeitigen Arbeitsverhinderung gelten. Ein anderes Verständnis würde zu nicht tragbaren Ergebnissen führen. Der Arbeitgeber wäre nämlich an einer Kündigung durch Umstände gehindert, die er gar nicht kennt. Plant etwa der Arbeitgeber aus wirtschaftlichen (betriebsbedingten) Gründen, mehrere Arbeitsplätze zu streichen und entsprechende Kündigungen auszusprechen, so hat er eine Sozialauswahl vorzunehmen. Beschäftigte, für die ein Kündigungsverbot besteht, darf er dabei nicht einbeziehen – sie dürfen nicht gekündigt werden. Teilt nun ein Beschäftigter, der zu Recht in die Sozialauswahl einbezogen und anschließend gekündigt wurde, nach Erhalt der Kündigung mit, dass er zum Zeitpunkt der Kündigung wegen einer akuten Pflegesituation der Arbeit ferngeblieben sei, so kann der Kündigungsschutz erst ab dem Zeitpunkt der Mitteilung gelten und nicht zurückwirken, auch wenn das Leistungsverweigerungsrecht bereits vor Ausspruch der Kündigung bestand, der Arbeitgeber aber hiervon keine Kenntnis hatte. Die subjektive Kenntnis ist auch bei anderen Sonderkündigungsschutztatbeständen, wie etwa § 9 MuSchG oder § 18 BEEG, allerdings nach deren ausdrücklichem Wortlaut, für den Beginn des jeweiligen Sonderkündigungsschutzes erforderlich. Für das PflegeZG, das den Kündigungsschutz „ab Ankündigung" gewährt, kann im Ergebnis nichts anderes gelten. Der Gesetzgeber kann in § 5 PflegeZG, soweit er den Fall der kurzzeitigen Arbeitsverhinderung regelt, nur die tatsächliche Mitteilung gem. § 2 Abs. 2 PflegeZG als Ankündigung und damit entscheidenden Zeitpunkt für den Beginn des Kündigungsschutzes gemeint haben[491].

Für eine Rückwirkung der Mitteilung[492] und Schaffung eines rückwirkenden Kündigungsschutzes besteht kein Raum – aber auch kein Bedarf. Der Beschäftigte wird dadurch nicht unzumutbar belastet. Zwar besteht nach dieser Auffassung bei Inanspruchnahme der Rechte aus § 2 PflegeZG bis zur Mitteilung gem. § 2 Abs. 2 PflegeZG eine Lücke im Kündigungsschutz, sofern die Mitteilung erst nach Beginn der Leistungsverweigerung erfolgt. Die moderne Kommunikationstechnik ermöglicht es in der Regel aber dem Beschäftigten, rund um die Uhr geeig-

---

491 Im Ergebnis ebenso *von Plettenberg*, S. 190; BeckOK/ArbR-*Joussen*, § 5 PflegeZG Rn. 4.

492 So *Weinbrenner*, S. 37 f., der für die Fälle unverzüglicher Mitteilung nach Beginn und Inanspruchnahme des Leistungsverweigerungsrechts die Mitteilung zurückwirken und eine etwaige Kündigung unwirksam werden lässt.

nete Mitteilungen an den Arbeitgeber zu senden, etwa per SMS oder Email vom Smartphone, etc., so dass schon Zweifel bestehen, ob es überhaupt nennenswerte Fallkonstellationen gibt, in denen eine Mitteilung nach Inanspruchnahme der kurzzeitigen Arbeitsverhinderung überhaupt noch unverzüglich erfolgt. Erfolgt die Mitteilung aber nicht unverzüglich, ist der Beschäftigte auch nicht schutzwürdig. Im Übrigen ist der Beschäftigte vor einer verhaltensbedingten Kündigung gerade wegen vermeintlich unerlaubten Fernbleibens von der Arbeit in den Fällen des § 2 PflegeZG bereits durch diesen geschützt. Bei berechtigtem Fernbleiben von der Arbeit fehlt es nämlich bereits an einer Pflichtverletzung, so dass eine etwaige verhaltensbedingte Kündigung aus diesem Grund unwirksam wäre. Auch § 612a BGB bleibt selbstverständlich unberührt.

b) Mitteilung vor Beginn der Leistungsverweigerung

Mit Zugang der unverzüglichen Mitteilung seiner kurzzeitigen Arbeitsverhinderung beim Arbeitgeber erhält der betroffene Beschäftigte Kündigungsschutz und zwar grundsätzlich auch dann, wenn die Mitteilung bereits zeitlich vor und nicht erst mit der Inanspruchnahme des Leistungsverweigerungsrechts erfolgt. Auch für die kurzzeitige Arbeitsverhinderung gem. § 2 PflegeZG ist das angemessen. Durch das Erfordernis einer akuten Pflegesituation und der Erforderlichkeit des Fernbleibens des Beschäftigten zur Pflege auf der einen und einer maximalen Dauer des Leistungsverweigerungsrechts von zehn Arbeitstagen auf der anderen Seite, ist der Gesamtzeitraum für den Kündigungsschutz, der durch das Pflegezeitgesetz maximal gewährt wird, überschaubar und für den Arbeitgeber zumutbar. Eine teleologische Reduktion auf fünf Arbeitstage vor Beginn der Leistungsverweigerung, wie etwa *Rose/Dörstling*[493] sie fordern, ist nicht notwendig. Die zur Begründung als Beispiel genannte notwendige Pflege im Anschluss an einen Krankenhausaufenthalt oder gar eine Kur ist in der Regel gerade nicht akut[494] und löst damit weder das Leistungsverweigerungsrecht noch einen damit verbundenen Kündigungsschutz aus. Dies jedenfalls dann nicht, wenn die Pflegesituation eine so lange vorzeitige Ankündigung ermöglicht, dass sie einen Missbrauch vermuten lässt und Anlass gibt, über Möglichkeiten der Korrektur nachzudenken. Ein Missbrauchsrisiko besteht regelmäßig nicht[495].

---

493 BB 2008, 2137, 2139.

494 Vgl. *Treber*, JbArbR 46 (2009), 91, 98.

495 So auch *Preis/Nehring*, NZA 2008, 729, 735; BeckOK/ArbR-*Joussen* § 5 PflegeZG, Rn. 4; a.A. *Rose/Dörstling*, BB 2008, 2137, 2139, die trotz des Erfordernisses einer akuten Pflegesituation eine „geraume Zeitspanne" zwischen Ankündigung und Fern-

Im Ergebnis beginnt der Kündigungsschutz im Falle der Leistungsverweigerung gem. § 2 PflegeZG schon bzw. erst mit Zugang der unverzüglichen Mitteilung beim Arbeitgeber, unabhängig davon, ob das Leistungsverweigerungsrecht bereits in Anspruch genommen wurde oder nicht, sofern jedenfalls die Voraussetzungen für die Inanspruchnahme vorliegen[496].

2. Pflegezeit (§ 3 PflegeZG)

Unproblematisch sind Beginn und Dauer des Kündigungsschutzes bei Pflegezeit gem. § 3 PflegeZG. Der Beginn erfolgt mit der Ankündigung, die mindestens zehn Arbeitstage vor dem gewünschten Beginn der Pflegezeit schriftlich erklärt werden muss. Eine vorzeitige Ankündigung ist mangels Höchstankündigungsfrist[497] auch deutlich früher möglich, der Kündigungsschutz ist dann jedoch auf maximal zwölf Wochen vor dem angekündigten Beginn begrenzt. Das war bis zur entsprechenden Änderung des § 5 PflegeZG durch das Gesetz zur besseren Vereinbarkeit von Familie, Pflege und Beruf vom 23.12.2014[498] freilich nicht so. Eine Höchstfrist sowohl für die Ankündigung der Pflegezeit als auch den Beginn des Kündigungsschutzes, wie sie etwa in § 18 Abs. 1 BEEG geregelt ist, fehlte.

Somit konnte der Kündigungsschutz des § 5 PflegeZG problemlos große und unüberschaubare Zeiträume erreichen. Kündigte der Beschäftigte an, in drei Jahren einen pflegebedürftigen nahen Angehörigen pflegen zu wollen, verschaffte er sich damit einen dreieinhalbjährigen Sonderkündigungsschutz. Die „Flucht in die Pflege“[499] konnte bei drohendem Arbeitsplatzabbau ein eleganter Weg sein, sich bei drohenden betriebsbedingten Kündigungen der Einbeziehung in die Sozialauswahl zu entziehen. Aber auch in anderen Fällen, in denen der Beschäftigte mit einer Kündigung rechnet oder rechnen muss, kam eine solche Flucht in die Pflege in Betracht[500]. Die nachträgliche Begrenzung des Kündigungsschutzes durch den

---

bleiben gem. § 2 PflegeZG für möglich halten und daher Rechtsmissbrauch nicht ausschließen.

496 So auch *Müller*, BB 2008, 1058, 1064; ErfK-*Gallner*, § 2 PflegeZG Rn. 3; *Preis/Nehring*, NZA 2008, 729, 735.

497 Siehe oben unter D. I. 4. a) bb).

498 BGBl. I 2014, S. 2462 ff.

499 Vgl. *Rose/Dörstling*, DB 2008, 2137.

500 Der Kläger in dem Verfahren LAG Thüringen vom 2.10.2014–6 Sa 345/13 hatte von dem Wunsch der Beklagten, das Arbeitsverhältnis zu beenden erfahren und die ihm eingeräumte Bedenkzeit vor Abschluss eines Auflösungsvertrages dazu genutzt, Pflegezeit für eine Woche gut ein halbes Jahr vor deren geplanten Beginn zu beantragen. Gegen die anschließend erfolgte Kündigung setzte er sich im Wege der

Gesetzgeber hat der Kritik[501] an der früheren Rechtslage und den Korrekturversuchen über eine Analogie zu § 18 BEEG[502] oder eine Begrenzung des Kündigungsschutzes über § 242 BGB[503] Rechnung getragen.

3. Kündigungsschutz trotz Wartezeit (§ 1 Abs. 1 KSchG)?

Der von § 5 PflegeZG gewährte Sonderkündigungsschutz besteht unabhängig von anderen kündigungsschutzrechtlichen Regelungen, insbesondere denen zum allgemeinen Kündigungsschutz nach dem Kündigungsschutzgesetz. Fehlender allgemeiner Kündigungsschutz, etwa wegen nicht abgelaufener Wartezeit gem. § 1 Abs. 1 Satz 1 KSchG, hindert die Entstehung von Sonderkündigungsschutz nach dem PflegeZG eben so wenig, wie den nach anderen Vorschriften, etwa dem MuSchG oder dem BEEG. Das kann zur Folge haben, dass sich neu eingestellte Beschäftigte dem Risiko der Wartezeiterfüllung durch die Inanspruchnahme von Pflegezeit entziehen können, sofern die übrigen Voraussetzungen für die Entstehung allgemeinen Kündigungsschutzes, etwa die betriebliche Anwendbarkeit gem. § 23 KSchG, erfüllt wären. Zu Recht weisen *Preis/Nehring*[504] darauf hin, dass dadurch Sinn und Zweck der Wartezeit, einerseits Bestandsschutz erst nach einer gewissen Dauer der Betriebszugehörigkeit, andererseits die Möglichkeit der Erprobung des Arbeitnehmers bzw. der Prüfung vor einer längeren vertraglichen Bindung durch den Arbeitgeber[505], ausgehebelt werden. Dies kann jedoch nicht dadurch korrigiert werden, dass Zeiten von kurzzeitiger Arbeitsverhinderung oder Pflegezeit nicht auf die Wartezeit des § 1 KSchG angerechnet werden[506]. Das Gesetz knüpft im Rahmen von § 1 KSchG lediglich an den Bestand des Arbeitsverhältnisses und zwar unabhängig davon, ob tatsächlich Arbeit geleistet wird oder nicht an[507]. Aufgrund der klaren gesetzlichen Regelungen kann einer Umgehung der kündigungsschutzrechtlichen Wartezeit durch Inanspruchnahme

---

Kündigungsschutzklage zur Wehr und machte bestehenden Kündigungsschutz nach dem Pflegezeitgesetz geltend.

501 Vgl. *Rose/Dörstling*, DB 2008, 2137 ff.; *Preis/Nehring*, NZA 2008, 729, 735; *Hexel/Lüders*, NZS 2009, 264, 270.

502 Vgl. *Linck*, BB 2008, 2738, 2743.

503 Vgl. *Joussen*, NZA 2009, 69, 74; *Weinbrenner*, S. 85 ff.

504 NZA 2008, 729, 735 f.

505 Vgl. BAG vom 7.7.2011–2 AZR 12/10 – NJW 2012, 475, 476; BAG vom 24.11.2005–2 AZR 614/04 – NZA 2006, 366, 367 = NJW 2006, 1899.

506 So aber der Vorschlag von *Preis/Nehring*, NZA 2008, 729, 736; *Linck*, BB 2008, 2738

507 ErfK-*Oetker*, § 1 KSchG, Rn. 32, 36 ff.; BAG vom 6.12.1976–2 AZR 470/75 – NJW 1977, 1309, 1310.

von Pflegezeit letztlich nur im Wege eine Probezeitbefristung gem. § 14 Abs. 1 Satz 2 Nr. 5 TzBfG oder einer sachgrundlosen Befristung gem. § 14 Abs. 2 TzBfG wirksam begegnet werden. Letztere ermöglicht es dem Arbeitgeber, den Arbeitnehmer für einen Zeitraum von bis zu zwei Jahren ausführlich zu erproben, ohne dass das Risiko einer Umgehung der kündigungsschutzrechtlichen Wartezeit besteht. Auch eine in Anspruch genommene Pflegezeit hindert die Beendigung des Beschäftigungsverhältnisses durch Ablauf der vereinbarten Frist nicht. Damit ist allerdings auch ein weiterer Grund geschaffen worden, Arbeitsverhältnisse zunächst nur befristet abzuschließen. Ein Umstand, dem arbeitsmarktpolitisch durchaus mit Skepsis begegnet werden kann. Ob gut qualifiziertes Personal mit der Einschränkung eines zunächst nur befristeten Arbeitsverhältnisses zuverlässig gewonnen werden kann, darf ebenfalls mit einem Fragezeichen versehen werden[508].

IV. Ende des Kündigungsschutzes

Der über § 5 PflegeZG gewährte Kündigungsschutz endet gem. § 5 Abs. 1 PflegeZG mit Beendigung von kurzzeitiger Arbeitsverhinderung bzw. der Pflegzeit. In den Fällen der kurzzeitigen Arbeitsverhinderung gem. § 2 PflegeZG ist das unmittelbar mit dem Entfall der Voraussetzungen und dem damit verbundenen Entfall des Leistungsverweigerungsrechts, spätestens aber nach Ablauf der zehntägigen Höchstdauer der Fall.

Die Pflegezeit gem. § 3 PflegeZG endet grundsätzlich mit deren zeitlichem Ablauf. Im Regelfall wird das zum ursprünglich angekündigten Endtermin der Fall sein[509]. Bei einer einvernehmlichen Verlängerung erfolgt die Beendigung entsprechend später, bei Wegfall der Voraussetzungen nach begonnener Pflegezeit gem. § 4 Abs. 2 PflegeZG entsprechend früher. Sind allerdings die Anspruchsvoraussetzungen für die Gewährung von Pflegezeit bereits zu einem Zeitpunkt nach deren Ankündigung aber vor Beginn der Pflegezeit entfallen, der vom Beschäftigten zur Pflege vorgesehene nahe Angehörige zum Beispiel nicht mehr pflegebedürftig oder gar verstorben, entfällt zeitgleich mit dem Wegfall der Voraussetzungen auch der Kündigungsschutz gem. § 5 PflegeZG. Einen Auslaufzeitraum entsprechend § 4 Abs. PflegeZG gibt es in diesem Fall nicht. Es besteht hierfür auch kein Bedarf. Der Kündigungsschutz entfällt allerdings nicht rückwirkend, sondern nur

---

508 So zu Recht *von Plettenberg* S. 193.

509 Zu Dauer und Ende der Pflegezeit siehe oben unter D. III.

ex nunc[510]. Zwar setzt der Kündigungsschutz grundsätzlich die Inanspruchnahme der Pflegezeit voraus, denn nur für deren „sichere" Inanspruchnahme wurde er etabliert, doch würde ein rückwirkender Entfall ex-tunc dem gesetzgeberischen Ziel nicht gerecht werden.

V. Kündigung mit behördlicher Erlaubnis

Wie auch bei anderen Sonderkündigungstatbeständen etwa in § 9 Abs. 3 MuSchG oder § 18 Abs. 1 Sätze 2 und 3 BEEG hat der Gesetzgeber für das grundsätzliche Kündigungsverbot in § 5 Abs. 2 PflegeZG einen Erlaubnisvorbehalt normiert. In besonderen Fällen kann der Arbeitgeber eine Kündigung aussprechen, wenn diese von der für Arbeitsschutz zuständigen obersten Landesbehörde für zulässig erklärt wurde. Aufgrund des nahezu identischen Wortlauts kann auf die entwickelten Grundsätze zu § 18 BEEG und § 9 MuSchG zurückgegriffen werden.

1. Besondere Fälle

Schon die Wortwahl „in besonderen Fällen kann (...) ausnahmsweise" zeigt den vom Gesetzgeber gewollten sehr engen Anwendungsbereich der Ausnahme vom grundsätzlichen Kündigungsverbot. Grundsätzlich genießen die Interessen der Beschäftigten Vorrang, nur bei besonderen Interessenlagen auf Seiten des Arbeitgebers soll ausnahmsweise diesen der Vorzug gebühren. Wann das der Fall sein soll, ist gesetzlich definiert. Von der Ermächtigungsgrundlage zum Erlass allgemeiner Verwaltungsvorschriften in § 5 Abs. 2 PflegeZG hat die Bundesregierung, anders als zum Sonderkündigungsschutz gem. § 18 BEEG, bislang keinen Gebrauch gemacht. In Betracht kommen grundsätzlich betriebsbedingte und personenbedingte Gründe.

Regelmäßig stellen Betriebsstilllegungen einen besonderen Grund für die Zulässigkeitserklärung der zuständigen Behörde dar. Nach einer Betriebsstilllegung fehlt es an einer Grundlage für eine sinnvolle Fortsetzung des Beschäftigungsverhältnisses, weil eine Beschäftigungsmöglichkeit für die Zukunft fehlt[511]. Eine solche selbst zu schaffen, ist aber nicht Ziel des Sonderkündigungsschutzes. Er dient auch nicht der Versorgung der betroffenen Beschäftigten[512]. Gleiches kann auch bei der Stilllegung von Betriebsteilen gelten, wenn der betroffene Be-

510 So auch KR-*Bader* § 18 BEEG Rn. 23 für die vergleichbare Situation im Rahmen der Elternzeit.

511 So auch BVerwG vom 18.8.1977 – V C 8.77 – BVerwGE 54, 276 zu § 9 MuSchG, BVerwG vom 30.9.2009–5 C 32/08 – NJW 2010, 2074 zu § 18 BEEG.

512 So schon BVerwG vom 18.8.1977 – V C 8.77 – BVerwGE 54, 276 zu § 9 MuSchG.

schäftigte nicht an anderer Stelle weiterbeschäftigt werden kann. Bereits in der Begründung des Gesetzentwurfs zur Vorgängervorschrift § 18 BErzGG hat der Entwurfsverfasser auch die bedrohte wirtschaftliche Existenz des Betriebs neben der (teilweisen) Betriebsstilllegung als besonderen Fall, in dem eine Kündigung ausnahmsweise erlaubt sein soll, genannt[513] und dies ausdrücklich für § 18 BEEG übernommen[514]. Für die Beurteilung im Rahmen von § 5 PflegeZG kann auf Grund der Orientierung am BEEG und der fast identischen Wortwahl nichts anderes gelten.

Neben betrieblichen Gründen kommen auch verhaltensbedingte Gründe für die Erteilung der Kündigungserlaubnis in Betracht. Gem. Nr. 2.1.6 der gem. § 18 Abs. 1 Satz 4 BEEG vom zuständigen Bundesministerium für Familie, Senioren, Frauen und Jugend mit Zustimmung des Bundesrates im Jahre 2007 erlassenen allgemeinen Verwaltungsvorschriften[515] sind insbesondere schwerwiegende Verstöße gegen arbeitsvertragliche Pflichten oder vorsätzlich strafbares Verhalten zu Lasten des Arbeitgebers als besondere Fälle anerkannt. Dabei muss die Pflichtverletzung jedoch so gravierend sein, dass dem Arbeitgeber die Aufrechterhaltung des Arbeitsverhältnisses unzumutbar ist. Die verwaltungsgerichtliche Rechtsprechung hat dies bestätigt und beispielsweise die Tätigkeit bei einem unmittelbaren Konkurrenten des Arbeitgebers während der Elternzeit[516], die unberechtigte Beschuldigung der Arbeitgeberin in Flugblättern[517] und die massive und ordinäre Beleidigung des Arbeitgebers und dessen Ehefrau[518] zu besonderen Fällen, die eine Kündigung erlauben, erklärt. Zu beachten ist jedoch unbedingt, dass ein besonderer Fall nicht automatisch dann angenommen werden kann, wenn der Sachverhalt einen wichtigen Grund im Sinne des § 626 BGB begründet.

Liegt ein besonderer Fall, der eine Zulässigkeitserklärung ermöglicht, vor, so hat die zuständige oberste Landesbehörde bei ihrer Entscheidung nach pflichtgemäßem Ermessen alle Umstände des Einzelfalls einzubeziehen und die entgegenstehenden Interessen gegeneinander abzuwägen. Eine Ermessensreduzierung auf Null und damit einen Anspruch des Arbeitsgebers auf Erteilung der Zulässigkeitserklärung wird man nur in wenigen Ausnahmefällen wie etwa der Betriebsstilllegung annehmen können.

---

513 BR-Drucks. 350/85, S. 20 f.

514 BT-Drucks. 16/1889, S. 27.

515 Vgl. Nr. 2.1.6 der allgemeinen Verwaltungsvorschrift zum Kündigungsschutz bei Elternzeit vom 3. Januar 2007, Bundesanzeiger 2007, Nr. 5 S. 247.

516 Vgl. VG Augsburg vom 25.9.2012 – Au 3 K 12.677.

517 Vgl. BayVGH vom 30.11.2004-9 B 03.2878 – BayVBl 2005, 409.

518 Vgl. OVG Münster vom 27.2.1998-24 A 4632/96.

2. Verfahren

Möchte der Arbeitgeber trotz bestehenden Kündigungsverbotes gem. § 5 PflegeZG eine Kündigung aussprechen, so kann er das nur nach Erteilung der behördlichen Zulässigkeitserklärung tun. Eine zuvor ausgesprochene Kündigung ist gem. § 134 BGB unwirksam. Eine Heilung des Mangels kommt nicht in Betracht. Die Zulässigkeitserklärung ist damit Wirksamkeitsvoraussetzung und vor Ausspruch der Kündigung einzuholen.

Die Erklärung der Zulässigkeit einer Kündigung durch die Behörde stellt als Regelung auf dem Gebiet des öffentlichen Rechts einen Verwaltungsakt gem. § 35 des Verwaltungsverfahrensgesetzes des Bundes und der Länder[519] dar. Mit Bekanntgabe kann der Arbeitgeber seine Kündigung aussprechen. Widerspruch, sofern er nach Abschaffung bzw. Einschränkung des Widerspruchverfahrens in einigen Bundesländern[520] noch statthaft ist[521], und Anfechtungsklage haben zwar grundsätzlich aufschiebende Wirkung. Eine mit Zulässigkeitserklärung ausgesprochene Kündigung wird durch Widerspruch bzw. Anfechtungsklage jedoch nicht nachträglich unwirksam.

VI. Beendigung durch Anfechtung – Fragerecht des Arbeitgebers

Trotz des Kündigungsverbotes bleibt es dem Arbeitgeber möglich, seine auf Vertragsabschluss gerichtete Willenserklärung wegen arglistiger Täuschung bzw. Drohung gem. § 123 Abs. 1 BGB anzufechten. Freilich muss ein entsprechender Anfechtungsgrund vorliegen, der auch ohne eine vorliegende Pflegezeit zur Anfechtung berechtigen würde, mithin der Beschäftigte bei Abschluss des Arbeitsvertrages widerrechtlich gedroht oder arglistig getäuscht haben. Insofern bleibt es bei den für die Anfechtung geltenden Grundsätzen. Die Pflegezeit und das durch sie bedingte Kündigungsverbot haben hierauf keinen Einfluss. Die Umdeutung einer wegen § 5 PflegeZG unwirksamen Kündigung in eine Anfechtung kommt jedoch regelmäßig nicht Betracht. Die Anfechtung muss ausdrücklich und als solche erkennbar erfolgen.

Interessant ist in diesem Zusammenhang allerdings die Frage, ob eine Täuschung über die Pflegezeit selbst oder die Existenz ihrer Grundvoraussetzung, nämlich eines pflegebedürftigen nahen Angehörigen, zur Anfechtung berechtigt.

---

519 In Bayern Artikel 35 BayVwVfG.

520 So z. B. in Bayern (2008), Niedersachsen (2005) und Nordrhein-Westfalen (2007).

521 Vgl. für Bayern Art. 15 AGVwGO.

Anders gefragt: Dürfen Beschäftigte im Bewerbungsgespräch die Frage nach einer laufenden bzw. beabsichtigten Pflegezeit oder der Existenz eines pflegebedürftigen nahen Angehörigen wahrheitswidrig beantworten? Handelt es sich dabei um unzulässige Fragen, für deren Beantwortung dem Beschäftigten ein Notwehrlügerecht zusteht? Diese Frage mit Blick auf eine entsprechende Berechtigung zur unwahren Beantwortung der Frage nach einer bestehenden oder beabsichtigten Schwangerschaft einfach zu bejahen, geht fehl. Die Frage nach der Schwangerschaft ist nämlich in erster Linie deshalb unzulässig, weil sie eine unmittelbare Diskriminierung wegen des Geschlechts darstellt und somit gegen § 3 Abs. 1 Satz 2 AGG verstößt. Während die Schwangerschaft bei Männern nicht möglich ist, sind pflegebedürftige nahe Angehörige wohl kaum auf lediglich weibliche Beschäftigte beschränkt. Die Fragen nach diesen sowie einer beabsichtigten oder bereits laufenden Pflegezeit sind daher jedenfalls nicht unmittelbar geschlechtsdiskriminierend.

Denkbar wäre allerdings eine mittelbare Diskriminierung von Frauen als Folge des Pflegezeitgesetzes[522], wenn man unterstellt, dass die häusliche Pflege in Privathaushalten überwiegend von Frauen ausgeübt wird. Offizielle Statistiken[523], die einen Frauenanteil von 73 % ausweisen, legen dies nahe, wenngleich aktuelle Zahlen, die auch Zeiträume nach In-Kraft-Treten des Pflegezeitgesetzes berücksichtigen, noch nicht verfügbar sind. Für das Fragerecht spielt das allerdings keine Rolle, denn ob es sich um eine Bewerberin oder einen Bewerber handelt, wird der Arbeitgeber regelmäßig auch ohne Frage ermitteln können.

Eine Besonderheit gilt für den Öffentlichen Dienst des Bundes. Hier sind im Bewerbungsgespräch Fragen nach der Sicherstellung der Betreuung von pflegebedürftigen Angehörigen neben der Berufstätigkeit bereits gem. § 7 Abs. 2 BGleiG unzulässig. Hieraus könnte man schließen, der Gesetzgeber habe die Frage nach pflegebedürftigen Angehörigen nicht schon per se als unzulässig eingestuft, denn sonst bedurfte es der Regelung nicht. Weil aber ebenfalls in § 7 Abs. 2 BGleiG auch die Frage der Schwangerschaft ausdrücklich als unzulässig genannt ist, der Gesetzgeber deren Unzulässigkeit aber bei Erlass des Gesetzes im Jahre 2001 bereits kannte, ist dieser Schluss nicht möglich. Allerdings verbietet der Gesetzgeber nur die Frage nach einer Sicherstellung der Betreuung pflegebedürftiger Angehöriger neben der Berufstätigkeit. Die Pflegezeit betrifft hingegen eine Tätigkeit anstelle der Berufstätigkeit mithin während der eigentlichen Arbeitszeit. Anderenfalls

522 Vgl. *Waldenmaier/Langenhan-Komus*, RdA 2008, 312.

523 Vgl. *Heß-Meinig/Tölke*, Datenreport zur Gleichstellung von Frauen und Männern in der Bundesrepublik Deutschland, S. 274 f.

wären Freistellung oder Teilzeit nach dem PflegeZG gar nicht erforderlich. Das BGleiG führt somit zur Beantwortung der Frage nicht weiter.

Die Zulässigkeit von Fragen nach Pflegezeit bzw. pflegebedürftigen nahen Angehörigen könnte jedoch gleichwohl wegen Verstoßes gegen § 1 AGG unzulässig sein. In einer solchen Frage könnte die direkte Diskriminierung wegen einer Behinderung liegen. Diese Schlussfolgerung bedarf weiterer Erläuterungen, ist doch der pflegewillige und die Pflegezeit potentiell in Anspruch nehmen könnende Beschäftigte regelmäßig wohl nicht selbst behindert. Dieser Umstand schließt eine Diskriminierung jedoch nicht aus. Der EuGH hat in der Coleman-Entscheidung klargestellt, dass auch assoziierte Diskriminierungen durch die entsprechende Richtlinie 2000/78/EG untersagt sind. Wird also eine Person diskriminiert, weil eine dritte Person und nicht die diskriminierte Person selbst das Merkmal einer Behinderung trägt, so verstößt auch dies gegen das in der Richtlinie 2000/78/EG verankerte Diskriminierungsverbot. Die entsprechenden nationalen Gesetze sind entsprechend richtlinienkonform auszulegen.

Die Auswirkungen dieser Entscheidung sind noch nicht absehbar und haben eine entsprechende Diskussion ausgelöst[524]. Fraglich ist insbesondere, welche Beziehung zwischen dem Diskriminierten und dem Merkmalsträger bestehen muss. In dem dem EuGH-Urteil zugrunde liegenden Sachverhalt diskriminierte der Arbeitgeber eine Arbeitnehmerin wegen deren behinderten Sohnes. Der EuGH betonte Letzteres ausdrücklich in seiner Entscheidung. *Bayreuther* folgert daraus, dass jedenfalls ein besonderes Näheverhältnis bestehen muss, räumt aber ein, dass „der Generalanwalt Maduro in seinen Schlussvortrag[525] eine „Verbindung“ zwischen Arbeitnehmer und Merkmalsträger genügen“ ließ[526]. Zwingend ist eine besondere Nähe also nicht. Auch begründet der EuGH seine Entscheidung mit dem sog. „effet utile“, den die Richtlinie haben soll. Nimmt man das ernst, gibt es keinen Grund, Diskriminierungen abhängig davon welcher Merkmalsträger betroffen ist, unterschiedlich zu behandeln. Schließlich soll Anknüpfungspunkt, jedenfalls bei der Diskriminierung wegen einer Behinderung, nicht die Person, sondern die Behinderung als Merkmal selbst sein. Folgerichtig müsste ein effektiver Diskriminierungsschutz auch dann greifen können, wenn der Dritte als Merkmalsträger kein besonderes Näheverhältnis zum Diskriminierten hat. Daher

---

524 Vgl. *Bayreuther*, NZA 2008, 986; *Melot de Beauregard*, RIW 2009, 18; *Welti*, ZESAR 2009, 148; *Schlachter*, RdA 2010, 104.

525 Schlussantrag des Generalanwalts Maduro, ReckRS 2008, 70217.

526 Vgl. *Bayreuther*, NZA 2008, 986, 987.

erscheint es nicht angebracht, eine besondere Qualität für dieses Verhältnis als Voraussetzung zu fordern[527].

Unabhängig von der Frage nach der Qualität des Verhältnisses zwischen diskriminiertem Beschäftigten und dem das Merkmal der Behinderung tragenden Dritten ist jedoch erforderlich, dass das Merkmal „Behinderung" überhaupt vorliegt. Zwischen einer Behinderung und einer „einfachen" Krankheit gilt es dabei allerdings zu unterscheiden[528]. Eine Krankheit kann, muss aber nicht zwingend, eine Behinderung zur Folge haben bzw. eine solche begründen[529]. Charakteristisch für eine Krankheit ist der Umstand, dass sie nur vorrübergehend besteht und die Gesundheit wieder hergestellt wird, während die Behinderung hingegen den Betroffenen auf längere Zeit beeinträchtigt. Wann genau eine Krankheit jedoch in eine Behinderung umschlägt, ist bislang weder durch das BAG noch durch den EuGH konkret festgelegt worden[530]. Auch wenn die Pflegebedürftigkeit des nahen Angehörigen gem. § 7 Abs. 4 PflegeZG erst erreicht ist, wenn mindestens Pflegestufe 1 (ab 1.1.2017: Pflegegrad 1) gem. §§ 14 und 15 SGB XI vorliegt und somit mind. 90 Minuten täglicher Betreuung erforderlich sind, kann nicht allgemein für die Fälle der Pflegezeit festgestellt werden, dass der pflegebedürftige nahe Angehörige automatisch behindert im Sinne des AGG ist. So könnte beispielsweise ein Verkehrsunfall eine Pflegebedürftigkeit auslösen, die nach Genesung wieder wegfällt. Ob in solchen Fällen eine Behinderung vorliegt, ist zumindest fraglich. Es wird immer der Einzelfall konkret zu betrachten sein, wenngleich es sehr wahrscheinlich ist, dass bei Erreichen der Pflegestufe 1 (ab 1.1.2017: Pflegegrad 1) regelmäßig das Merkmal einer Behinderung erfüllt sein dürfte.

Die Frage nach Pflegezeit oder pflegebedürftigen nahen Angehörigen kann daher im Regelfall bereits wegen einer verbotenen Diskriminierung wegen einer Behinderung als regelmäßig unzulässig angesehen werden, insbesondere weil eine fehlende Behinderung eines nahen Angehörigen schon keine wesentliche und entscheidende Anforderung für die berufliche Tätigkeit des Bewerbers sein kann, die eine Frage nach der Behinderung des Bewerbers selbst überhaupt recht-

---

527 So auch *Sutschet,* EuZA 2009, 245, 253.

528 So auch der EuGH vom 11.7.2006 – Rs. C 13/05 (Navas) – NZA 2006, 893.

529 Vgl. dazu die Entscheidungen des OVG Lüneburg vom 31.7.2012–5 LB 33/11 – DÖD 2012, 254 und 5 LC 216/10 – RiA 2012, 213, das eine zweit- und drittgradige Adipositas zwar als Krankheit nicht aber als eine Behinderung, bei deren Vorliegen § 1 AGG zu berücksichtigen wäre, einstuft.

530 Vgl. ausführlich dazu *Bayreuther,* FS Reuter, S. 453 ff.

fertigen könnte[531]. Selbst wenn im Einzelfall nach einer etwaigen Beweisaufnahme feststeht, dass der pflegebedürftige nahe Angehörige nicht behindert war, der fragende Arbeitgeber davon überzeugt[532] und eine Diskriminierung daher gar nicht möglich war, bleibt die Zulässigkeit der Frage weiterhin davon abhängig, ob der Arbeitgeber ein berechtigtes Interesse an der Frage hat und ob diese für die geplante Tätigkeit von Belang ist[533]. Wohl spätestens an diesem Erfordernis wird die Zulässigkeit solcher Fragen scheitern, hängt doch die vom Bewerber für die Zukunft erwartete Fähigkeit, bestimmte Tätigkeiten auszuüben, nicht davon ab, ob er Pflegezeit und damit eine Freistellung in Anspruch nimmt oder nicht. Das Interesse des Arbeitgebers an zukünftigen Fehlzeiten ist jedenfalls nicht durch ein entsprechendes tätigkeitsneutrales Fragerecht geschützt[534]. Für die Pflegezeit sind solche Zeiten wegen der gesetzgeberischen Entscheidung durch den Arbeitgeber hinzunehmen.

VII. Kündigungsschutz für arbeitnehmerähnliche Personen

Das Kündigungsverbot des § 5 PflegeZG gilt gegenüber allen Beschäftigten im Sinne des § 7 PflegeZG und somit auch zu Gunsten arbeitnehmerähnlicher Personen[535]. Die Einbeziehung von arbeitnehmerähnlichen Personen in den Schutzbereich des von § 5 PflegeZG gewährten Kündigungsschutzes hat überwiegend ablehnende Reaktionen hervorgerufen[536].

Tatsächlich betritt der Gesetzgeber mit dieser Einbeziehung Neuland. Bislang haben arbeitnehmerähnliche Personen weder allgemeinen noch Sonderkündigungsschutz genossen, weil die entsprechenden Vorschriften auf sie als Selbständige nicht anwendbar sind. Ausnahmen gibt es nur für die Gruppe der Heimarbeitnehmer. Für sie hat der Gesetzgeber bereits in der Vergangenheit Schutzvorschriften für Arbeitnehmer ausdrücklich für anwendbar erklärt. Das KSchG gilt jedoch auch für Heimarbeitnehmer nicht. Für sie gibt es in § 29 HAG

---

531 Zu Zulässigkeit einer Frage nach einer Behinderung siehe BAG vom 17.12.2009–8 AZR 670/08 - NZA 2010, 383.

532 Das Benachteiligungsverbot des § 7 AGG gilt auch, wenn der Benachteiligende vom Vorliegen des entsprechenden Merkmals nur ausgeht. Vgl. dazu auch BAG vom 17.12.2009–8 AZR 670/08 - NZA 2010, 383.

533 Vgl. ausführlich zu Fragerecht und AGG *Joussen*, NZA 2007, 174.

534 Vgl. ErfK-*Preis*, § 611 BGB Rn. 282.

535 Zum Begriff siehe oben unter B. I. 3.

536 *Preis/Nehring*, NZA 2008, 729, 730 halten es für „systematisch verfehlt“; *Joussen*, NZA 2009, 69, 74 für „systemfremd“ und *Freihube/Sasse*, DB 2008, 1320, 1322 für „spektakulär“.

allgemeine Regeln zur Kündigung, die jedoch keinen echten Kündigungsschutz im engeren Sinne bieten. Vielmehr werden im Wesentlichen nur die einzuhaltenden Kündigungsfristen sowie die für die Dauer der Kündigungsfrist einzuhaltenden Auftragsvolumina geregelt. Einer sozialen Rechtfertigung, wie sie das KSchG im Rahmen des allgemeinen Kündigungsschutzes verlangt, bedarf es gerade nicht. Sonderkündigungsschutz wird Heimarbeitnehmern hingegen bereits über diverse Vorschriften, etwa §§ 29a HAG, 18 und 20 BEEG, 1 und 9 MuSchG, 127 und 87 ff. SGB IX sowie §§ 7 und 2 ArbPlSchG gewährt. Der Vorwurf der Systemfremdheit ist daher nicht von der Hand zu weisen, erhalten arbeitnehmerähnliche Personen nunmehr erstmals Sonderkündigungsschutz. Ob damit aber nun ein Damm gebrochen ist und für die Auftraggeber von arbeitnehmerähnlichen Personen nun kündigungsrechtlich eine vergleichbare Situation wie die von Arbeitgebern droht, ist allerdings ebenso fraglich. Der Gesetzgeber hat sich bewusst für eine Einbeziehung arbeitnehmerähnlicher Personen entschieden[537]. Offenbar hat er für diesen Personenkreis ein Schutzbedürfnis gesehen. Eine teleologische Reduktion scheidet daher aus[538]. Grundsätzlich steht dem Gesetzgeber ein weiter Einschätzungsspielraum zur Verfügung, der seine Grenzen nur in höherrangigem, mithin Verfassungsrecht hat. Ob die Grenzen, die die Verfassung dem Bestandsschutzsystem – übrigens in beide Richtungen, denn Art. 12 GG ist „nicht nur zentrales ′Grundrecht der Arbeitnehmer′ sondern auch zentrales ′Grundrecht der Arbeitgeber′"[539] – setzt[540], hier überschritten sind, ist fraglich. Betrachtet man die Auswirkungen des Sonderkündigungsschutzes auf die arbeitnehmerähnlichen Personen, so wird deren Begrenztheit schnell ersichtlich. Zwar kann sich der Auftraggeber nicht während der maximal sechsmonatigen Pflegezeit von einer arbeitnehmerähnlichen Person trennen. Ist die Pflegezeit jedoch beendet, kann innerhalb der kurzen Fristen des § 621 BGB[541] ohne weitere Einschränkung gekündigt werden. Während der Pflegezeit selbst werden keine Leistungen erbracht, sodass den Auftraggeber keine finanziellen Belastungen treffen. Relevant bleibt daher nur der Zeitraum zwischen Ankündigung und Beginn der Pflegezeit, da das Kündigungsverbot bereits ab Ankündigung besteht. Allerdings kann der Auftrag-

---

537 BT-Drucks. 16/7439, S. 93 f. = BR-Drucks. 718/07, S. 225.

538 Nicht überzeugend *Grundmann*, GuP 2013, 100 f., die entgegen des eindeutigen Wortlauts einen Kündigungsschutz für arbeitnehmerähnliche Personen durch teleologische Reduktion verneint.

539 *Scholz* ZfA 1981, 265, 275.

540 Ausführich dazu auch *Oetker*, „Bestandsschutz", S. 17 ff.

541 Zur Unanwendbarkeit von §§ 29 HAG und 622 BGB BAG vom 8.5.2007–9 AZR 777/06 – BB 2007, 2298 ff.

geber den Umfang bzw. die Menge seiner Aufträge regelmäßig ändern. Das gilt auch in Zeiten des Kündigungsverbotes. Das PflegeZG verbietet dies nicht. Der Gesetzgeber hat auf eine § 9 Abs. 4 MuSchG entsprechende Regelung selbst für Heimarbeitnehmer verzichtet. Für eine analoge Anwendung besteht schon für die Heimarbeitnehmer kein Raum[542]. Erst recht gilt dies für arbeitnehmerähnliche Personen, für die § 9 Abs. 4 MuSchG selbst schon nicht anwendbar ist. Ein Rückgriff der arbeitnehmerähnlichen Person auf § 612a BGB scheidet ebenfalls aus. Die Vorschrift ist auf Kündigungen arbeitnehmerähnlicher Personen nicht anwendbar[543]. Es bliebe nur noch die Möglichkeit, sich auf §§ 138, 242 BGB zu stützten[544], was jedoch nicht unerhebliche Hürden bei der Beweislast mit sich bringen würde[545]. Damit bleibt dem Auftraggeber aber trotz Einbeziehung arbeitnehmerähnlicher Personen in den Kündigungsschutz des PflegeZG ein ausreichender Spielraum. Jedenfalls ist die Einschränkung seiner durch Art. 12 GG garantierten Berufsfreiheit durch die Regelung des § 5 PflegeZG nicht so stark, dass die Regelung unverhältnismäßig und damit verfassungswidrig wäre. Im Ergebnis läuft die Einbeziehung arbeitnehmerähnlicher Personen in den Kündigungsschutz praktisch leer, so dass der Gesetzgeber das selbst gesteckte Ziel für diese Personengruppe praktisch nicht erreicht hat[546]. Da die Einbeziehung gleichzeitig einmalig ist und damit den kritisierten Systembruch darstellt, sollte sie korrigiert werden. Eine Einbeziehung (nur) der Heimarbeitnehmer wäre konsequent.

---

542 KR-*Rost*, §§ 29, 29a HAG Rn. 82.

543 BAG vom 14.12.2004-9 AZR 23/04 – NZA 2005, 173 ff.; aA ErfK-*Preis* § 612a BGB Rn. 4 und damit abweichend von *Preis*, NZA 1997, 1257, 1265; MüKo-*Müller-Glöge* § 612a BGB Rn. 4.

544 Zum Kündigungsschutz über §§ 138, 242 BGB neben dem allgemeinen Kündigungsschutz – allerdings für Arbeitnehmer – ausführlich *Preis*, NZA 1997, 1257, 1265 ff.

545 KR-*Rost*, §§ 29, 29a HAG Rn. 82.

546 Im Ergebnis ebenso *Freihube/Sasse*, DB 2008, 1020, 1022.

F. Sozialversicherung

Beschäftigte, insbesondere Arbeitnehmer, sind regelmäßig in den verschiedenen Zweigen der gesetzlichen Sozialversicherungen pflicht- oder freiwillig versichert. Die Inanspruchnahme des Leistungsverweigerungsrechts gem. § 2 PflegeZG bzw. der Pflegezeit gem. § 3 PflegeZG hat für die betroffenen Beschäftigten sozialversicherungsrechtliche Auswirkungen, wobei diese je nach Art der Freistellung und dem betroffenem Zweig der Sozialversicherung durchaus unterschiedlich sind.

I. Kurzzeitige Arbeitsverhinderung (§ 2 PflegeZG)

Der sozialversicherungsrechtliche Beschäftigungsbegriff des § 7 SGB IV setzt für das Vorliegen einer Beschäftigung, anders als der Begriff des Arbeitsverhältnisses, grundsätzlich neben einem wirksamen Arbeitsverhältnis auch eine tatsächliche Arbeitsleistung bzw. ein tatsächliches Tätigwerden voraus[547]. Ohne tatsächliche Tätigkeit liegt keine Beschäftigung im sozialversicherungsrechtlichen Sinne vor. Gleichwohl bereitet die kurzzeitige Arbeitsverhinderung gem. § 2 PflegeZG sozialversicherungsrechtlich keine Probleme[548]. Erhält der Beschäftigte für die Zeiten der kurzzeitigen Arbeitsverhinderung weiterhin sein Arbeitsentgelt, zum Beispiel aus § 616 BGB, wirkt sich die fehlende Tätigkeit nicht auf das sozialversicherungsrechtliche Beschäftigungsverhältnis aus; die Voraussetzungen für die Versicherungspflicht bleiben erfüllt[549]. In besonderen Zeiten tatsächlicher Untätigkeit, etwa bei Annahmeverzug des Arbeitgebers[550] oder bezahlter Freistellung wegen Beendigung des Arbeitsverhältnisses[551], besteht eine Beschäftigung im Sinne von § 7 SGB IV fort. „Ein die Versicherungspflicht begründendes Beschäftigungsverhältnis kann auch ohne tatsächliche Arbeitsleistung bestehen, wenn ein rechtsgültiger Arbeitsvertrag vorliegt, auf Grund dessen dem dienstbereiten Arbeitnehmer ein Entgelt geschuldet wird.“ urteilte das Bundessozialgericht bereits 1973[552]. Bestehende Versicherungspflichten bleiben damit (weiter) bei

---

547 Vgl. BeckOK/SozR-*Rittweger,* § 7 SGB IV Rn. 7; KassKomm-*Seewald,* § 7 SGB IV Rn. 11 f.

548 Vgl. Schaub-*Linck,* § 107 Rn. 59.

549 Vgl. *Brose,* NZS 2012, 499, 500.

550 Vgl. KassKomm-*Seewald,* § 7 SGB IV Rn. 13.

551 Vgl. BSG Urteil vom 24.9.2008 – B 12 KR 22/07 R – NZA-RR 2009, 272 zum Beschäftigungsverhältnis bei unwiderruflicher Freistellung.

552 BSG Urteil vom 18.9.1973–12 RK 15/72 – BSGE 36, 161 = BB 1973, 1582.

Fortzahlung des Arbeitsentgelts auch in Zeiten kurzzeitiger Arbeitsverhinderung, ebenso wie die Beitragspflicht, bestehen.

Wird für die Zeiten der Inanspruchnahme der kurzzeitigen Arbeitsverhinderung hingegen vom Arbeitsgeber nach § 326 Abs. 1 BGB kein Arbeitsentgelt bezahlt, bleibt eine Beschäftigung im sozialversicherungsrechtlichen Sinne aufgrund der ausdrücklichen gesetzlichen Regelung in § 7 Abs. 3 Satz 1 SGB IV für die Dauer bis zu einem Monat bestehen[553]. Die ausschließende Sondervorschrift des § 7 Abs. 3 Satz 4 SGB IV gilt ausschließlich für die echte Pflegezeit gem. § 3 PflegeZG, nicht hingegen für die kurzzeitige Arbeitsverhinderung gem. § 2 PflegeZG. Aufgrund der zeitlichen Beschränkung der kurzzeitigen Arbeitsverhinderung auf zehn Arbeitstage wird die Monatsgrenze in keinem Fall erreicht, es sei denn, man legt für die Bestimmung des maximalen Zeitraums von zehn Arbeitstagen die individuelle Arbeitszeit des betroffenen Beschäftigten zu Grunde[554].

Für Zeiten, in denen kein Arbeitsentgelt bezahlt wird, fallen trotz bestehender Versicherungspflicht keine Versicherungsbeiträge an. Eine echte Beitragsfreiheit hingegen liegt dennoch nicht vor[555], weil sich die Höhe der Beiträge nach dem beitragspflichtigen Einkommen bemisst. Erkennbare Auswirkungen hat das jedoch nur für die Fälle, in denen der Beschäftigte ein Einkommen oberhalb der Beitragsbemessungsgrenze hat. Dabei bleibt der die Grenze überschreitenden Einkommensbestandteil gem. §§ 341 Abs. 3 Satz 4 SGB III, 223 Abs. 3 Satz 2 SGB V, 161 Abs. 2 SGB VI, 54 Abs. 2 Satz 1 SGB XI für die Beitragsberechnung unberücksichtigt. Wird die Beitragsbemessungsgrenze auch abzüglich der nicht bezahlten Zeiten einer kurzzeitigen Arbeitsverhinderung überschritten, bleibt es beim höchsten Beitragssatz[556], auch wenn insgesamt das Einkommen durch die Ausfallzeiten geringer ist.

Ebenfalls keine Auswirkungen haben Einkommenseinbußen aufgrund kurzzeitiger Arbeitsverhinderung gem. § 2 PflegeZG, sofern sie ursächlich für ein Unterschreiten der Jahresarbeitsentgeltgrenze gem. § 6 Abs. 6 SGB V sind. Für die Versicherungsfreiheit in der gesetzlichen Krankenversicherung gem. § 6 Abs. 1 Nr. 1 SGB V ist es ausreichend, wenn das regelmäßige Arbeitsentgelt die Jahres-

553 Vgl. *Karb*, UBWV 2012, 152, 156.

554 Der nur einen Tag in der Woche beschäftigte Teilzeitbeschäftigte würde bei einem solchen Verständnis 10 Wochen der Arbeit fernbelieben dürfen und wäre damit beschäftigungslos im sozialversicherungsrechtlichen Sinne.

555 KassKomm-*Seewald*, § 7 SGB IV Rn. 185.

556 Vgl. dazu *Marburger*, Die Beiträge 2008, 449, 450.

arbeitsentgeltgrenze übersteigt. Eine nur kurzzeitige Änderung aufgrund einer akut eingetretenen Pflegesituation bleibt dabei außer Betracht[557].

Im Ergebnis sind Beschäftigte, die gem. § 5 Abs. 1 Nr. 1 SGB V in der gesetzlichen Krankenversicherung, gem. § 1 Satz 1 Nr. 1 SGB VI in der gesetzlichen Rentenversicherung, in der gesetzlichen Pflegeversicherung gem. § 20 Abs. 1 Sätze 1 und 2 Nr. 1 SGB XI und gem. § 25 Abs. 1 Satz 1 SGB III in der Arbeitslosenversicherung aufgrund einer Beschäftigung im Sinne von § 7 Abs. 1 SGB IV versicherungspflichtig sind, dies unterbrechungsfrei auch in Zeiten der Inanspruchnahme der kurzzeitigen Arbeitsverhinderung gem. § 2 PflegeZG.

II. Pflegezeit (§ 3 PflegeZG)

Anders als für Zeiten der kurzzeitigen Arbeitsverhinderung stellt sich hingegen die sozialversicherungsrechtliche Situation für Zeiten der Inanspruchnahme „echter" Pflegezeit gem. § 3 PflegeZG dar. Mit Beginn der Pflegezeit endet das sozialversicherungsrechtliche Beschäftigungsverhältnis unmittelbar, sofern die Pflegezeit in Form der vollständigen und nicht nur teilweisen Freistellung durch Absenkung der vereinbarten regulären Arbeitszeit (Pflegeteilzeit) in Anspruch genommen wird. Den sonst üblichen Übergangszeitraum von einem Monat gem. § 7 Abs. 3 Satz 1 SGB IV gibt es aufgrund der ausdrücklichen Regelung des § 7 Abs. 3 Satz 4 SGB IV bei der vollständigen Pflegezeit nicht. Der betroffene Arbeitgeber muss seinen Pflegezeit in Anspruch nehmenden Beschäftigten zum letzten Arbeitstag bei der Sozialversicherung gem. § 28a Abs. 1 Nr. 2 SGB IV abmelden. Sinnvoll ist auch, wenn der Arbeitgeber die betroffene Person über die sozialversicherungsrechtlichen Folgen und Möglichkeiten unterrichtet. Eine Pflicht besteht dazu freilich nicht.

1. Krankenversicherung

Für die Krankenversicherung ist zwischen einer gesetzlichen und einer privaten Krankenversicherung zu differenzieren.

a) Gesetzliche Krankenversicherung

In der gesetzlichen Krankenversicherung besteht für Beschäftigte mit Einkommen unterhalb der Jahresarbeitsentgeltgrenze gem. § 5 Abs. 1 Nr. 1 SGB V grundsätzlich Versicherungspflicht. Mit Beendigung der Beschäftigung endet ebenfalls die Versicherungspflicht. Für den betroffenen Pflegezeit in Anspruch nehmenden

557 So auch *Marburger*, Die Beiträge 2008, 449, 450.

Beschäftigten bedeutet dies, den Krankenversicherungsschutz auf andere Weise sicherzustellen, denn eine automatische Versicherungsfreiheit gem. § 6 SGB V besteht für vorher versicherungspflichtige Pflegepersonen nicht.

In Betracht kommt zunächst die Mitgliedschaft im Rahmen einer Familienversicherung gem. § 10 Abs. 1 SGB V. Voraussetzung dafür ist zunächst, dass der Ehe- oder Lebenspartner der Pflegeperson Mitglied in der gesetzlichen Krankenversicherung ist. Pflegepersonen, die das 23. Lebensjahr noch nicht vollendet haben, können während der Pflegezeit auch die Familienversicherung eines Elternteils gem. § 10 Abs. 2 Nr. 2 SGB V in Anspruch nehmen. Neben der Existenz eines versicherten Mitglied über das die Familienversicherung begründet wird, müssen auch die weiteren Voraussetzungen wie ein Wohnsitz im Inland, keine eigene Pflicht- bzw. freiwillige Mitgliedschaft oder Versicherungsfreiheit in der gesetzlichen Krankenversicherung, keine hauptberufliche selbständige Erwerbstätigkeit sowie kein monatliches Einkommen über einem Siebtel der monatlichen Bezugsgröße nach § 18 SGB IV (entspricht im Jahre 2017 425 Euro bzw. 380 Euro [Ost])[558] gem. § 10 Abs. 1 Satz 1 Nrn. 1 bis 5 SGB V erfüllt sein. Größter Vorteil der Familienversicherung ist: sie ist gem. § 3 Satz 3 SGB V beitragsfrei.

Kommt eine Familienversicherung nicht Betracht, kann sich die Pflegeperson in der gesetzlichen Krankenversicherung gem. § 9 SGB V auch freiwillig versichern. Voraussetzung ist allerdings, dass bestimmte Vorversicherungszeiten bestanden haben. So ist der Beitritt gem. § 9 Abs. 1 Satz 1 Nr. 1 SGB V nur dann möglich, wenn innerhalb von fünf Jahren vor dem Ende der Versicherungspflicht mindestens vierundzwanzig Monate oder unmittelbar vor dem Ausscheiden aus der gesetzlichen Krankenversicherung zwölf Monate ununterbrochen versichert waren. Der Beitritt zur freiwilligen Krankenversicherung ist gem. § 9 Abs. 2 SGB V innerhalb von drei Monaten nach Beendigung der Pflichtmitgliedschaft anzuzeigen. Für die entstehenden Beiträge hat die Pflegeperson gegen die Pflegekasse bzw. das private Versicherungsunternehmen des pflegebedürftigen nahen Angehörigen einen Leistungsanspruch gem. § 44a SGB XI. Es handelt sich bei diesen Zuschüssen um eine Versicherungsleistung gem. § 28 Abs. 1 Nr. 11 SGB XI, die einen entsprechenden Antrag gem. § 33 Abs. 1 SGB XI voraussetzt. Zuschüsse werden allerdings gem. § 44a Abs. 1 Satz 3 nur in Höhe der Mindestbeiträge gem. § 240 Abs. 4 Satz 1 SGB V gezahlt. Für die (Mindest-) Beitragsberechnung

558 Die monatliche Bezugsgröße für das Jahr 2017 beträgt gem. § 2 Abs. 1 Sozialversicherungs-RechnungsgrößenVO 2017 vom 28.11.2016 (BGBl. I S. 2665) 2975 Euro. Für das Beitrittsgebiet beträgt die monatliche Bezugsgröße für das Jahr 2017 gem. § 2 Abs. 2 Sozialversicherungs-RechnungsgrößenVO 2017 vom 28.11.2016 (BGBl. I S. 2665) monatlich 2660 Euro.

wird dabei der neunzigste Teil der monatlichen Bezugsgröße (2975 Euro bzw. 2660 Euro [Ost] für das Jahr 2017)[559] mithin pro Kalendertag als Einkommen zu Grunde gelegt. Will sich die Pflegeperson besser absichern, muss sie überschießende Beiträge selbst leisten.

Neben einer freiwilligen Versicherung in der gesetzlichen Krankenversicherung kann die Pflegeperson sich auch privat krankenversichern. Zuschüsse werden in gleicher Höhe wie bei der freiwilligen Mitgliedschaft in der gesetzlichen Krankenversicherung durch die Pflegekasse bzw. das private Versicherungsunternehmen des pflegebedürftigen nahen Angehörigen gem. § 44a SGB XI bezahlt. Trotz der Einführung eines Basistarifs in der privaten Krankenversicherung über § 12 Abs. 1a VAG können sich erhebliche Beitragslücken, die die Pflegeperson selbst zu schließen hat, ergeben, denn der Beitragssatz in der privaten Krankenversicherung ist gem. § 12 Abs. 1c VAG nur für diesen Basistarif nach oben hin auf den Höchstbeitrag in der gesetzlichen Krankenversicherung begrenzt. Im Jahre 2017 sind dies 682,95 Euro pro Monat[560]. Der Mindestbeitrag für freiwillig Versicherte in der gesetzlichen Krankenversicherung hingegen beträgt in einem Monat mit 31 Kalendertagen nur 146,09 Euro[561].

559 Siehe FN 558.

560 Der Höchstsatz ergibt sich gem. § 12 Abs. 1 c Satz 2 VAG aus der Multiplikation des allgemeinen Beitragssatzes mit der jeweils geltenden Beitragsbemessungsgrenze in der gesetzlichen Krankenversicherung zuzüglich des durchschnittlichen Zusatzbeitrag in der vom Bundesministerium für Gesundheit gemäß § 242a Abs. 2 SGB V jeweils bekannt gegebenen Höhe. Für 2017 beträgt der allgemeine Beitragssatz 14,6 % (§ 241 SGB V), die geltende Beitragsbemessungsgrenze gem. §§ 6 Abs. 7, 223 Abs. 3 Satz 1 SGB V beträgt gem. § 4 Abs. 2 Sozialversicherungs-RechnungsgrößenVO 2017 vom 28.11.2016 (BGBl. I S. 2665) 52200 Euro jährlich (entspricht 4350,00 Euro monatlich). Der durchschnittliche Zusatzbeitragssatz wurde vom Bundesministerium für Gesundheit für das Jahr 2017 am 21.10.2016 auf 1,1 Prozent festgelegt und am 27.10.2016 im Bundesanzeiger veröffentlicht. Daraus errechnet sich der Höchstsatz von 4350,00 Euro * 0,157 = 682,95 Euro.

561 Der Mindestbeitrag für freiwillig Versicherte in der gesetzlichen Krankenversicherung errechnet sich aus dem allgemeinen Beitragssatz von 14,6 % multipliziert mit dem beitragspflichtigen Einkommen. Dieses beträgt gem. § 240 Abs. 4 Satz 1 SGB V pro Kalendertag ein Neunzigstel der monatlichen Bezugsgröße gem. § 18 SGB IV. Die monatliche Bezugsgröße für das Jahr 2017 beträgt gem. § 2 Abs. 1 Sozialversicherungs-RechnungsgrößenVO 2017 vom 28.11.2016 (BGBl. I S. 2665) 2975 Euro (2660 Euro Ost). Damit errechnet sich für einen Monat mit 31 Kalendertagen ein Mindestbeitrag in der gesetzlichen Krankenversicherung von 2975 Euro*1/90*31*0,146 = 149,61 Euro (2660 Euro*1/90*31*0,146 = 133,77 Euro [Ost]).

Nimmt die Pflegeperson weder eine Familienversicherung in Anspruch, noch wird sie freiwilliges Mitglied in der gesetzlichen Krankenversicherung oder versichert sich privat, tritt subsidiär eine gesetzliche Versicherungspflicht gem. § 5 Abs. 1 Nr. 13 SGB V ein, sofern vor Beginn der Pflegezeit eine gesetzliche Krankenversicherung bestanden hat.

Nimmt die ursprünglich pflichtversicherte Pflegeperson nur Pflegeteilzeit in Anspruch, bleibt es regelmäßig bei der bisher bestehenden Versicherungspflicht. Lediglich die Beitragshöhe ändert sich. Führt hingegen die Absenkung des Einkommens aufgrund der Pflegteilzeit dazu, dass die Grenze zur geringfügigen Beschäftigung gem. § 8 Abs. 1 Nr. 1 SGB IV erreicht oder unterschritten wird (sog. 450 Euro Grenze)[562], tritt Versicherungsfreiheit gem. § 7 Abs. 1 Satz 1 SGB V ein. Die Pflegeperson kann nun, wie bei der Inanspruchnahme der vollständigen Pflegezeit, die zukünftige Versicherung wählen. Wird eine Familienversicherung oder eine freiwillige Mitgliedschaft gewählt oder tritt subsidiär Versicherungspflicht gem. § 5 Abs. 1 Nr. 13 SGB V ein, besteht für den betroffenen Arbeitgeber eine Beitragspflicht in Höhe von 13 % des vereinbarten Monatseinkommens gem. § 249b SGB V. Diese Sonderbeitragspflicht des Arbeitgebers besteht trotz § 3 Satz 3 SGB V auch bei Mitgliedschaft in der sonst beitragsfreien Familienversicherung. § 249b SGB V ist insoweit lex specialis. Die freiwillig versicherte und geringfügig beschäftigte Pflegeperson muss selbst neben dem Pauschalbeitrag des Arbeitgebers keinen eigenen Beitrag für die gesetzliche Krankenversicherung leisten, weshalb Zuschussansprüche, anders als bei einer privaten Krankenversicherung gem. § 44a Abs. 1 Sätze 1 und 3 SGB XI, nicht bestehen. Die zur Beitragspflicht freiwillig in der gesetzlichen Krankenversicherung versicherter geringfügig Beschäftigter umstrittene Rechtslage[563] – ein Beitrag oder Doppelbeitrag – hat das Bundessozialgericht[564] Ende 2003 zugunsten einer Ein-Beitrags-Lösung durch den Arbeitgeber entschieden.

b) Private Krankenversicherung

Pflegepersonen, die vor Beginn der Pflegezeit aufgrund Überschreitens der Jahresarbeitsentgeltgrenze gem. § 6 Abs. 1 Nr. 1 SGB V von der Versicherungspflicht befreit und privat krankenversichert waren, können dies auch während der Pflegezeit bleiben. Versicherungspflicht besteht bei vollständiger Freistellung mangels sozialversicherungsrechtlichen Beschäftigungsverhältnisses nicht, auch

---

562 Zum 1.1.2013 wird die Grenze auf 450 Euro monatlich angehoben.

563 Vgl. ausführlich dazu KassKomm-*Peters*, § 249b SGB V Rn. 25 ff.

564 BSG Urteil vom 16.12.2003 – B 12 KR 20/01 R – NZS 2004, 537.

nicht subsidiär (§ 5 Abs. 1 Nr. 13 b) SGB V). Nehmen sie ihre Tätigkeit nach Beendigung wieder in voller Höhe auf, wird auch zukünftig wieder die Jahresarbeitsentgeltgrenze überschritten werden, so dass keine Versicherungspflicht (neu) eintritt. Aufgrund der Abschaffung der Drei-Jahre-Regelung in § 6 Abs. 1 Nr. 1 SGB V durch das Gesetz zur nachhaltigen und sozial ausgewogenen Finanzierung der Gesetzlichen Krankenversicherung vom 22. Dezember 2010[565], ist die fiktive Annahme eines Überschreitens der Jahresarbeitsentgeltgrenze in Zeiten von Pflege- und Elternzeit überflüssig und der mit dem Gesetz zur strukturellen Weiterentwicklung der Pflegeversicherung vom 28. Mai 2008[566] ergänzte § 6 Abs. 4 Satz 6 SGB V a. F. gestrichen worden.

Nimmt die Pflegeperson die Pflegezeit nicht in Form der vollständigen Freistellung, sondern in Form der Pflegeteilzeit durch Absenkung der vertraglich vereinbarten Arbeitszeit in Anspruch, bleibt ein sozialversicherungsrechtliches Beschäftigungsverhältnis auch während der Pflege(teil)zeit bestehen. Wird durch die damit verbundene Einkommensabsenkung die Jahresarbeitsentgeltgrenze unterschritten, tritt für die Pflegeperson unmittelbar Versicherungspflicht nach § 5 SGB V ein. Der Gesetzgeber hat auf diesen Umstand reagiert und für diese Personengruppe in § 8 Abs. 1 Nr. 2a SGB V eine Befreiungsmöglichkeit von der Versicherungspflicht geschaffen. Besserverdienende Pflegepersonen können sich daher auch in Zeiten einer Pflegeteilzeit weiterhin bei ihrem privaten Versicherungsunternehmen krankenversichern. Ein entsprechender Befreiungsantrag ist gem. § 8 Abs. 2 SGB V innerhalb von drei Monaten nach Eintritt der Versicherungspflicht also dem Beginn der Pflegeteilzeit bei der Krankenkasse zu stellen.

Gleiches gilt, wenn die ursprünglich versicherungsfreie Pflegeperson im Anschluss an eine vollständige oder teilweise Pflegezeit nicht wieder voll das vor Beginn bestehende Beschäftigungsverhältnis aufnimmt, sondern nur noch Teilzeit mit der Hälfte oder weniger als der regelmäßigen Wochenarbeitszeit vergleichbarer Vollbeschäftigter des Betriebs arbeitet. Auch in diesem Fall kann sich die Pflegeperson von der aufgrund der dadurch bedingten Unterschreitung der Jahresarbeitsentgeltgrenze eintretenden Versicherungspflicht gem. § 8 Abs. 1 Nr. 3 SGB V befreien lassen und weiterhin privat krankenversichern. Voraussetzung ist jedoch, dass das aufgenommene Teilzeitbeschäftigungsverhältnis bei Vollbeschäftigung zu einer Überschreitung der Jahresarbeitsentgeltgrenze führen würde und die Pflegeperson seit mindestens fünf Jahren versicherungsfrei ist. Die Zeiten der Pflegezeit werden dabei mit angerechnet.

565 BGBl. I S. 2309 ff.
566 BGBl. I S. 874 ff.

2. Soziale Pflegeversicherung

Die Mitgliedschaft in der sozialen Pflegeversicherung folgt der Mitgliedschaft in der gesetzlichen Krankenversicherung. Besteht in der gesetzlichen Krankenversicherung für die Pflegeperson Versicherungspflicht, so besteht diese gem. § 20 Abs. 1 SGB XI auch für die soziale Pflegeversicherung. Ist die Pflegeperson dagegen freiwillig in der gesetzlichen Krankenversicherung versichert, begründet diese Mitgliedschaft eine Versicherungspflicht in der sozialen Pflegeversicherung gem. § 20 Abs. 3 SGB XI.

Die Beiträge zur sozialen Pflegeversicherung betragen 1,95 Prozent der beitragspflichtigen Einnahmen. Deren Höhe bestimmt sich gem. § 57 Abs. 1 SGB XI gleichlaufend nach der Höhe der beitragspflichtigen Einnahmen in der gesetzlichen Krankenversicherung. Die Mitgliedschaft mittels Familienversicherung ist auch in der sozialen Pflegeversicherung beitragsfrei, §§ 25 Abs. 1, 56 Abs. 1 SGB XI). Die Beiträge sind bei Pflichtversicherten in der Krankenversicherung hälftig durch Arbeitgeber und Mitglied, bei freiwilligen Mitgliedern der gesetzlichen Krankenversicherung durch diese selbst zu tragen, §§ 58 Abs. 1 Satz 1, 59 Abs. 4 Satz 1 SGB XI.

Eine Besonderheit gilt für geringfügig beschäftigte Mitglieder, wenn sie freiwillig – eine Versicherungspflicht besteht gem. § 7 Abs. 1 SGB V nicht – in der gesetzlichen Krankenversicherung Mitglied und damit Pflichtmitglied in der sozialen Pflegeversicherung sind. Für die Beitragsbestimmung in der gesetzlichen Krankenversicherung gilt abweichend zu § 240 Abs. 4 SGB V die Spezialvorschrift § 249b SGB V, die eine pauschale Beitragstragung allein durch den Arbeitgeber anordnet[567]. Für die soziale Pflegeversicherung besteht eine solche pauschale Beitragspflicht des Arbeitgebers hingegen nicht. Für die Bestimmung der beitragspflichtigen Einnahmen verweist § 57 Abs. 4 SGB XI nur auf § 240 SGB V und damit auf die Grundregel zur Bestimmung der beitragspflichtigen Einnahmen freiwilliger Mitglieder in der gesetzlichen Krankenversicherung, nicht hingegen auf die Sondervorschrift § 249b SGB V. Das hat zur Folge, dass, anders als für die gesetzliche Krankenversicherung, für die soziale Pflegeversicherung Beiträge von geringfügig Beschäftigten, die freiwillig in der gesetzlichen Krankenversicherung Mitglied sind, basierend auf der Bemessungsgrundlage des § 240 SGB V, mithin durch Festlegung des Spitzenverbandes Bund der Krankenkassen erhoben werden können[568]. Das Bundessozialgericht hat dies 2006 bestätigt[569].

567 Vgl. dazu BSG Urteil vom 16.12.2003 – B 12 KR 20/01 R – NZS 2004, 537.

568 Vgl. KassKomm-*Peters,* § 57 SGB XI Rn. 31.

569 BSG Urteil vom 29.11.2006 – B 12 P 2/06 R – NJOZ 2007, 1895.

Pflegepersonen, die privat krankenversichert sind, müssen ebenfalls eine private Pflegeversicherung gem. § 23 SGB XI abschließen. Sie dürfen die private Pflegeversicherung allerdings bei einem anderen privaten Versicherungsunternehmen als die private Krankenversicherung abschließen, § 23 Abs. 2 SGB XI.

Sofern die pflegende Person eine Beitragspflicht in der sozialen oder privaten Pflegeversicherung trifft, besteht ein entsprechender Zuschussanspruch gegenüber der Pflegekasse bzw. dem private Pflegeversicherungsunternehmen der pflegebedürftigen Person gem. § 44a SGB XI.

3. Rentenversicherung

Für die Versicherungspflicht in der gesetzlichen Rentenversicherung nach dem SGB VI ist neben der Unterscheidung von voller Pflegezeit und nur Pflegeteilzeit in Anspruch nehmender Beschäftigter auch darauf zu achten, dass die Pflegetätigkeit selbst eine Versicherungspflicht auslösen kann, wenn sie einen bestimmten Umfang erreicht.

a) Volle Pflegezeit

Für Pflegende, die vor Beginn der Pflegezeit in der gesetzlichen Rentenversicherung – in der Regel gem. § 1 Satz 1 Nr. 1 SGB VI –pflichtversichert waren, endet mit Beginn der Pflegezeit mit dem sozialversicherungsrechtlichen Beschäftigungsverhältnis auch die Versicherungspflicht in der gesetzlichen Rentenversicherung.

Die während der Pflegezeit ausgeübte Pflegetätigkeit kann jedoch unmittelbar erneut eine Versicherungspflicht in der gesetzlichen Rentenversicherung gem. § 3 Satz 1 Nr. 1a SGB VI begründen. Voraussetzung dafür ist, dass ein Pflegebedürftiger im Sinne des § 14 SGB XI nicht erwerbsmäßig[570] mindestens 14 Stunden wöchentlich in häuslicher Umgebung gepflegt wird. Bereits der Anspruch auf Pflegezeit setzt einen pflegebedürftigen nahen Angehörigen im Sinne der §§ 14 und 15 SGB XI voraus, so dass ein Teil der Voraussetzungen bei bestehendem Anspruch auf Pflegezeit in jedem Fall erfüllt ist. Anders hingegen sieht es beim wöchentlichen Mindestpflegeumfang aus. Pflegebedürftigkeit nach § 14 SGB XI liegt bereits vor, wenn mindestens 90 Minuten täglich, pro Woche also 630 Minuten (= 10,5 Stunden) ein Pflegebedarf besteht. Bis zur Entstehung einer Versicherungspflicht bleibt damit eine Lücke von 3,5 Stunden wöchentlich. Diese Lücke zu schließen, steht allerdings nicht im Ermessen der pflegenden oder der

570 Ein etwaiges Arbeitsentgelt für die Pflegetätigkeit, das das dem Umfang der Pflegetätigkeit entsprechende Pflegegeld im Sinne des § 37 SGB XI nicht übersteigt, schadet der Einstufung als nicht erwerbstätige Pflegetätigkeit gem. § 3 Satz 2 SGB VI nicht.

pflegebedürftigen Person. Den erforderlichen Umfang der Pflegebedürftigkeit hat gem. § 44 Abs. 1 Satz 3 SGB XI der Medizinische Dienst der Krankenkassen festzustellen. Die Pflegeperson oder auch der Pflegebedürftige haben darzulegen und auf Verlangen glaubhaft zu machen, dass Pflegeleistungen in diesem zeitlichen Umfang auch tatsächlich erbracht werden, § 44 Abs. 1. Satz 4 SGB XI.

Umstritten war die Frage, welche Tätigkeiten auf die 14-Stunden-Grenze anzurechnen sind. In Betracht kam zum einen eine restriktive Auslegung, die nur Zeiten von Grundpflege und hauswirtschaftlicher Versorgung, die auch im Rahmen von § 14 SGB XI ausschließlich Berücksichtigung finden, berücksichtigt[571]. Dem gegenüber wurde andererseits vertreten, dass auch in § 14 SGB XI nicht genannte Betreuungszeiten im Sinne des § 4 Abs. 2 SGB XI im Rahmen von § 3 SGB VI zu berücksichtigen seien[572], weil § 3 SGB VI keine ausdrückliche Einschränkung enthalte und der Gesetzgeber in den Materialien zu § 19 SGB XI[573] zum Ausdruck gebracht habe, dass für den Status der Pflegeperson im Sinne des § 19 SGB XI auch Zeiten der Betreuung berücksichtigt werden sollen. Das Bundessozialgericht hat 2010 zu Gunsten einer restriktiven Auslegung entschieden. Zu Recht wies es darauf hin, dass die Versicherungspflicht in der gesetzlichen Rentenversicherung eine Leistung der Pflegeversicherung ist und daher eine Akzessorietät zwischen der „Rentenversicherungspflicht und ihrer Voraussetzungen zu den Voraussetzungen für die Leistungen der Pflegeversicherung“ besteht[574].

Werden 14 Stunden wöchentliche Pflege erreicht oder überschritten, tritt Versicherungspflicht auf Antragstellung ein, denn zu beachten ist, dass es sich um eine Leistung der Pflegeversicherung gem. § 28 Abs. 1 Nr. 10 SGB XI handelt, die einen entsprechenden Antrag des Versicherten gem. § 33 Abs. 1 SGB XI voraussetzt[575]. Für die Beurteilung des konkreten Aufwands ist ein an die Laienpflege orientierter abstrakter Maßstab anzulegen[576]. Die Beiträge zur gesetzlichen Rentenversicherung haben die Pflegekasse bzw. das private Pflegeversicherungsunternehmen des Pflegebedürftigen gem. §§ 170 Abs. 1 Nr. 6 SGB VI; 19 und 44 Abs. 1 SGB XI entsprechend der beitragspflichtigen Einnahmen zu entrichten.

571 So das LSG Niedersachsen Urteil vom 12.02.2002 – L 3 P 7/01.

572 So etwa das LSG NRW Urteil vom 3.6.2005 – L 4 RJ 58/04 – Streit 2007, 166 = SuP 2009, 712.

573 BT-Drucks 12/5262, S. 101.

574 Vgl. BSG Urteil vom 5.5.2010 – B 12 R 6/09 R – BSGE 106, 126 ff.

575 Vgl. KassKomm-*Gürtner*, § 3 SGB VI Rn. 4.

576 So das BSG Urteil vom 28.9.2011 – B 12 R 9/10 R – NJOZ 2013, 88.

Diese werden gem. § 166 Abs. 2 SGB VI in Prozentsätzen der Bezugsgröße in Abhängigkeit vom Umfang der pflegerischen Tätigkeit bestimmt[577].

Der Gesetzgeber hat für Personen, die gem. § 3 Satz 1 Nr. 1a SGB VI grundsätzlich versicherungspflichtig sind[578], in § 5 Abs. 2 Satz 1 Nr. 3 SGB VI spezielle Versicherungsfreiheit angeordnet, wenn die Pflegetätigkeit nur geringfügig im Sinne des § 5 Abs. 2 Satz 3 SGB VI ist. Eine solche liegt vor, wenn die gem. § 166 Abs. 2 SGB VI zu bestimmende Beitragsbemessungsgrundlage für die ausgeübte Pflegetätigkeit 400 Euro pro Monat nicht übersteigt. Dieser Fall kann allerdings nur eintreten, wenn die Pflegetätigkeit von mehreren Personen ausgeübt wird[579], denn bereits die geringste Beitragsbemessungsgrundlage von 26,6667 Prozent der monatlichen Bezugsgröße führt 2017 zu einer Mindestbeitragsbemessungsgrundlage von 793,33 Euro (709,33 Euro [Ost])[580]. Bei geteilter Pflegetätigkeit sieht das Gesetz in § 166 Abs. 2 Satz 2 SGB VI eine anteilige Berücksichtigung ausdrücklich vor. Der Anwendungsbereich dieser Ausnahme von der Versicherungspflicht erscheint jedoch gering, denn trotz anteiliger Pflege muss zum Entstehen der Versicherungspflicht bei der einzelnen Pflegeperson zunächst jeweils (!) die 14-Stunden-Marke erreicht werden, anderenfalls kann schon gar keine Versicherungspflicht entstehen.

b) *Pflegeteilzeit*

Pflegende, die nur Pflegeteilzeit in Anspruch nehmen, bleiben in der gesetzlichen Rentenversicherung – in der Regel gem. § 1 Nr. 1 SGB VI – mit ihrer verbleibenden Tätigkeit versicherungspflichtig. Aufgrund des geringeren Entgelts werden aber geringere Beiträge eingezahlt und geringere Rentenanwartschaften aufgebaut. Die Beiträge von derzeit 18,7 Prozent im Jahr 2017[581] tragen Arbeitgeber und Versicherter jeweils zu Hälfte, § 168 Abs. 1 Nr. 1 SGB VI.

Übersteigt die Pflegetätigkeit die 14 Stunden Grenze, besteht auch für die Pflegetätigkeit gem. § 3 Satz 1 Nr. 1a SGB VI bei entsprechendem Leistungsantrag

577 Vgl. *Marburger*, Die Beiträge 2008, 449, 454 mit Rechenbeispielen für 2008.

578 Vgl. KassKomm-*Gürtner*, § 5 SGB VI Rn. 31.

579 So auch *Marburger*, Die Beiträge 2008, 449, 454 für 2008 (560,00 Euro).

580 2975 Euro*0,266667 = 793,33 Euro (2660*0,266667 = 709,33 Euro). Zur Höhe der monatlichen Bezugsgröße siehe FN 558.

581 Vgl. § 1 der Verordnung zur Bestimmung der Beitragssätze in der gesetzlichen Rentenversicherung für das Jahr 2015 vom 22.12.2014 (BGBl. I S. 2396) iVm der Bekanntmachung der Beitragssätze in der allgemeinen Rentenversicherung und der knappschaftlichen Rentenversicherung für das Jahr 2017 vom 25.11.2016 (BGBl. I S. 2639).

Versicherungspflicht. Die entsprechenden Beiträge tragen die Pflegekasse bzw. das private Pflegeversicherungsunternehmen der pflegebedürftigen Person gem. §§ 19 und 44 Abs. 1 SGB XI. Voraussetzung ist aber, dass die verbliebene Teilzeittätigkeit 30 Stunden pro Woche nicht übersteigt. Nur für diese Fälle hat der Gesetzgeber Versorgungslücken in der gesetzlichen Rentenversicherung für den Fall eine Pflegeübernahme gesehen. Bei Überschreiten der 30 Stunden Grenze entfällt konsequenterweise dann auch die Versicherungspflicht, § 3 Satz 3 SGB VI. Wer weniger als 14 Stunden pro Woche pflegt oder mehr als 30 Stunden pro Woche neben der Pflege erwerbstätig bleibt, muss daher mit entsprechenden Einbußen bei der gesetzlichen Rentenversicherung leben. Die Höhe der Beiträge richtet sich, wie in der gesetzlichen Sozialversicherung üblich, nach den beitragspflichtigen Einnahmen, § 161 Abs. 1 SGB VI. Diese wiederum richten sich nach dem Umfang der Pflegebedürftigkeit und dem zeitlichen Umfang der Pflege gem. § 166 Abs. 2 SGB XI und können derzeit (2017) zwischen 793,33 Euro[582] (709,33 Euro [Ost]) und 2380 Euro[583] (2128 Euro [Ost]) liegen.

Führt die verbleibende Teilzeittätigkeit zu einem Erreichen oder Unterschreiten der 450 Euro Grenze und liegt damit eine geringfügige Beschäftigung gem. § 8 Abs. 1 Nr. 1 SGB IV vor, tritt für die Teilzeittätigkeit in der gesetzlichen Rentenversicherung seit dem 1.1.2013 gem. § 5 Abs. 2 Satz 1 Nr. 1 SGB VI keine Versicherungsfreiheit mehr ein[584]. In diesem Fall zahlt der Arbeitgeber einen erhöhten Beitragsanteil von 15 Prozent, § 172 Abs. 3 SGB VI, der versicherte geringfügig Beschäftigte die Differenz von 3,7 Prozent zum vollen Beitragssatz von derzeit 18,7 Prozent[585]. Als Beitragsbemessungsgrundlage werden dabei mindestens 175 Euro als beitragspflichtige Einnahmen angesetzt, § 163 Abs. 8 SGB VI.

---

582 Die beitragspflichtigen Mindesteinnahmen betragen 26,6667 Prozent der monatlichen Bezugsgröße, § 166 Abs. 2 Satz 1 Nr. 3 SGB VI, bei einer wöchentlich mindestens 14 Stunden umfassenden Pflege eines erheblich Pflegbedürftigen im Sinne des § 15 Abs. 1 Nr. 1 SGB XI. Zur Höhe der monatlichen Bezugsgröße siehe FN 580.

583 Die beitragspflichtigen Höchsteinnahmen betragen 80 Prozent der monatlichen Bezugsgröße, § 166 Abs. 2 Satz 1 Nr. 1a SGB VI, bei einer wöchentlich mindestens 28 Stunden umfassenden Pflege eines Schwerstpflegebedürftigen im Sinne des § 15 Abs. 1 Nr. 3 SGB XI. Zur Höhe der monatlichen Bezugsgröße siehe FN 580.

584 Mit dem Gesetz zu Änderungen im Bereich der geringfügigen Beschäftigung vom 5.12.2012, BGBl. I, S. 2474 wurde eine grundsätzliche Versicherungspflicht in der gesetzlichen Rentenversicherung auf für sogenannte „Mini-Jobber“ eingeführt und die bis dahin geltende Versicherungsfreiheit aufgehoben.

585 Siehe FN 581.

c) *Änderungen zum 1.1.2017*

Das zum 1.1.2017 in Kraft getretene Zweite Pflegestärkungsgesetz vom 21.12.2015[586] hat auch Auswirkungen auf die Rentenversicherung. Der Mindestpflegeumfang für eine Versicherungspflicht in der gesetzlichen Rentenversicherung von bisher 14 Wochenstunden reduziert sich zum 1.1.2017 auf zehn Wochenstunden, verteilt auf mindestens zwei Tage, § 3 Satz 1 Nr. 1a SGB VI nF. Zusätzlich muss die zu pflegende Person mindestens Pflegegrad 2 gem. § 15 SGB XI nF erreicht haben. Für den Anspruch auf Leistungen der Pflegekassen wurde § 44 Abs. 1 SGB XI entsprechend neu gefasst. Entfallen ist der Sonderbefreiungstatbestand des § 5 SGB VI für geringfügige nicht erwerbsmäßige Pflegetätigkeiten. Der Gesetzgeber hat den geringen Anwendungsbereich, der sich bereits aus der Mindestpflegedauer zur Begründung der Versicherungspflicht in der gesetzlichen Rentenversicherung ergibt[587], erkannt und § 5 Abs. 2 Satz 1 Nr. 3 sowie Satz 3 SGB VI trotz Senkung der Mindestpflegedauer und Streichung einer ursprünglich geplanten weiteren Einschränkung in §§ 3 Satz 1 Nr. 1a, 44 Abs. 1 SGB VI-E (Mindestpflegeumfang bzw. addierter Mindestpflegeumfang)[588] im Gesetzgebungsverfahren[589] ersatzlos gestrichen[590]. Geändert wurden auch die der Höhe der Beitragszahlung zugrunde liegenden beitragspflichtigen Einnahmen. § 161 Abs. 2 SGB VI wird deutlich detaillierter. Aus bislang sechs Abstufungen werden künftig zwölf. Die geringsten beitragspflichtigen Einnahmen betragen künftig 18,9 vom Hundert der Bezugsgröße (§ 161 Abs. 2 Nr. 4 lit. c) SGB VI), die höchsten 100 vom Hundert der Bezugsgröße (§ 161 Abs. 2 Nr. 1 lit a) SGB VI).

4. Arbeitslosenversicherung

Personen, die eine Pflegezeit nach § 3 PflegeZG in Anspruch nehmen, sind während dieser Inanspruchnahme (längstens sechs Monate) in der gesetzlichen Arbeitslosenversicherung gem. §§ 44a Abs. 2 SGB XI und 26 Abs. 2b SGB III versichert, sofern sie unmittelbar vor Beginn der Pflegezeit versicherungspflichtig waren oder eine als Arbeitsbeschaffungsmaßnahme geförderte Beschäftigung ausgeübt haben, die ein Versicherungspflichtverhältnis nach dem

---

586 BGBl. I 2424.

587 Siehe oben unter F. II. 3. a).

588 Siehe dazu den Regierungsentwurf BT-Drucks. 18/5926, S. 36 (Nr. 27).

589 Die Streichung erfolgte auf Beschlussempfehlung und Bericht des Ausschusses für Gesundheit BT-Drucks. 18/6688, S. 143 (zu Nr. 27).

590 BGBl. I 2015, 2424, 2462.

SGB III oder Bezug von Arbeitslosengeld unterbrochen hat. Es sind damit nur die Personen erfasst, die auch die Voraussetzungen des § 3 PflegeZG im Hinblick auf Pflegebedürftigkeit des nahen Angehörigen (mind. Pflegestufe 1) und die häusliche Umgebung erfüllen. Auf eine Mindestpflegedauer durch die Pflegeperson kommt es bis zum 31.12.2016 hingegen nicht an. Dies änderte sich durch das Zweite Pflegestärkungsgesetz vom 21.12.2015 zum 1.1.2017. § 26 Abs. 2b SGB III wurde neu gefasst. Künftig sind nur solche Personen versicherungspflichtig, die als Pflegeperson (§ 19 Satz 1 SGB XI) eine Person, die mindestens Pflegegrad 2 erreicht hat, für mindestens zehn Stunden in der Woche, verteilt auf mindestens zwei Tage, pflegen[591]. Für den Anspruch auf Leistungen gegenüber der Pflegekasse wurde § 44 Abs. 2b SGB XI neu eingefügt. Der Gesetzgeber hält pflegerische Tätigkeiten, die unterhalb dieser Schwelle bleiben für so gering, dass er eine Versicherung in der Arbeitslosenversicherung für nicht (mehr) notwendig erachtet.

Personen, die nur eine Pflegeteilzeit in Anspruch nehmen, sind schon wegen der weiterhin ausgeübten Beschäftigung während der gesamten Pflegezeit gem. § 25 Abs. 1 SGB III in der Arbeitslosenversicherung grundsätzlich versicherungspflichtig. Einen Sonderfall stellt es aber da, wenn die verbleibende Teilzeitbeschäftigung so gering wird, dass sie als geringfügige Beschäftigung gem. § 8 Abs. 1 SGB IV einzustufen ist. Dann bestünde in der Arbeitslosenversicherung gem. § 27 Abs. 2 Satz 1 SGB III eigentlich Versicherungsfreiheit. Dem steht jedoch die Versicherungspflicht gem. § 26 Abs. 2b SGB III, die mit der Bezugnahme auf § 3 PflegeZG auch die Pflegeteilzeit – unabhängig von ihrem Umfang – erfasst, entgegen. Dieser Konflikt ist wohl mit einem kleinen Umweg über die Konkurrenznorm des § 26 Abs. 3 Satz 5 SGB III zu lösen. Dieser räumt der Versicherungspflicht „nach anderen Vorschriften dieses Buches“ – also etwa § 25 Abs. 1 SGB III – Vorrang vor der Versicherungspflicht nach § 26 Abs. 2b SGB III ein. Damit bleibt als Anwendungsbereich für § 26 Abs. 2b SGB III bei der Pflegeteilzeit nur der Fall, dass diese so gering ausfällt, dass eine Versicherungspflicht nach § 25 Abs. 1 SGB III nicht ausgelöst wird, mithin die Fälle der Versicherungsfreiheit gem. § 27 SGB III. Der Versicherungspflicht auslösende § 26 Abs. 2b SGB III ist somit spezieller, als die allgemeine Vorschrift des § 27 Abs. 2 Satz 1 SGB III und geht dieser damit vor[592].

---

591 Gleichwohl wurde insgesamt der Versicherungsschutz durch die Einbeziehung aller Pflegenden iSd § 19 SGB XI ausgeweitet. Siehe dazu auch die Begründung zum Regierungsentwurf BT-Drucks. 18/5926, S. 64.

592 So ist wohl auch *von Plettenberg*, S. 233 zu verstehen. Auch die Spitzenverbände der Sozialversicherung gehen wohl davon aus. Siehe dazu das Rundschreiben „Soziale

Die Höhe der Beiträge zur gesetzlichen Arbeitslosenversicherung richtet sich neben dem allgemeinen Beitragssatz von drei Prozent gem. § 341 Abs. 2 SGB III ebenfalls nach den beitragspflichtigen Einnahmen der versicherten Person. Für Pflegepersonen während der Pflegezeit sind das gem. § 345 Nr. 8 SGB III zehn Prozent der monatlichen Bezugsgröße. Für das Jahr 2016 sind das 290,50 Euro (bzw. 252,00 Euro [Ost])[593]. Zu tragen haben die Beiträge gem. § 347 Nr. 10 SGB III die Pflegekasse bzw. das private Versicherungsunternehmen der pflegebedürftigen Person.

5. Gesetzliche Unfallversicherung

Mit Beendigung des sozialversicherungsrechtlichen Beschäftigungsverhältnisses zu Beginn einer (vollen) Pflegezeit endet, wie auch in allen anderen Versicherungszweigen, die Versicherungspflicht in der gesetzlichen Unfallversicherung. Pflegende Personen im Sinne des § 19 SGB XI sind allerdings in der gesetzlichen Unfallversicherung pflichtversichert, § 2 Abs. 1 Nr. 17 SGB VII. Auf den Umfang der Pflegetätigkeit kommt es dabei nicht an. Insbesondere bedarf es keiner Mindestpflegetätigkeit in Höhe von 14 Wochenstunden, wie sie § 44 SGB XI für Leistungen zur sozialen Sicherung durch die Pflegekassen voraussetzt[594]. Das war freilich lange durchaus umstritten, denn der pauschale Verweis von § 2 Abs. 1 Nr. 17 SGB VII auf § 19 SGB XI ließ auch diese Auslegung denkbar erscheinen[595]. Im Jahr 2004 hat das Bundessozialgericht endgültig entschieden, dass § 2 Abs. 1 Nr. 17 SGB VII nur auf den Begriff der Pflegeperson und damit § 19 Satz 1 SGB XI verweist und klargestellt, dass eine Mindestpflegedauer pro Woche, wie sie in § 19 Satz 2 SGB XI für Leistungen zur sozialen Sicherung nach § 44 SGB XI verlangt wird, für die Einbeziehung in die gesetzliche Unfallversicherung nicht erforderlich ist.[596] Die Regelung des § 44 Abs. 1 Satz 6 SGB XI sei für die Frage, ob auch Pflegepersonen, die weniger als 14 Stunden pflegen würden, vom Schutz der gesetzlichen Unfallversicherung erfasst seien, nicht erheblich, weil es sich bei der „Einbeziehung der Pflegepersonen in den Schutz der gesetzlichen Unfallversicherung schon vom Wortsinn her“ nicht

Sicherung von Pflegepersonen während der Pflegezeit in der Arbeitslosenversicherung“ vom 1.7.2008, S. 18 f.; aA *von Koppenfels-Spies*, Rn. 576.

593 Vgl. Sozialversicherungs-Rechengrößenverordnung 2016 vom 30.11.2015, BGBl. I, S. 2137.

594 Ab 1.1.2017: 10 Wochenstunden, verteilt auf regelmäßig mindestens zwei Tage, §§ 19 Satz 2, 44 Abs. 1 SGB XI.

595 Vgl. zum Streitstand *Günther-Nicolay*, NZS 2006, 17.

596 BSG Urteil vom 7.9.2004–2 U 46/03 – NJW 2005, 1148.

um eine „Leistung“ der Pflegekassen handele, sondern um „eine unmittelbar durch das Gesetz eingeräumte Rechtsposition“[597]. Außerdem „legt § 44 SGB XI iVm. § 19 SGB XI nicht selbst die Modalitäten für die Versicherungen von Pflegepersonen in den Zweigen der Sozialversicherung fest, sondern verweist als bloße Eingangsvorschrift auf die spezialgesetzlichen Regelungen in den für die jeweilige Materie einschlägigen Büchern des Sozialgesetzbuches“[598]. Das war durchaus schlüssig.

Mit den durch das Zweite Pflegestärkungsgesetz vom 21.12.2015[599] erfolgten Änderungen zum 1.1.2017, sind der Streit und seine Entscheidung durch das BSG jedoch obsolet. Geändert wurde nicht nur § 19 Satz 2 SGB XI – die Mindestpflege wurde von 14 Stunden auf 10 Stunden pro Woche, verteilt auf regemäßig mindestens zwei Tage, abgesenkt – sondern auch § 44 SGB XI. Dabei wurde der bisherige § 44 Abs. 1 Satz 6 SGB XI a. F., der die gesetzliche Unfallversicherung regelte, gestrichen und für die gesetzliche Unfallversicherung der neue Absatz 2a geschaffen. Während § 44 Abs. 1 Satz 6 SGB XI a. F. bis zum 31.12.2016 nur von „Pflegepersonen“ sprach, die, „nach Maßgabe der §§ 2, 4, 105, 106, 129, 185 des Siebten Buches in den Versicherungsschutz der gesetzlichen Unfallversicherung einbezogen“ sind, findet sich im neuen § 44 Abs. 2a SGB XI ab 1.1.2017 die Formulierung: „Während der pflegerischen Tätigkeit sind Pflegepersonen im Sinne des § 19, die einen Pflegebedürftigen mit mindestens Pflegegrad 2 pflegen, nach Maßgabe des § 2 Absatz 1 Nr. 17 des Siebten Buches in den Versicherungsschutz der gesetzlichen Unfallversicherung einbezogen“. Die Auffassung, dass § 44 SGB XI nicht selbst die Modalitäten des Versicherungsschutzes regele, sondern dies den einzelnen Büchern des Sozialgesetzbuches überlasse, lässt sich angesichts des neuen Wortlauts nicht mehr aufrechterhalten. Für den Einbezug reicht es in jedem Fall nicht mehr aus, „nur“ Pflegeperson im Sinne des § 19 Satz 1 SGB XI zu sein, um in den Versicherungsschutz der gesetzlichen Unfallversicherung einbezogen zu werden. Die zu pflegende Person muss mindestens Pflegegrad 2 erreicht haben.

Geändert wurde allerdings auch § 2 Abs. 1 Nr. 17 SGB VII. Während die bis zum 31.12.2016 geltende Formulierung „Pflegepersonen im Sinne des § 19 des Elften Buches“ die Auslegung des BSG vom 7.9.2004[600], es werde nur auf den

---

597 BSG Urteil vom 7.9.2004–2 U 46/03 – NJW 2005, 1148, 1150.

598 BSG Urteil vom 7.9.2004–2 U 46/03 – NJW 2005, 1148, 1150.

599 Zweites Gesetz zur Stärkung der pflegerischen Versorgung und zur Änderung weiterer Vorschriften (Zweites Pflegestärkungsgesetz – PSG II) vom 21.12.2015, BGBl. I, S. 2424 ff.

600 BSG Urteil vom 7.9.2004–2 U 46/03 – NJW 2005, 1148, 1150.

Begriff der Pflegeperson gem. § 19 Satz 1 SGB XI verwiesen, ermöglichte, ist das seit dem 1.1.2017 nicht mehr möglich. § 2 Abs. 1 Nr. 17 SGB VII lautet nunmehr: „Pflegepersonen im Sinne des § 19 Satz 1 und 2 des Elften Buches ....". Damit ist für den Einbezug in die gesetzliche Unfallversicherung erforderlich, dass die Pflegeperson eine Mindestpflege im Umfang von 10 Wochenstunden, verteilt auf regelmäßig mindestens zwei Tage erbringt, § 19 Satz 2 SGB XI.

G. Betriebliche Mitbestimmung

Die Vorschriften über die betriebliche Mitbestimmung werden durch das PflegeZG nicht berührt. Sofern im Zusammenhang mit einer kurzzeitigen Arbeitsverhinderung oder Pflegezeit mitbestimmungspflichtige Tatbestände vorliegen, bleibt es bei den üblichen Regelungen, soweit Arbeitnehmer im Sinne des § 5 BetrVG betroffen sind. Der Arbeitnehmerbegriff des § 5 BetrVG ist enger als der Beschäftigtenbegriff. Er erfasst insbesondere arbeitnehmerähnliche Personen, soweit es sich nicht um in Heimarbeit Beschäftigte handelt, nicht[601]. Bei den zur Berufsbildung Beschäftigten sind nur die zur Berufs**aus**bildung Beschäftigten erfasst. Für die Einbeziehung in den von § 5 Abs. 1 BetrVG erfassten Personenkreis bedarf es eines privatrechtlichen Vertrages aufgrund dessen der Auszubildende zur Arbeit im Dienste eines anderen verpflichtet ist[602]. Auch Praktikanten können daher durch § 5 Abs. 1 BetrVG erfasst sein[603].

I. Schwellenwertberücksichtigung

Arbeitnehmer, die das Leistungsverweigerungsrecht aus § 2 PflegeZG oder Pflegezeit gem. § 3 PflegeZG in Anspruch nehmen, bleiben Arbeitnehmer des Betriebs und werden, sofern durch Gesetze oder Verordnungen auf die Anzahl der Beschäftigten abgestellt wird, grundsätzlich mitgezählt. Etwas anderes gilt hingegen dann, wenn für sie Ersatzkräfte beschäftigt werden, die ihrerseits bei der Beschäftigtenzahl zu berücksichtigen sind. Um Doppelzählungen zu vermeiden, sind dann Pflegezeiter nicht zu berücksichtigen, § 6 Abs. 4 PflegeZG. Der Gesetzgeber hat entsprechend § 21 Abs. 7 BEEG verhindert, dass durch die Inanspruchnahme von Pflegezeit der betroffenen Betrieb künstlich für den entsprechenden Zeitraum vergrößert wird, weil vom Arbeitgeber Ersatzkräfte beschäftigt werden[604]. Insbesondere ein Hineinwachsen von Kleinbetrieben in den betrieblichen Anwendungsbereich des Kündigungsschutzgesetzes (§ 23 Abs. 1

601 Vgl. GK/BetrVG-*Raab*, § 5 Rn. 51, 56.

602 BAG Beschluss vom 30.10.1991-7 ABR 11/91 – AP Nr. 2 zu § 5 BetrVG 1972 Ausbildung; BAG Beschluss vom 24.9.2002-5 AZB 12/02 – AP Nr. 56 zu § 5 ArbGG 1979 zum gleichlautenden § 5 Abs. 1 ArbGG.

603 So schon BAG Beschluss vom 24.9.1981-6 ABR 7/81 – AP Nr. 26 zu § 5 BetrVG 1972.

604 Vgl. BT-Drucks. 16/7439, S. 93 = BR-Drucks. 718/07, S. 225.

S. 2–4) wird vermieden[605]. Werden für eine Vollzeitkraft mehrere Teilzeitersatzkräfte eingestellt, so bleibt es bei dem Grundsatz, dass die für einen Schwellenwert zu berücksichtigende Beschäftigtenzahl sich nicht aufgrund einer Inanspruchnahme von kurzzeitiger Arbeitsverhinderung oder Pflegezeit verändern darf. Sinnvoll ist es in diesen Fällen, mit den nach dem Gesetzeswortlaut nicht zu berücksichtigenden aber vollbeschäftigten Pflegezeitern zu rechnen und die entsprechenden Teilzeitersatzkräfte nicht zu berücksichtigen[606].

II. Betriebsratsamt und - wahl

Arbeitnehmer, die Pflegezeit oder die kurzzeitige Arbeitsverhinderung in Anspruch nehmen, erfahren auch hinsichtlich eines etwaigen Betriebsratsamtes sowie einer Betriebsratswahl keine Einschränkungen. Ein Betriebsratsmitglied, das Pflegezeit in Anspruch nimmt, kann unter Umständen in dieser Zeit an der Ausübung seines Betriebsratsamtes gehindert sein, etwa weil es auch für Betriebsratssitzungen, etc. nicht seinen Pflegeposten verlassen kann. In diesem Fall rückt für den entsprechenden Zeitraum ein Ersatzmitglied gem. § 25 Abs. 1 Satz 2 BetrVG nach. Das Recht, das Amt selbst auszuüben, bleibt bestehen[607].

Ebenfalls bestehen bleiben das aktive[608] und das passive[609] Wahlrecht gem. §§ 7, 8 BetrVG, ebenso wie bei anderen Arbeitnehmern, deren Arbeitsverhältnis, etwa während der Elternzeit oder Wehrpflicht[610], ruht.

III. Personelle Einzelmaßnahmen

Als mitbestimmungspflichtige Tatbestände kommen etwa die Mitbestimmung gem. § 99 Abs. 1 BetrVG bei der Einstellung von Ersatzarbeitskräften für Pflegezeiter oder eine Versetzung im Sinne von § 95 Abs. 3 BetrVG, die sowohl einen „verbliebenen“ Arbeitnehmer zur Vertretung, aber auch den Pflegezeit in Anspruch nehmen Arbeitnehmer selbst, etwa wenn er nach seiner Rückkehr aus der Pflegezeit an anderer Stelle eingesetzt werden soll, treffen kann, in Betracht. Ein vorhandener Betriebsrat ist über solche personellen Einzelmaßnahmen zu

605 ErfK-*Gallner*, § 6 PflegeZG Rn. 3.

606 Ebenso das BAG Beschluss vom 15.3.2006–7 ABR 39/05 – EzAÜG BetrVG Nr. 93 für das gleiche Problem im Rahmen von § 21 BEEG.

607 Vgl. BAG Beschluss vom 25.5.2005–7 ABR 45/04 – NZA 2005, 1002.

608 Vgl. BeckOK/ArbR-*Besgen*, § 7 BetrVG Rn. 9; ErfK-*Koch*, § 7 BetrVG Rn. 3; BAG Urteil vom 31.5.1989–7 AZR 574/88 – NZA 1990, 449.

609 Vgl. BeckOK/ArbR-*Besgen*, § 8 BetrVG Rn. 6.

610 Vgl. BAG Beschluss vom 29.3.1974–1 ABR 27/73 – AP Nr. 2 zu § 19 BetrVG 1972.

unterrichten und kann gem. § 99 Abs. 2 BetrVG seine Zustimmung verweigern. Besonderheiten ergeben sich nicht.

Die Reduzierung der Arbeitszeit zu Beginn der Pflegezeit stellt keine Einstellung im Sinne von § 99 Abs. 1 BetrVG dar[611]. Eine entsprechende Eingliederung des betroffenen Arbeitnehmers in den betrieblichen Ablauf erfolgt in der Regel nicht.

Auch bei der planmäßigen Rückkehr aus der Pflegezeit und Wiederaufnahme der Arbeit durch den betroffenen Arbeitnehmer handelt es sich nicht eine mitbestimmungspflichtige Einstellung im Sinne von § 99 Abs. 1 BetrVG. Der Arbeitgeber hat keine Wahl, ob er den Arbeitnehmer wieder beschäftigt oder nicht. Das Gesetz gibt ihm dies vor. Wo der Arbeitgeber aber selbst nichts zu bestimmen hat, kann es schlechterdings auch keine Mitbestimmung geben[612]. Bei einer außerplanmäßigen Rückkehr (§ 4 Abs. 2 PflegeZG) kommt es mithin darauf an, ob diese vom Gesetz angeordnet (§ 4 Abs. 2 Satz 1 PflegeZG) oder von Arbeitgeber und Arbeitnehmer im Wege einer freiwilligen Willensübereinstimmung vereinbart wurde (§ 4 Abs. 2 Satz 3 PflegeZG)[613]. Ist letzteres der Fall, besteht ein Mitbestimmungsrecht gem. § 99 Abs. 1 BetrVG.

Kein Mitbestimmungsrecht besteht, schon wegen des gestaltungsrechtlichen Charakters, bei der Frage nach dem „ob" einer angekündigten Pflegezeit. Ein der Mitbestimmung zugänglicher Entscheidungsspielraum des Arbeitgebers fehlt, jedenfalls im Falle der vollen Freistellung von der Arbeitsleistung.

IV. Erzwingbare Mitbestimmung bei Pflegeteilzeit

Anders hingegen stellt sich die Situation bei der Inanspruchnahme von Pflegeteilzeit dar. Diese kann nicht einseitig vom Beschäftigten durch Ausübung eines Gestaltungsrechts herbeigeführt werden. Vielmehr bedarf es einer Einigung mit dem Arbeitgeber über die Verringerung und die Verteilung der Arbeitszeit. Diese Einigung könnte der erzwingbaren Mitbestimmung in sozialen Angelegenheiten gem. § 87 Abs. 1 Nr. 2 BetrVG unterfallen.

Der Betriebsrat hat gem. § 87 Abs. 1 Nr. 2 BetrVG über Beginn und Ende der täglichen Arbeitszeit einschließlich der Pausen sowie die Verteilung der Arbeitszeit auf die einzelnen Wochentage mitzubestimmen, soweit eine gesetzliche oder tarifliche

---

611 So auch *Kliemt*, NZA 2001, 63, 70 zu § 8 TzBfG; wohl auch *Rieble/Gutzeit*, NZA 2001, 7, 8; a. A. *Schüren*, AuR 2001, 321, 325.

612 GK/BetrVG-*Kraft-Raab*, § 99 Rn. 33.

613 Vgl. BAG Beschluss vom 7.11.1975–1 ABR 78/74 – AP Nr. 3 zu § 99 BetrVG 1972 zur Frage ob eine Einstellung beim Betriebsübergang gem. § 613a BGB vorliegt.

Regelung nicht besteht. Inwieweit dieses Mitbestimmungsrecht beim Teilzeitverlangen zum Tragen kommt, ist seit Einführung der Teilzeitansprüche für Arbeitnehmer in § 8 TzBfG[614] und § 15 Abs. 7 BErzGG[615] (heute § 15 Abs. 7 BEEG) zum 1.1.2001 umstritten[616]. Unstreitig bleiben die Mitbestimmungsrechte des § 87 BetrVG grundsätzlich unberührt[617]. Es stellt sich somit nur die Frage nach deren Reichweite.

Nicht von § 87 Abs. 1 Nr. 2 BetrVG erfasst ist die (Gesamt)Dauer der Arbeitszeit, die sich allein aus dem Arbeitsvertrag ergibt, sondern nur die Lage der täglichen Arbeitszeit und die Verteilung auf die einzelnen Wochentage. Somit liegt kein Fall erzwingbarer Mitbestimmung in sozialen Angelegenheiten vor, soweit es allein die Verringerung der (Gesamt)Arbeitszeit an sich, sei es nun nach § 8 TzBfG, § 15 Abs. 7 BEEG oder § 3 Abs. 1 PflegeZG, betrifft[618].

Hinsichtlich der Verteilung der Arbeitszeit, über die sich Arbeitnehmer und Arbeitgeber gem. § 3 Abs. 4 PflegeZG einigen müssen, bleibt die Frage nach der betrieblichen Mitbestimmung in sozialen Angelegenheiten. Die Regelung des § 3 Abs. 4 PflegeZG unterscheidet sich nicht von der in § 15 Abs. 7 BEEG und nur unwesentlich von der in § 8 TzBfG. Während §§ 3 Abs. 4 PflegeZG und 15 BEEG dem Arbeitgeber nur dringende betriebliche Gründe als Ablehnungsgrund zur Seite stellen, reichen bei § 8 TzBfG (hinreichend gewichtige[619]) betriebliche Gründe aus[620]. Für die Reichweite des Mitbestimmungsrechts ist das nicht relevant, so dass insoweit eine vergleichbare Situation wie bei Teilzeitverlangen nach § 8 TzBfG bzw. § 15 Abs. 7 BEEG vorliegt.

Auszuschließen ist die betriebliche Mitbestimmung in sozialen Angelegenheiten, soweit § 3 PflegeZG eine gesetzliche Regelung im Sinne von § 87 Abs. 1 Eingangssatz BetrVG ist. Dazu müsste sie die ansonsten mitbestimmungspflichtige Angelegenheit allerdings selbst abschließend und zwingend regeln[621]. Lässt

---

614 Gesetz über Teilzeitarbeit und befristete Arbeitsverträge und zur Änderung und Aufhebung arbeitsrechtlicher Bestimmungen vom 21.12.2000, BGBl. I S. 1426.

615 Drittes Gesetz zur Änderung des Bundeserziehungsgeldgesetzes vom 12.10.2000, BGBl. I S. 1426.

616 Vgl. *Rieble/Gutzeit*, NZA 2002, 7 ff.; *Preis/Gotthardt*, DB 2001, 145 ff.; *Schüren*, AuA 2001, 321 ff.; *Gaul/Wisskirchen*, BB 2000, 2466 ff.; *Richardi/Annuß*, BB 2000, 2201, 2203; *Rolfs*, RdA 2001, 129, 137; *Straub*, NZA 2001, 919, 924; Lakies, DZWIR 2001, 1,5.

617 Vgl. *Richardi/Annuß*, BB 2000, 2201, 2203; *Rolfs*, RdA 2001, 129, 137; *Kliemt*, NZA 2001, 63, 70; BT-Drucks. 14/4625, S. 8, 20.

618 Vgl. *Rieble/Gutzeit*, NZA 2002, 7, 8 zu § 8 TzBfG.

619 Vgl. BAG Urteil vom 15.8.2006-9 AZR 30/06 – NZA 2007, 259, 261.

620 Vgl. *Hanau*, FS Buchner, S. 281, 299.

621 Vgl. BAG Beschluss vom 17.12.1985-1 ABR 6/84 – NZA 1986, 364, 365; *Rieble/Gutzeit*, NZA 2002, 7, 10 mwN.

die Norm hingegen einen Regelungsspielraum für den Arbeitgeber, so bleibt die Mitbestimmung des Betriebsrats bestehen[622]. So liegt es im Fall des § 3 Abs. 4 PflegeZG. Der Gesetzgeber verlangt von Arbeitgeber und Arbeitnehmer nicht nur die Verringerung der Arbeitszeit im Rahmen einer Pflegeteilzeit, sondern auch die Verteilung derselben im Wege der Vereinbarung zu treffen, die jederzeit durch die Parteien auch einvernehmlich wieder geändert werden kann. Mithin trifft das Gesetz eine abschließende und zwingende Regelung gerade nicht[623], sondern überlässt den Parteien einen entsprechenden Spielraum. Als Folge ist die Mitbestimmung beim Teilzeitverlangen gem. § 3 Abs. 4 PflegeZG soweit es die Verteilung der Arbeitszeit betrifft nicht durch eine vorrangige gesetzliche Regelung im Sinne von § 87 Abs. 1 Eingangssatz BetrVG ausgeschlossen.

Mitbestimmung findet gleichwohl nur dann statt, soweit es sich jeweils um einen kollektiven Tatbestand handelt[624]. Reine Individualmaßnahmen unterliegen nach ganz herrschender Meinung der betrieblichen Mitbestimmung in sozialen Angelegenheiten nicht[625]. Mithin ist streitentscheidend, ob die (Neu)Verteilung von im Rahmen von Pflegeteilzeit reduzierter Arbeitszeit nur reine Individualmaßnahme oder ein mitbestimmungspflichtiger kollektiver Tatbestand ist. Für ersteres spricht der Umstand, dass es um individuelle Einzelfälle geht, in denen der betroffene Arbeitnehmer seine ganz individuellen Interessen an einer bedarfsgerechten Pflege für einen nahen Angehörigen und der gleichzeitigen Berufstätigkeit gegenüber dem Arbeitgeber in Form eines konkreten und individuellen Pflegeteilzeitwunsches zum Ausdruck bringt[626] und mit diesem insbesondere die Verteilung der Arbeitszeit letztlich verhandeln muss. Soweit eine Maßnahme in Form einer „individuellen Verhandlungslösung“[627] „aber den individuellen Besonderheiten oder Wünschen des

---

622 Vgl. *Rieble/Gutzeit*, NZA 2001, 7, 10; BAG vom Urteil vom 18.2.2003–9 AZR 164/02 – NZA 2003, 1392, 1396; BAG Beschluss vom 25.1.2000–1 ABR 3/99 – NZA 2000, 665, 667.

623 So auch *Rieble/Gutzeit*, NZA 2001, 7, 10 für § 8 TzBfG; *Gaul/Wisskirchen*, BB 2000, 2466, 2468 für § 15 Abs. 7 BErzGG soweit es die Verteilung der Arbeitszeit, nicht deren Reduzierung und § 87 Abs. 1 Nr. 3 BetrVG betrifft.

624 Vgl. ausführlich zum kollektiven Tatbestand als ungeschriebenes Tatbestandsmerkmal des § 87 Abs. 1 BetrVG *Wank* FS Wiese, S. 617, 618 ff.

625 GK/BetrVG-*Wiese*, § 87, Rn. 14 ff.; ErfK-*Kania*, § 87 BetrVG Rn. 6; BeckOK/ArbR-*Werner*, § 87 BetrVG Rn. 12; *Richardi*, § 87 Rn. 17; BAG Urteil vom 18.8.2009–9 AZR 517/08 – NZA 2009, 1207; ausführlich *Raab*, ZfA 2001, 31, 32 ff.; *Wiese*, ZfA 2000, 117, 125.

626 Vgl. *von Plettenberg*, S. 222.

627 *Rolfs*, RdA 2001, 129, 137 zu § 8 TzBfG.

Arbeitnehmers Rechnung“[628] trägt, fehlt es an einer „generellen Regelung“[629] und damit an einem kollektiven Tatbestand. An dieser Auffassung gibt es zu Recht Zweifel[630]. Allerdings vermag auch das andere Extrem, dass bei einem Teilzeitbegehren auch nur einzelner Arbeitnehmer stets ein kollektiver Tatbestand vorliegt, weil die Reduzierung eines einzelnen Arbeitnehmers immer in einem Zusammenhang mit der Arbeitszeit der übrigen Arbeitnehmer des Betriebs steht[631], nicht zu überzeugen[632]. Die Verteilung der Arbeitszeit stellt nicht „per se“ einen kollektiven Tatbestand dar[633]. Es kommt vielmehr auf den jeweiligen konkreten Einzelfall an[634]. Soweit die Neuverteilung der Arbeitszeit kollektive Interessen, insbesondere die Arbeitszeiten anderer Arbeitnehmer, nicht berührt, liegt auch kein kollektiver Tatbestand vor und die Verteilung ist mitbestimmungsfrei[635]. Eines Interessenausgleichs der Arbeitnehmer untereinander bedarf es in solchen Fällen nicht. Wirkt sich hingegen die gewünschte Arbeitszeitverteilung nicht nur auf den antragenden Arbeitnehmer, sondern auch auf andere Arbeitnehmer(gruppen) aus und berührt damit auch allgemeine Interessen, besteht ein Mitbestimmungsrecht gem. § 87 Abs. 1 Nr. 2 BetrVG, das der Arbeitgeber zu beachten hat und ihn ggf. einen Verteilungswunsch zum Beispiel wegen einer bestehenden Betriebsvereinbarung oder einer Regelungsabrede berechtigt ablehnen lassen kann oder sogar muss[636]. Kollektive Interessen sind insbesondere dann regelmäßig berührt, wenn der Wunsch nach Pflegeteilzeit zu einer Arbeitsverdichtung, Mehrarbeit oder ungünstigeren Arbeitszeiten anderer Arbeitnehmer führt[637]. Im Ergebnis stellt sich die Situation für die Pflegeteilzeit damit nicht anders dar als die Elternteilzeit oder allgemeine „Dauerteilzeit“: es ist stets der Einzelfall zu betrachten[638]. Dabei ist zu vermuten, dass die Mehrzahl der Fälle von Neuverteilung einen kollektiven Bezug haben (werden) und entsprechende Betriebsratsbeteiligungen notwendig machen. Im Hinblick darauf erscheint erneut die recht kurze Mindestankündigungsfrist von nur zehn Arbeitstagen reichlich knapp bemessen.

---

628 *Preis/Gotthardt*, DB 2001, 145, 149 zu § 8 TzBfG.

629 *Rolfs*, RdA 2001, 129, 137 zu § 8 TzBfG.

630 Vgl. *Rieble/Gutzeit*, NZA 2002, 7, 11; *Richardi/Annuß*, BB 2000, 2201, 2203.

631 Vgl. *Grobys/Bram*, NZA 2001, 1175, 1179; *Buschmann*, AuR 2002, 191

632 Vgl. *Hamann*, NZA 2010, 785, 786.

633 BAG Urteil vom 16.3.2004–9 AZR 323/03 – NZA 2004, 1047, 1052.

634 Ausführlich *Hamann*, NZA 2010, 785 ff.; BAG Urteil vom 16.3.2004–9 AZR 323/03 – NZA 2004, 1047, 1052.

635 BAG Urteil vom 16.12.2008–9 AZR 893/07 – NZA 2009, 565, 568.

636 BAG Urteil vom 16.12.2008–9 AZR 893/07 – NZA 2009, 565 ff.

637 Vgl. BAG Urteil vom 16.3.2004–9 AZR 323/03 – NZA 2004, 1047.

638 Vgl. *von Plettenberg*, S. 223.

H. Familienpflegezeit

Flankierend zum Pflegezeitgesetz ist zum 1.1.2012 das Familienpflegezeitgesetz[639] in Kraft getreten.

I. Überblick

Die nur sechsmonatige Pflegezeit gem. § 3 PflegeZG wurde angesichts rund 1,63 Millionen pflegebedürftiger Menschen, deren Mehrzahl sich lieber eine häusliche Pflege mit Betreuung durch die eigene Familie als eine stationäre Pflege in einer Pflegeeinrichtung wünscht, als nicht ausreichend empfunden[640]. Im Rahmen der maximal zweijährigen Familienpflegezeit sollen pflegende Beschäftigte familiäre Pflege und Beruf nun für einen deutlich längeren Zeitraum als im Rahmen der Pflegezeit nach dem PflegeZG miteinander vereinbaren können. Dabei unterscheidet sich die Familienpflegzeit nicht nur hinsichtlich ihrer Höchstdauer, sondern auch in ihrer übrigen Ausgestaltung, erheblich von der Pflegezeit nach dem PflegezG. Zum 1.1.2015 wurde das Familienpflegezeitgesetz erstmals eingehend überarbeitet.

Für Beschäftigte, die Familienpflegezeit in Anspruch nehmen ist, anders als bei der Pflegezeit nach dem PflegeZG, keine vollständige Befreiung von der Arbeitsleistung, sondern lediglich eine Reduktion der regelmäßigen Arbeitszeit auf allerdings mindestens 15 Stunden pro Woche, mithin nur eine Form der befristeten Teilzeitbeschäftigung, vorgesehen. Diese Arbeitszeitreduzierung wurde zunächst (1.1.2012–31.12.2014) durch eine über staatlich gewährte Kredite finanzierte Aufstockung des Arbeitsentgelts begleitet, um die mit der Verringerung der Arbeitszeit verbundenen Entgelteinbußen („Ohne Arbeit kein Lohn") zu kompensieren. Dadurch erhielten die Beschäftigten während der Familienpflegezeit die Hälfte des durch die Reduktion entfallenden Arbeitsentgelts trotz fehlender Arbeitsleistung. Die Arbeitszeitreduzierung machte sich also zunächst nur zur Hälfte ihres tatsächlichen Umfangs im Geldbeutel bemerkbar. Das vom Beschäftigten im Grunde „zu viel" erlangte Arbeitsentgelt wurde nach Beendigung der Familienpflegezeit in der sich daran anschließenden sogenannten Nachpflegephase durch Beibehaltung des mit Beginn der Familienpflegezeit verringerten Entgeltniveaus verrechnet. Erst nach der Nachpflegphase, die genauso lang wie die ihr voraus-

639 BGBl. I 2011, S. 2564.
640 Vgl. BT-Drucks. 17/6000, S. 1.

gehende Phase der Familienpflegezeit war, erhielt der Beschäftigte wieder das volle nach dem Arbeitsvertrag geschuldete Arbeitsentgelt. Die Umsetzung dieser „gestreckten Finanzierung“ erfolgte durch die Einrichtung von Wertguthaben gem. § 7b SGB IV bzw. der Nutzung bereits vorhandener Wert- oder Arbeitszeitguthaben (§ 116 SGB IV), aus denen in der Familienpflegezeit zunächst Entnahmen erfolgten, die anschließend in der Nachpflegephase wieder ausgeglichen wurden. Zur Sicherung des Rückzahlungs- bzw. Ausgleichsanspruchs musste der Beschäftigte eine Familienpflegezeitversicherung abschließen.

Als weiterer wesentlicher Unterschied zur Pflegezeit bestand auf Familienpflegezeit kein Rechtsanspruch[641], so dass Familienpflegezeit stets nur im Einvernehmen mit dem Arbeitgeber in Anspruch genommen werden konnte. Trotz vieler Einwände hatte die Bundesregierung an dieser Konstruktion in der ursprünglichen Gesetzesfassung festgehalten[642]. Beschäftigte, die Familienpflegezeit in Anspruch nehmen wollten, mussten zunächst eine Vereinbarung mit ihrem Arbeitgeber schließen. Wohl insbesondere wegen des fehlenden Rechtsanspruchs ist das Gesetz bzw. die neu geschaffene Familienpflegezeit zunächst ziemlich erfolglos geblieben. Auf eine kleine Anfrage der Bundestagsfraktion von BÜNDNIS 90/DIE GRÜNEN[643] teilte die Bundesregierung Anfang 2013 mit, dass bis zum 28. Januar 2013 lediglich 147 Anträge (davon 137 in 2012) von Arbeitgebern auf Bewilligung eines „Familienpflegezeit-Darlehen oder die Aufnahme in die Gruppenversicherung des Bundesamtes für Familie und zivilgesellschaftliche Aufgaben (BAFzA)“ vorliegen, von denen insgesamt 123 Anträge (davon 108 in 2012) bis zum 28. Januar 2013 bewilligt wurden[644]. 118 dieser Anträge wurden im Rahmen der Gruppenversicherung des BAFzA bewilligt[645]. Im Sommer 2013

641 Die Bundesregierung hat sich bewusst gegen einen Rechtsanspruch entschieden, „um insbesondere kleine Unternehmen vor einer Überforderung durch eine pflichtige Gewährung von Familienpflegezeit zu schützen, die das Funktionieren des Betriebes in Frage stellen könnte.“, BR-Drucks. 207/11, Anlage 2, S. 2.

642 Kritisch dazu bereits der Ausschuss für Arbeit und Sozialpolitik des Bundesrates, BR-Drucks. 671/1/11, S. 2 sowie dessen Beschlussempfehlung BR-Drucks. 207/1/11 S. 3, die Bundestagsfraktionen von SPD, BÜNDNIS 90/DIE GRÜNEN und DIE LINKE, BT Drucks. 17/7387, S. 15 f., die bayerische Staatsministerin Emilia Müller, der „ein Rechtsanspruch lieber gewesen“ wäre, Plenarprotokoll der 883. Sitzung des Deutschen Bundesrates vom 27. Mai 2011, Anlage 8, S. 265 sowie die Hamburger Senatorin Cornelia Prüfer-Storcks, Plenarprotokoll der 890. Sitzung des Deutschen Bundesrates vom 25. November 2011, S. 535 f.

643 BT-Drucks. 17/12166, S. 1 ff.

644 Vgl. BT-Drucks. 17/12330, S. 2 f, tabellarische Übersicht für 2012, S. 10.

645 Siehe FN 644.

wurde bekannt, dass im ersten Halbjahr 2013 nur 71 Anträge gestellt wurden[646]. Auf Nachfrage des Bundestagsabgeordneten Jörn Wunderlich (DIE LINKE) teilte die Bundesregierung am 15. Oktober 2013 mit, dass im Zeitraum vom 1. Januar 2013 bis zum 9. Oktober 2013 insgesamt 116 Anträge bekannt seien[647]. Noch im April 2013 hatte die Bundesregierung bei der Einführung der Familienpflegezeit für Beamte mit 44.000 (!) Anträgen pro Jahr für Angestellte bundesweit und etwa 250 für Beamte[648] gerechnet. Im Februar 2014 gab die Bundesregierung auf erneute Anfrage des Bundestagsabgeordneten Jörn Wunderlich (DIE LINKE) an, dass im Jahr 2013 insgesamt 136 Anträge auf Förderung gestellt wurden[649]. Der Begriff eines „reinen Nischenangebotes“[650] drängte sich daher nicht nur im Falle von Beamten auf.

Mit dem Gesetz zur besseren Vereinbarkeit von Familie, Pflege und Beruf vom 23.12.2014[651] wurde das Familienpflegezeitgesetz „weiterentwickelt“[652]. Dabei wurden insbesondere ein Rechtsanspruch auf Familienpflegezeit geschaffen und die Förderungsmöglichkeit während der Familienpflegezeit vereinfacht. Für die Fälle der kurzzeitigen Arbeitsverhinderung gem. § 2 PflegeZG wurde das Pflegeunterstützungsgeld neu eingeführt[653].

II. Begriffe und Anwendungsbereich

Auf neue Begriffe hat der Gesetzgeber mit Ausnahme des Begriffs der Familienpflegezeit selbst im FPfZG verzichtet. Unter Familienpflegezeit ist die teilweise Freistellung Beschäftigter, die einen pflegebedürftigen nahen Angehörigen in häuslicher Umgebung pflegen, von der Arbeitsleistung für die Dauer von längstens 24 Monaten zu verstehen, wobei die verringerte Arbeitszeit wöchentlich mindestens 15 Stunden betragen muss, § 2 Abs. 1 FPfZG. Im Übrigen wird in § 2 Abs. 3 FPfZG auf § 7 PflegezG verwiesen. Damit ergeben sich hinsichtlich der Begriffe von Beschäftigtem, Arbeitgeber, nahem Angehörigen und der Pflege-

646 Online-Ausgabe der Süddeutschen Zeitung vom 16. Juli 2013, http://sz.de/1.1722949 (zuletzt abgerufen am 24.3.2018).

647 BT-Drucks. 17/14837, S. 34.

648 BT-Drucks. 17/13133, S. 3.

649 BT-Drucks. 18/459, S. 64.

650 So der Abgeordnete Wolfgang Gunkel (SPD) im Rahmen der zweiten und dritten Beratung zur Einführung der Familienpflegezeit für Beamte in der 234. Sitzung des Deutschen Bundestages am 18.4.2013, Plenarprotokoll 17/234 S. 29356.

651 BGBl. I, S. 2462.

652 BT-Drucks. 18/3124, S. 2.

653 Siehe oben unter C. IV. 3.

bedürftigkeit keine Unterschiede zum PflegeZG. Der persönliche Anwendungsbereich bleibt gleich. Weil auf die Familienpflegezeit, anders als auf die Pflegezeit nach dem PflegeZG, ursprünglich kein Rechtsanspruch bestand[654], bedurfte es der Privilegierung von Kleinarbeitgebern mit 15 oder weniger Beschäftigen, wie sie § 3 Abs. 1 Satz 2 PflegeZG für die Pflegezeit vorsieht, im FPfZG zunächst nicht. Mit der Einführung des Rechtsanspruchs durch das Gesetz zur besseren Vereinbarung von Familie, Pflege und Beruf vom 23.12.2014[655] wurde allerdings auch das notwendig. Anders als im Pflegezeitgesetz hat der Gesetzgeber für das Familienpflegezeitgesetz ab dem 1.1.2015 allerdings eine höhere Schwelle vorgesehen und gewährt den Anspruch auf Familienpflegezeit nicht gegen Arbeitgeber mit in der Regel 25 oder weniger Beschäftigten.

III. Familienpflegezeit (ab 1.1.2015)

Mit dem Gesetz zur besseren Vereinbarung von Familie, Pflege und Beruf vom 23.12.2014[656] wurde das Familienpflegezeitgesetz erheblich reformiert. Eine wesentliche Änderung war dabei die Einführung eines Rechtsanspruchs des Beschäftigten auf Familienpflegezeit. Die bisherige Vereinbarungslösung, die es dem Arbeitgeber ermöglichte die Inanspruchnahme von Familienpflegezeit einseitig zu verhindern, wurde aufgegeben. Die grundsätzlichen Unterschiede zur Pflegezeit, eine Mindestbeschäftigung von 15 Wochenstunden statt einer Reduzierung(smöglichkeit) auf null sowie eine Gesamtdauer von bis zu 24 Monaten gegenüber sechs Monaten bei der Pflegegezeit gem. § 3 PflegeZG, wurden beibehalten.

1. Voraussetzungen

Der Anspruch auf Familienpflegezeit gem. § 2 FPfZG besteht nicht voraussetzungslos.

a) Sachlicher Anwendungsbereich – Kleinunternehmerklausel

Der neue Rechtsanspruch auf Familienpflegezeit besteht, ebenso wie der Anspruch auf Pflegezeit, nicht gegen Kleinunternehmer bzw -arbeitgeber. Im Regierungsentwurf wurde dazu die Regelung des § 3 Abs. 1 Satz 2 PflegeZG in § 2

---

654 Der erste Gesetzesentwurf des Bundesministeriums für Familie, Senioren, Frauen und Jugend vom 19.10.2010 (www.arbrb.de/media/VPBG1.pdf zuletzt abgerufen am 8.5.2017) sah noch einen Anspruch auf Familienpflegezeit vor.

655 BGBl. I, S. 2462.

656 BGBl. I, S. 2462.

Abs. 1 Satz 4 FPfZG Entwurf wörtlich übernommen[657]. Ansprüche auf Familienpflegezeit sollten nur gegenüber Arbeitgebern mit mehr als 15 Beschäftigten bestehen. Im Gesetzgebungsverfahren wurde jedoch auf Beschlussempfehlung des federführenden Ausschusses für Familie, Senioren, Frauen und Jugend die Grenze von 15 Beschäftigen auf 25 Beschäftigte heraufgesetzt[658]. Die Änderung erfolgte auf Initiative der Fraktion CDU/CSU als Verbesserung für Wirtschaft und Mittelstand[659]. Durch die Anhebung sollte eine zu große Belastung von kleinen und mittleren Arbeitgebern, die durch das Organisieren von Vertretungskräften vor erhebliche Herausforderungen gestellt werden, vermieden werden[660]. Die Begründung klingt zunächst nach einem sachlichen Argument, das eine Ausweitung der Kleinarbeitgeberprivilegierung zu rechtfertigen vermag. Wenn dem so ist, ist jedoch nicht nachvollziehbar, warum der Schwellenwert im Pflegezeitgesetz nicht bei dieser Gelegenheit mit angehoben und eine einheitliche Regelung für Pflegezeit und Familienpflegezeit geschaffen wurde[661].

Doch nicht nur die Höhe des Schwellenwertes wurde im Rahmen des Gesetzgebungsverfahrens geändert, sondern auch seine Ermittlung. Während bei der Schwellenwertberechnung im Rahmen des Pflegezeitgesetzes die zur Berufsbildung Beschäftigten mitzählen[662], sind sie bei der Schwellenwertermittlung im Rahmen des Familienpflegezeitgesetzes ausdrücklich nicht zu berücksichtigen, § 2 Abs. 1 Satz 4 letzter HS FPfZG. In der Begründung wird auf gleichlautende Regeln in §§ 23 Abs. 1 KSchG und 15 Abs. 7 Satz 1 Nr. 1 BEEG verwiesen[663]. Das verwundert etwas, hatte sich der Gesetzgeber beim PflegeZG doch ausdrücklich und gegen die Änderungsempfehlung des Bundesrates[664] für ein Mitzählen und damit gegen eine § 15 Abs. 7 Satz 1 Nr. 1 BEEG entsprechende Formulierung entschieden. Zur Begründung wurde angeführt, dass die zur Berufsbildung Beschäftigten grundsätzlich Anspruch auf Pflegezeit hätten und es daher systemwidrig sei, sie bei der Schwellenwertberechnung nicht zu berücksichtigen[665]. Das überzeugte schon damals nicht, weil das dem PflegeZG Pate stehende BEEG[666] die zur

657 BT-Drucks. 18/3124, S. 9.
658 BT-Drucks. 18/3449, S. 3.
659 BT-Drucks. 18/3449, S. 10.
660 BT-Drucks. 18/3449, S. 12.
661 So auch *Sasse*, DB 2015, 310, 312.
662 Siehe oben unter D. I. 1. a).
663 BT-Drucks. 18/3449, S. 12.
664 BR-Drucks. 718/07 (Beschluss), S. 31 = BT-Drucks. 16/7439, S. 119.
665 BT-Drucks. 16/7486, S. 4.
666 Vgl. BT-Drucks. 16/7439, S. 91 = BR-Drucks. 718/07, S. 218.

Berufsbildung Beschäftigten bei der Schwellenwertermittlung ausnimmt, obwohl auch sie einen Anspruch auf Elternzeit haben, §§ 15, 20 BEEG. Nun erfolgt die Kehrtwendung, wenn auch nur für das Familienpflegezeitgesetz. In Verbindung mit der einseitigen Schwellenwerterhöhung wird die Gruppe der Arbeitgeber, die (schon) Pflegezeit aber (noch) keine Familienpflegezeit gewähren müssen, ohne sachlichen Grund immer größer. Um gerade Kleinunternehmern Anreize zum Angebot von Ausbildungsplätzen zu bieten, sollte ein Gleichlauf beider Gesetze hergestellt werden.

Im Übrigen ergeben sich keine Unterschiede zur entsprechenden Regelung im PflegeZG[667].

b) Pflege eines pflegebedürftigen nahen Angehörigen

Für den Anspruch auf Familienpflegezeit ist wie beim Anspruch auf Pflegezeit die Pflege eines nahen Angehörigen in häuslicher Umgebung Tatbestandsvoraussetzung. Einer besonderen Erforderlichkeit der Pflege bedarf es – anders als bei der kurzzeitigen Arbeitsverhinderung (§ 2 PflegeZG) – ebenso wie bei der „echten" Pflegezeit (§ 3 PflegeZG) nicht. Die vorliegende Pflegebedürftigkeit sowie die Pflegeabsicht des Beschäftigten sind neben der Erreichung des Schwellenwertes und der Beschäftigteneigenschaft des Antragstellers ausreichend. Somit kann der Wunsch auf Gewährung von Pflegezeit seitens des Arbeitgebers nicht mit dem Hinweis auf eine weitere die Pflege übernehmende Person und einer dadurch fehlenden Erforderlichkeit der Freistellung verweigert werden. Unterschiede zur Pflegezeit ergeben sich insoweit nicht[668].

c) Ankündigung – Vereinbarung – dringende betriebliche Gründe

Wer Familienpflegezeit in Anspruch nehmen möchte, muss dies dem Arbeitgeber spätestens acht Wochen vor dem gewünschten Beginn der Freistellung ankündigen. Dabei müssen gewünschter Zeitraum und der Umfang der gewünschten Freistellung angegeben werden, wobei eine Mindestbeschäftigungsdauer von 15 Wochenstunden bestehen bleiben muss. Die Ankündigung von Familienpflegezeit muss – ebenso wie die Ankündigung auf Pflegezeit gem. § 3 PflegeZG – schriftlich erfolgen, mithin die Voraussetzungen des § 126 BGB erfüllen[669]. Mängel bei der Ankündigung führen dazu, dass diese unwirksam ist und der konkret geltend gemachte Anspruch, ebenso wie Kündigungsschutz gem. §§ 2 Abs. 3 FPfZG, 5

667 Vgl. *Müller*, BB 2014, 3125, 3126; Zur Pflegezeit siehe oben unter D. I. 1.

668 Zur Pflegezeit siehe oben D. I. 2.

669 Zum Schriftformerfordernis sie oben D. I. 4. c) aa).

PflegeZG nicht besteht[670]. Ist nicht eindeutig, ob der Beschäftigte Pflegezeit gem. § 3 PflegeZG oder Familienpflegezeit gem. § 2 FPfZG verlangt, liegen aber die Voraussetzungen für beide Ansprüche vor, so gilt Pflegezeit gem. § 3 PflegeZG als verlangt. Wer Familienpflegezeit beanspruchen möchte, muss dies eindeutig formulieren.

Einen Sonderfall stellt der Anschluss von Familienpflegezeit an eine vorausgegangene Pflegezeit gem. § 3 PflegeZG dar. In diesen Fällen muss sich zum einen die Familienpflegezeit unmittelbar an die vorausgegangene Pflegezeit anschließen und zum anderen verlängert sich die Ankündigungsfrist von acht Wochen auf drei Monate. Eine fehlerhafte und damit unwirksame Ankündigung führt dann dazu, dass der Anspruch auf Familienpflegezeit nicht zum gewünschten Zeitpunkt[671] oder gar nicht mehr besteht, mithin erlischt[672].

Anders als bei Pflege- und Elternzeit kann im Rahmen der Familienpflegezeit keine Arbeitszeitreduzierung auf null verlangt werden. Eine Mindestarbeitszeit von 15 Wochenstunden muss bestehen bleiben. Zusätzlich zur Ankündigung der Familienpflegezeit bedarf es einer Vereinbarung zwischen Arbeitgeber und Beschäftigtem. Die Familienpflegezeit ist also mit der Pflegeteilzeit bzw. Elternteilzeit konstruktiv vergleichbar. Grundsätzlich muss der Arbeitgeber die entsprechende Vereinbarung mit dem vom Beschäftigten in der fristgerecht erfolgten Ankündigung gewünschten Inhalt abschließen, es sei denn, dass dringende betriebliche Gründe dem entgegenstehen. Insoweit kann auf die Ausführungen zur Pflegeteilzeit verwiesen werden[673]. Weil aber die Ankündigung alleine nicht ausreicht, die Familienpflegezeit „durchzusetzen", sondern der Arbeitgeber bei Vorliegen dringender betrieblicher Gründe die konkret gewünschte Form einer beantragten Familienpflegezeit gänzlich ablehnen kann, muss man konsequenterweise davon ausgehen, dass es sich bei der Ankündigung von Familienpflegezeit, anders als bei der Ankündigung von Pflegezeit gem. § 3 PflegeZG[674], nicht um ein Gestaltungsrecht handelt[675]. Liegen nämlich die Voraussetzungen für eine

670 Vgl. *Kossens,* § 2a FPfZG Rn. 11; *Müller,* BB 2014, 3125, 3126; *Linck,* BB 2008, 2738, 2741.

671 Vgl. BeckOK/ArbR-*Joussen*, § 2a FPfZG, Rn. 1.

672 Vgl. *Müller,* BB 2014, 3125, 3127. Zum umgekehrten Fall siehe oben unter C. I. 4.a).

673 Siehe oben unter D. V. 2.

674 Für die Ankündigung gem. § 3 PflegeZG als Gestaltungsrecht vgl. BAG vom 15.11.2011-9 AZR 348/10 – NZA 2012, 323, 324 (Rn. 25) mwN; siehe oben unter D. I. 4. b); ablehnend *Preis/Nehring*, NZA 2008, 729, 734.

675 Anders *Kossens,* § 2a FPfZG Rn. 3 mit Hinweis auf Kommentierungen zu § 16 BErzGG und § 3 PflegeZG. Sowohl bei Elternzeit als auch bei Pflegezeit sind jedoch

Ablehnung der gewünschten Vereinbarung vor, so tritt Familienpflegezeit gerade nicht automatisch und nur aufgrund der Ankündigung ein. Verweigert der Arbeitgeber die gewünschte Vereinbarung, muss der Beschäftigte seinen Anspruch gerichtlich geltend machen, in der Regel in der Form einstweiligen Rechtsschutzes vor den zuständigen Arbeitsgerichten.

2. Dauer und Ende der Familienpflegezeit

Die Dauer der Familienpflegezeit ist nach dem Gesetz für jeden pflegebedürftigen nahen Angehörigen eines Beschäftigten auf längstens 24 Monate beschränkt, § 2 Abs. 1 FPfZG. Dabei werden auch alle anderen Freistellungen nach PflegeZG oder FPfZG auf diesen Zeitraum angerechnet, so dass alle Instrumente zusammen genommen von jedem Beschäftigten je pflegebedürftigem nahen Angehörigen nur für längstens insgesamt 24 Monate in Anspruch genommen werden können. Die 24 Monate können, müssen aber vom Beschäftigten nicht voll ausgeschöpft werden[676]. Das ergibt sich bereits unmittelbar aus dem Gesetz, § 2a Abs. 3 Satz 1 FPfZG. Die individuelle Dauer der Familienpflegezeit kann der Beschäftigte durch eine entsprechende Ankündigung gegenüber seinem Arbeitgeber bis zur Höchstgrenze selbst festlegen. Dabei ist er auch an keinerlei Beschränkungen, wie etwa eine nach Wochen oder Monaten bestimmte Zeitdauer gebunden. Hat der Beschäftigte jedoch seine gewünschte Familienpflegezeit dem Arbeitgeber gegenüber entsprechend kürzer angekündigt, ist er hieran allerdings auch gebunden[677]. Das muss auch gelten, wenn die Ankündigung früher als acht Wochen vor Beginn der beabsichtigten Familienpflegezeit erfolgt[678]. Der Arbeitgeber muss Planungssicherheit haben, sobald die Ankündigung bei ihm eingeht.

Die Familienpflegezeit endet, sofern weder eine Verlängerung noch eine Verkürzung in Betracht kommen, grundsätzlich mit Ablauf des Zeitraums, für den sie beantragt wurde. Die beiden durch sie teilweise suspendierten Hauptleistungspflichten leben wieder vollständig auf. Der Beschäftigte schuldet wieder die volle Arbeits- bzw. Dienstleistung, der Arbeitgeber wieder die entsprechende Vergütung. Für die Verlängerung bzw. vorzeitige Beendigung der Familienpflege-

im Unterschied zur Familienpflegezeit, vollständige Freistellungen möglich, die im Zweifel bei wirksamer Ankündigung aber fehlender Einigung über Teilzeit eintreten.

676 Vgl. *Kossens*, § 2a FPfZG Rn. 27.

677 Vgl. sowie für den Parallelfall bei der Elternzeit ErfK-*Dörner/Gallner*, § 16 BEEG Rn. 6.

678 A.A. *Kossens*, § 2a FPfZG Rn 3, der sich damit selbst (s. FN 676) widerspricht.

zeit gibt es keine Unterschiede zur Pflegezeit. Insofern gilt das dort gesagte entsprechend[679].

3. Vergütung – Förderung – Sozialversicherung

Während der Familienpflegezeit wird der Umfang der laut Arbeitsvertrag geschuldeten Arbeitszeit verringert, wobei ein Mindestumfang von 15 Wochenstunden bestehen bleibt. Anders als bei der vollständigen Freistellung gem. § 3 PflegeZG, ruht das Arbeitsverhältnis während der Familienpflegezeit also nicht, sondern wird mit verringertem Umfang fortgesetzt. Entsprechend der Verringerung der Arbeitszeit verringert sich die vom Arbeitgeber geschuldete Vergütung. Zur Kompensation dieser finanziellen Einbuße kann der Beschäftigte ein Förderdarlehen beim Bundesamt für Familie und zivilgesellschaftliche Aufgaben beantragen[680].

Auch sozialversicherungsrechtlich bleibt es während der Familienpflegezeit bei einem Beschäftigungsverhältnis.

IV. Kündigungsschutz

Beschäftigte, die Familienpflegezeit gem. § 2 Abs. 1 FPfZG bzw. eine teilweise Freistellung gem. § 2 Abs. 5 FPfZG in Anspruch nehmen, genießen Kündigungsschutz. § 2 Abs. 3 FPfZG verweist dafür schlicht auf § 5 PflegeZG[681].

V. Befristete Arbeitsverhältnisse

Auf die im Rahmen einer Vereinbarung gem. § 3 FPfZG festgelegte Arbeitszeitreduzierung muss der betroffene Arbeitgeber im Rahmen seiner Arbeitsorganisation reagieren und den Ausfall auf irgendeine Art und Weise kompensieren. Dies kann durch Mehrarbeit bereits vorhandener Arbeitskräfte, der Beschäftigung von Leiharbeitnehmern, aber auch durch die in der Regel befristete Einstellung von Ersatzarbeitskräften erfolgen. Bei der befristeten Einstellung einer Ersatzarbeitskraft sollte im Arbeitsvertrag ausdrücklich auf den Befristungsgrund „Familienpflegezeit“ sowie die §§ 2 Abs. 3 FPfZG, 6 PflegeZG Bezug genommen werden. Über den Verweis auf § 6 PflegeZG fingiert der Gesetzgeber entsprechend der Pflegezeit auch für die Familienpflegezeit einen die Befristung ermöglichenden Sachgrund[682]. Auf gleichem Wege findet auch das Sonderkündigungsrecht für

679 Siehe oben unter D. III.
680 Siehe oben unter D. IV. 2.
681 Zum Kündigungsschutz gem. § 5 PflegeZG siehe oben unter E.
682 Zur fehlenden Notwendigkeit dafür siehe oben unter D. VII. 1.

befristet eingestelltes Ersatzpersonal Einzug in die Familienpflegezeit. Endet die Familienpflegezeit vorzeitig, kann der Arbeitgeber ein befristetes Arbeitsverhältnis mit einer Ersatzkraft abweichend von § 622 BGB oder etwaigen tarifvertraglich festgelegten längeren Fristen mit einer Frist von zwei Wochen kündigen. Auch hier gilt: Das Sonderkündigungsrecht ist disponibel und kann vertraglich ausgeschlossen werden.

I. Minderjährigenbetreuung und Sterbebegleitung

Mit dem Gesetz zur besseren Vereinbarkeit von Familie, Pflege und Beruf vom 23.12.2014[683] wurden neue Freistellungstatbestände zur Betreuung von Minderjährigen und zur Sterbebegleitung geschaffen.

1. Minderjährigenbetreuung

Für die Betreuung von pflegebedürftigen minderjährigen nahen Angehörigen, die sowohl in Form von Pflegezeit gem. § 3 Abs. 1 PflegeZG als auch in Form von Familienpflegezeit gem. § 2 Abs. 1 FPfZG möglich ist, wurden zwei flankierende Ansprüche in § 3 Abs. 5 PFfZG und § 2 Abs. 5 FPfZG neu geschaffen. Dabei wird auf eine beabsichtigte eigene Pflegeleistung und das ansonsten erforderliche Kriterium der häuslichen Umgebung verzichtet. Pflegebedürftigkeit ist jedoch weiter erforderlich. Anspruch auf (Familien-)Pflegezeit besteht damit künftig auch, wenn eine Betreuung nicht in häuslicher Umgebung, also etwa im Rahmen eines stationären Krankenhausaufenthaltes oder in einer stationären Pflegeeinrichtung gem. § 71 Abs. 2 SGB XI erfolgt[684]. Eigener Pflegeleistungen bedarf es ebenfalls nicht. Weitere Änderungen sind damit nicht verbunden. Der zeitliche Umfang von maximal sechs Monaten nach dem PflegeZG bzw. 24 Monaten nach dem FPfZG und der Höchstdauer von 24 Monaten insgesamt wird dadurch nicht berührt. Das wird durch die neuen §§ 3 Abs. 5 PflegeZG und 2 Abs. 5 FPfZG sichergestellt. Beschäftigte können innerhalb der Säulen Pflegezeit und Familienpflegezeit jeweils zwischen der regulären und der besonderen Freistellung für Minderjährige wechseln[685]. Ein Wechsel der Säulen hingegen ist nicht möglich. Pflegezeit und Familienpflegezeit können nur unmittelbar nacheinander genommen werden. Die Reihenfolge ist beliebig.

2. Sterbebegleitung

Ebenfalls seit dem 1.1.2015 besteht ein Freistellungsanspruch zur Begleitung eines nahen Angehörigen in der letzten Lebensphase, also zur Sterbebegleitung. Anders als die Minderjährigenbetreuung ist dieser nur im PflegeZG (§ 3 Abs. 6),

683 BGBl. I, S. 2462.

684 Siehe auch oben unter D. I. 2.

685 Vgl. dazu *Müller*, BB 2014, 3125, 3129 und 3132.

nicht aber im FPfZG geregelt. Der Anspruch besteht, wenn der Beschäftigte einen nahen Angehörigen (§ 7 Abs. PflegeZG), der an einer Erkrankung leidet, die progredient verläuft und bereits ein weit fortgeschrittenes Stadium erreicht hat, bei der eine Heilung ausgeschlossen und eine palliativmedizinische Behandlung notwendig ist und die lediglich eine Lebenserwartung von Wochen oder wenigen Monaten erwarten lässt, begleiten möchte. Das Vorliegen der Voraussetzungen muss der Beschäftigte durch ärztliches Zeugnis dem Arbeitgeber nachweisen. Bei der Ausgestaltung des Absatz 6 hat sich der Gesetzgeber offenbar an § 45 Abs. 4 Satz 1 SGB V – der von § 3 Abs. 6 PflegeZG ausdrücklich unberührt bleibt – orientiert[686]. Der Anspruch ist zeitlich auf die Dauer von drei Monaten begrenzt, wobei die Gesamthöchstdauer von Ansprüchen nach PflegeZG und FPfZG von 24 Monaten auch hier gilt[687].

686 vgl. BT-Drucks. 18/3124, S. 40 (zu Absatz 6).

687 Kritisch dazu *Thüsing/Pötters*, BB 2015, 181, 184.

J. Fazit und Gesetzgebungsvorschlag

Mit Pflegezeit- und Familienpflegezeitgesetz hat der Gesetzgeber mehrere Instrumente, die eine häusliche Pflege von nahen Angehörigen durch ihre berufstätigen Angehörigen ermöglichen sollen, geschaffen. Im Hinblick auf den gewünschten Vorrang der ambulanten vor der stationären Pflege[688], die nicht nur im staatlichen, sondern in der Regel auch im individuellen Interesse der Betroffenen liegt, ist das zu begrüßen. Der grundsätzlich dafür gewählte Weg, die bestehenden Beschäftigungsverhältnisse wie bei der Elternzeit für einen bestimmten Zeitraum vom Umfang her zu reduzieren oder gar vollends ruhen zu lassen, ist dafür grundsätzlich gut geeignet. Gleichwohl darf dabei nicht übersehen werden, dass mit der Einführung zunächst neue Probleme geschaffen wurden und trotz Anpassungen des Gesetzgebers, insbesondere bei Urlaub, Kündigungsschutz und Gleichstellung der lebenspartnerschaftlichen Gemeinschaft, noch immer Korrekturbedarf besteht. Viele Situationen lassen sich, wie ausführlich dargestellt, mit den bereits vorhandenen Regeln des Arbeitsrechts in den Griff bekommen. Änderungswünsche an den Gesetzgeber gibt es gleichwohl.

1. Zur Vermeidung unzumutbarer Belastungen von Kleinunternehmern, sind diese, soweit es durchsetzbare Rechtsansprüche von Beschäftigten betrifft, von der Anwendbarkeit sowohl des PflegeZG als auch des FPfZG ausgenommen. Allerdings hat der Gesetzgeber mit 15 Beschäftigten, unter Berücksichtigung von Auszubildenden im PflegeZG und 25 Beschäftigten ohne Berücksichtigung von Auszubildenden ohne Grund eine nicht nachvollziehbare Differenzierung vorgenommen, die beseitigt werden sollte. Die Grenze von 15 Beschäftigten erscheint ausreichend. In jedem Fall sollte sie einheitlich sein. Im Hinblick auf die Förderung der Berufsausbildung sollten jedoch die Auszubildenden nicht mitzählen, um Arbeitgeber zum Angebot von Ausbildungsplätzen zu ermutigen, damit Ausbildungsplätze nicht aus Angst vor der Schwellenwerterreichung wegfallen bzw. gar nicht erst entstehen. Die §§ 3 PflegeZG und 2 FPfZG sollten daher wie folgt gefasst werden:

688 BT-Drucks. 16/7439, S. 1.

Aktueller Gesetzeswortlaut	Vorgeschlagener Gesetzeswortlaut
§ 3 Pflegezeit und sonstige Freistellungen (1) Beschäftigte sind von der Arbeitsleistung vollständig oder teilweise freizustellen, wenn sie einen pflegebedürftigen nahen Angehörigen in häuslicher Umgebung pflegen (Pflegezeit). Der Anspruch besteht nicht gegenüber Arbeitgebern mit in der Regel 15 oder weniger Beschäftigten.	§ 3 Pflegezeit und sonstige Freistellungen (1) Beschäftigte sind von der Arbeitsleistung vollständig oder teilweise freizustellen, wenn sie einen pflegebedürftigen nahen Angehörigen in häuslicher Umgebung pflegen (Pflegezeit). Der Anspruch besteht nicht gegenüber Arbeitgebern mit in der Regel 15 oder weniger Beschäftigten **ausschließlich der zu ihrer Berufsausbildung Beschäftigten.**
§ 2 Familienpflegezeit (1) Beschäftigte sind von der Arbeitsleistung für längstens 24 Monate (Höchstdauer) teilweise freizustellen, wenn sie einen pflegebedürftigen nahen Angehörigen in häuslicher Umgebung pflegen (Familienpflegezeit). Während der Familienpflegezeit muss die verringerte Arbeitszeit wöchentlich mindestens 15 Stunden betragen. Bei unterschiedlichen wöchentlichen Arbeitszeiten oder einer unterschiedlichen Verteilung der wöchentlichen Arbeitszeit darf die wöchentliche Arbeitszeit im Durchschnitt eines Zeitraums von bis zu einem Jahr 15 Stunden nicht unterschreiten (Mindestarbeitszeit). Der Anspruch nach Satz 1 besteht nicht gegenüber Arbeitgebern mit in der Regel 25 oder weniger Beschäftigten ausschließlich der zu ihrer Berufsausbildung Beschäftigten.	§ 2 Familienpflegezeit (1) Beschäftigte sind von der Arbeitsleistung für längstens 24 Monate (Höchstdauer) teilweise freizustellen, wenn sie einen pflegebedürftigen nahen Angehörigen in häuslicher Umgebung pflegen (Familienpflegezeit). Während der Familienpflegezeit muss die verringerte Arbeitszeit wöchentlich mindestens 15 Stunden betragen. Bei unterschiedlichen wöchentlichen Arbeitszeiten oder einer unterschiedlichen Verteilung der wöchentlichen Arbeitszeit darf die wöchentliche Arbeitszeit im Durchschnitt eines Zeitraums von bis zu einem Jahr 15 Stunden nicht unterschreiten (Mindestarbeitszeit). Der Anspruch nach Satz 1 besteht nicht gegenüber Arbeitgebern mit in der Regel **15** oder weniger Beschäftigten ausschließlich der zu ihrer Berufsausbildung Beschäftigten.

2. Die Einbeziehung von arbeitnehmerähnlichen Personen in den Personenkreis der Anspruchsberechtigten ist systemwidrig. Die Gruppe sollte aus dem Kreis der Beschäftigten herausgenommen werden. Für die Erfassung der Heimarbeitnehmer sollte keine von der entsprechenden Regelung in § 20 BEEG abweichende Formulierung verwendet werden. § 7 PflegeZG sollte daher wie folgt gefasst werden:

Aktueller Gesetzeswortlaut	Vorgeschlagener Gesetzeswortlaut
§ 7 Begriffsbestimmungen (1) Beschäftigte im Sinne dieses Gesetzes sind (…) 3. Personen, die wegen ihrer wirtschaftlichen Unselbständigkeit als arbeitnehmerähnliche Personen anzusehen sind; zu diesen gehören auch die in Heimarbeit Beschäftigten und die ihnen Gleichgestellten.	§ 7 Begriffsbestimmungen (1) Beschäftigte im Sinne dieses Gesetzes sind (…) ~~3. Personen, die wegen ihrer wirtschaftlichen Unselbständigkeit als arbeitnehmerähnliche Personen anzusehen sind;~~ **3. die in Heimarbeit Beschäftigten und die ihnen Gleichgestellten (§ 1 Absatz 1 und 2 des Heimarbeitsgesetzes), soweit sie am Stück mitarbeiten.**
(2) Arbeitgeber im Sinne dieses Gesetzes sind natürliche und juristische Personen, die Personen nach Absatz 1 beschäftigten. Für arbeitnehmerähnliche Personen, insbesondere für die in Heimarbeit Beschäftigten und die ihnen Gleichgestellten, tritt an die Stelle des Arbeitgebers der Auftraggeber oder der Zwischenmeister.	(2) Arbeitgeber im Sinne dieses Gesetzes sind natürliche und juristische Personen, die Personen nach Absatz 1 beschäftigten. ~~Für arbeitnehmerähnliche Personen, insbesondere~~ Für die in Heimarbeit Beschäftigten und die ihnen Gleichgestellten tritt an die Stelle des Arbeitgebers der Auftraggeber oder der Zwischenmeister.

3. Bei den nahen Angehörigen sind nach wie vor die Kinder von Partnern einer eheähnlichen bzw. lebenspartnerschaftsähnlichen Lebensgemeinschaft nicht erfasst. Demgegenüber wird der Kreis der verschwägerten Personen nicht auf diejenigen einer noch bestehenden Ehe bzw. Lebenspartnerschaft beschränkt. Beides ist nicht nachvollziehbar und sollte im Hinblick auf das gesetzgeberische Ziel ebenfalls korrigiert werden.

Aktueller Gesetzeswortlaut	Vorgeschlagener Gesetzeswortlaut
§ 7 Begriffsbestimmungen (…) (3) Nahe Angehörige im Sinne dieses Gesetzes sind 1. Großeltern, Eltern, Schwiegereltern, Stiefeltern, 2. Ehegatten, Lebenspartner, Partner einer eheähnlichen oder lebenspartnerschaftsähnlichen Gemeinschaft, Geschwister, Ehegatten der Geschwister und Geschwister der Ehegatten, Lebenspartner der Geschwister und Geschwister der Lebenspartner, 3. Kinder, Adoptiv- oder Pflegekinder, die Kinder, Adoptiv- oder Pflegekinder des Ehegatten oder Lebenspartners, Schwiegerkinder und Enkelkinder.	§ 7 Begriffsbestimmungen (…) (3) Nahe Angehörige im Sinne dieses Gesetzes sind 1. Großeltern, Eltern, **Stiefeltern, Schwiegereltern, sofern die sie vermittelnde Ehe oder Lebenspartnerschaft noch besteht,** 2. Ehegatten, Lebenspartner, Partner einer eheähnlichen oder lebenspartnerschaftsähnlichen Gemeinschaft, Geschwister, Ehegatten der Geschwister und Geschwister der Ehegatten, Lebenspartner der Geschwister und Geschwister der Lebenspartner, 3. Kinder, Adoptiv- oder Pflegekinder, die Kinder, Adoptiv- oder Pflegekinder des Ehegatten oder Lebenspartners, **die Kinder, Adoptiv- oder Pflegekinder des Partners einer eheähnlichen oder lebenspartnerschaftsähnlichen Gemeinschaft**, Schwiegerkinder und Enkelkinder.

4. Die ärztliche Bescheinigung gem. § 2 Abs. 2 PflegeZG sollte auf den Nachweis der Pflegebedürftigkeit eines nahen Angehörigen und die grundsätzlich für ihn notwendige Betreuung beschränkt werden. Die Erforderlichkeit konkreter Maßnahmen, insbesondere durch die Person des Beschäftigten kann in der Regel vom behandelnden Arzt gar nicht festgestellt werden.

Aktueller Gesetzeswortlaut	Vorgeschlagener Gesetzeswortlaut
§ 2 Kurzzeitige Arbeitsverhinderung (…) (2) Beschäftigte sind verpflichtet, dem Arbeitgeber ihre Verhinderung an der Arbeitsleistung und deren voraussichtliche Dauer unverzüglich mitzuteilen. Dem Arbeitgeber ist auf Verlangen eine ärztliche Bescheinigung über die Pflegebedürftigkeit des nahen Angehörigen und die Erforderlichkeit der in Absatz 1 genannten Maßnahmen vorzulegen.	§ 2 Kurzzeitige Arbeitsverhinderung (…) (2) Beschäftigte sind verpflichtet, dem Arbeitgeber ihre Verhinderung an der Arbeitsleistung und deren voraussichtliche Dauer unverzüglich mitzuteilen. Dem Arbeitgeber ist auf Verlangen eine ärztliche Bescheinigung über die Pflegebedürftigkeit des nahen Angehörigen ~~und die Erforderlichkeit der in Absatz 1 genannten Maßnahmen~~ vorzulegen.

5. Das Schriftformerfordernis in § 3 Abs. 3 Sätze 1 und 6, Abs. 4 Satz 1 PflegeZG sowie § 2a Abs. 1 Sätze 1 und 6, Abs. 2 Satz 1 FPfZG stellt zu hohe und unnötige Anforderungen. Die Einhaltung der Textform gem. § 126b BGB ist ausreichend. Aus Gründen der Praktikabilität sollte eine Anpassung im Rahmen von § 7 PflegeZG durch Ergänzung eines Absatz 5 erfolgen.

Aktueller Gesetzeswortlaut	Vorgeschlagener Gesetzeswortlaut
§ 7 Begriffsbestimmungen (…) (4) (…) voraussichtlich erfüllen.	§ 7 Begriffsbestimmungen (…) (4) (…) voraussichtlich erfüllen. **(5) Zur Wahrung der durch Vorschriften dieses Gesetzes angeordneten Schriftform genügt auch die Wahrung der Textform (§ 126b BGB).**

6. Die vielen Verweise im jüngeren FPfZG auf Regelungen des älteren PflegeZG und umgekehrt zeigen, dass sich spätestens mit der Einführung des Rechtsanspruchs auf Familienpflegezeit die Regelungsgehalte inhaltlich stark angenähert haben. Grundsätzlich wäre daher zu begrüßen, beide Gesetze in einem einheitlichen zusammenzufassen. Auch wenn Versuche, zu einem einheitlichen Arbeitsvertragsgesetz zu finden, bislang wenig erfolgreich waren[689], so müssen neue Regelungsgehalte nicht unbedingt auf mehrere Gesetze verteilt werden, sondern sollten sinnvoll zusammengefasst werden.

Entwurf für ein Pflege- und Familienpflegezeitgesetz (PfFZG-E)

§ 1 Ziele des Gesetzes

Ziel des Gesetzes ist, Beschäftigten die Möglichkeit zu eröffnen, pflegebedürftige nahe Angehörige in häuslicher Umgebung zu pflegen und insgesamt die Vereinbarkeit von Beruf und familiärer Pflege zu verbessern.

§ 2 Kurzzeitige Arbeitsverhinderung

(1) Beschäftigte haben das Recht, bis zu zehn Arbeitstage der Arbeit fernzubleiben, wenn dies erforderlich ist, um für einen pflegebedürftigen nahen Angehörigen in einer akut aufgetretenen Pflegesituation eine bedarfsgerechte Pflege zu organisieren oder eine pflegerische Versorgung in dieser Zeit sicherzustellen.

(2) Beschäftigte sind verpflichtet, dem Arbeitgeber ihre Verhinderung an der Arbeitsleistung und deren voraussichtliche Dauer unverzüglich mitzuteilen. Dem Arbeitgeber ist auf Verlangen eine ärztliche Bescheinigung über die Pflegebedürftigkeit des nahen Angehörigen vorzulegen.

689 Siehe dazu nur *Wank*, RdA 2009, 122 ff.

(3) Der Arbeitgeber ist zur Fortzahlung der Vergütung nur verpflichtet, soweit sich eine solche Verpflichtung aus anderen gesetzlichen Vorschriften oder auf Grund einer Vereinbarung ergibt. Ein Anspruch der Beschäftigten auf Zahlung von Pflegeunterstützungsgeld richtet sich nach § 44a Absatz 3 des Elften Buches Sozialgesetzbuch.

§ 3 Pflegezeit, Familienpflegezeit und sonstige Freistellungen

(1) Beschäftigte sind von der Arbeitsleitung vollständig oder teilweise freizustellen, wenn sie einen pflegebedürftigen nahen Angehörigen in häuslicher Umgebung pflegen (Pflegezeit).

(2) Beschäftigte sind von der Arbeitsleistung für längstens 24 Monate (Höchstdauer) teilweise freizustellen, wenn sie einen pflegebedürftigen nahen Angehörigen in häuslicher Umgebung pflegen (Familienpflegezeit). Während der Familienpflegezeit muss die verringerte Arbeitszeit wöchentlich mindestens 15 Stunden betragen. Bei unterschiedlichen wöchentlichen Arbeitszeiten oder einer unterschiedlichen Verteilung der wöchentlichen Arbeitszeit darf die wöchentliche Arbeitszeit im Durchschnitt eines Zeitraums von bis zu einem Jahr 15 Stunden nicht unterschreiten (Mindestarbeitszeit).

(3) Die Ansprüche nach Absatz 1 und 2 bestehen nicht gegenüber Arbeitgebern mit in der Regel 15 oder weniger Beschäftigten ausschließlich der zu ihrer Berufsausbildung Beschäftigten.

(4) Pflegezeit und Familienpflegezeit dürfen gemeinsam 24 Monate je pflegebedürftigem nahen Angehörigen nicht überschreiten (Gesamtdauer). Pflegezeit und Familienpflegezeit werden auf Berufsbildungszeiten nicht angerechnet.

(5) Die Beschäftigten haben die Pflegebedürftigkeit des nahen Angehörigen durch Vorlage einer Bescheinigung der Pflegekasse oder des Medizinischen Dienstes der Krankenversicherung nachzuweisen. Bei in der privaten Pflege-Pflichtversicherung versicherten Pflegebedürftigen ist ein entsprechender Nachweis zu erbringen.

(6) Beschäftigte sind von der Arbeitsleistung für längstens sechs Monate (Höchstdauer) vollständig oder für längstens 24 Monate (Höchstfrist) teilweise freizustellen, wenn sie einen minderjährigen pflegebedürftigen nahen Angehörigen in häuslicher oder außerhäuslicher Umgebung betreuen. Die Inanspruchnahme dieser Freistellung ist jederzeit im Wechsel mit der Freistellung nach Absatz 1 oder Absatz 2 im Rahmen der Gesamtdauer nach Absatz 4 möglich. Die Absätze 3 und 4 sowie § 3a gelten entsprechend. Beschäftigte können diese Ansprüche wahlweise statt der Ansprüche auf Pflegezeit nach Absatz 1 und Familienpflegezeit nach Absatz 2 geltend machen.

(7) Beschäftigte sind zur Begleitung eines nahen Angehörigen von der Arbeitsleistung vollständig oder teilweise freizustellen, wenn dieser an einer Erkrankung leidet, die progredient verläuft und bereits ein weit fortgeschrittenes Stadium erreicht hat, bei der eine Heilung ausgeschlossen und eine palliativmedizinische Behandlung notwendig ist und die lediglich eine begrenzte Lebenserwartung von Wochen oder wenigen Monaten erwarten lässt. Beschäftigte haben diese gegenüber dem Arbeitgeber durch ein ärztliches Zeugnis nachzuweisen. Absatz 3, § 3a

Absatz 1 Satz 1 und 2 und Absatz 3 gelten entsprechend. § 45 des Fünften Buches Sozialgesetzbuch bleibt unberührt.

(8) Ein Anspruch auf Förderung richtet sich nach den §§ 3, 4, 5 Absatz 1 Satz 1 und Absatz 2 sowie den §§ 6 bis 10 des Familienpflegezeitgesetzes.

§ 3a Inanspruchnahme

(1) Wer Pflegezeit beanspruchen will, muss dies dem Arbeitgeber spätestens zehn Arbeitstage vor Beginn schriftlich ankündigen und gleichzeitig erklären, für welchen Zeitraum und in welchem Umfang die Freistellung von der Arbeitsleitung in Anspruch genommen werden soll. Wenn nur teilweise Freistellung in Anspruch genommen wird, ist auch die gewünschte Verteilung der Arbeitszeit anzugeben. Enthält die Ankündigung keine eindeutige Festlegung, ob die oder der Beschäftigte Pflegezeit oder Familienpflegezeit nach § 3 Absatz 2 in Anspruch nehmen will, und liegen die Voraussetzungen beider Freistellungsansprüche vor, gilt die Erklärung als Ankündigung von Pflegezeit. Wird Pflegezeit nach einer Familienpflegezeit oder einer teilweisen Freistellung nach § 3 Absatz 6 in Anspruch genommen, ist die Pflegezeit in unmittelbarem Anschluss an die Familienpflegezeit oder die teilweise Freistellung nach § 3 Absatz 6 zu beanspruchen und abweichend von Satz 1 dem Arbeitgeber spätestens acht Wochen vor Beginn der Pflegezeit schriftlich anzukündigen.

(2) Wer Familienpflegezeit nach § 3 Absatz 2 beanspruchen will, muss dies dem Arbeitgeber spätestens acht Wochen vor dem gewünschten Beginn schriftlich ankündigen und gleichzeitig erklären, für welchen Zeitraum und in welchem Umfang innerhalb der Gesamtdauer nach § 3 Absatz 4 die Freistellung von der Arbeitsleistung in Anspruch genommen werden soll. Dabei ist auch die gewünschte Verteilung der Arbeitszeit anzugeben. Wird die Familienpflegezeit nach einer Pflegezeit oder einer vollständigen Freistellung nach § 3 Absatz 6 zur Pflege oder Betreuung desselben pflegebedürftigen Angehörigen in Anspruch genommen, muss sich die Familienpflegezeit unmittelbar an die Pflegezeit oder die vollständige Freistellung nach § 3 Absatz 6 anschließen. In diesem Fall soll die oder der Beschäftigte möglichst frühzeitig erklären, ob sie oder er Familienpflegezeit in Anspruch nehmen wird; abweichend von Satz 1 muss die Ankündigung spätestens drei Monate vor Beginn der Familienpflegezeit erfolgen.

(3) Arbeitgeber und Beschäftigte haben, wenn im Rahmen der Pflegezeit nur teilweise Freistellung in Anspruch genommen wird sowie bei Inanspruchnahme von Familienpflegezeit, über die Verringerung und Verteilung der Arbeitszeit eine schriftliche Vereinbarung zu treffen. Hierbei hat der Arbeitgeber den Wünschen der Beschäftigten zu entsprechen, es sei denn, dass dringende betriebliche Gründe entgegenstehen.

§ 4 Dauer

(1) Die Pflegezeit nach § 3 Absatz 1 beträgt für jeden pflegebedürftigen nahen Angehörigen längstens sechs Monate (Höchstdauer). Für einen kürzeren Zeitraum in Anspruch genommene Pflegezeit kann bis zur Höchstdauer verlängert werden, wenn der Arbeitgeber zustimmt. Eine Verlängerung bis zur Höchstdauer kann

verlangt werden, wenn ein vorgesehener Wechsel in der Person des Pflegenden aus einem wichtigen Grund nicht erfolgen kann. § 3 Absatz 4 bleibt unberührt.

(2) Die Familienpflegezeit nach § 3 Absatz 2 beträgt für jeden pflegebedürftigen nahen Angehörigen längstens 24 Monate (Höchstdauer). Für einen kürzeren Zeitraum in Anspruch genommene Familienpflegezeit kann bis zur Gesamtdauer nach § 3 Absatz 4 verlängert werden, wenn der Arbeitgeber zustimmt. Eine Verlängerung bis zur Gesamtdauer kann verlangt werden, wenn ein vorgesehener Wechsel in der Person der oder des Pflegenden aus einem wichtigen Grund nicht erfolgen kann.

(3) Ist die oder der nahe Angehörige nicht mehr pflegebedürftig oder die häusliche Pflege der oder des nahen Angehörigen unmöglich oder unzumutbar, enden Pflegezeit und Familienpflegezeit vier Wochen nach Eintritt der veränderten Umstände. Der Arbeitgeber ist hierüber unverzüglich zu unterrichten. Im Übrigen können Pflegezeit und Familienpflegezeit nur vorzeitig beendet werden, wenn der Arbeitgeber zustimmt.

(4) Für die Betreuung nach § 3 Absatz 6 gelten die Absätze 1 bis 3 sowie § 3 Absatz 5 und § 3a entsprechend. Für die Freistellung nach § 3 Absatz 7 gilt eine Höchstdauer von drei Monaten je nahem Angehörigen. Für die Freistellung nach § 3 Absatz 7 gelten Absatz 1 Satz 2, 3, Absatz 2 sowie § 3 Absatz 4 Satz 2 entsprechend; bei zusätzlicher Inanspruchnahme von Pflegezeit, Familienpflegezeit oder einer Freistellung nach § 3 Absatz 7 dürfen die Freistellungen insgesamt 24 Monate je nahem Angehörigen nicht überschreiten.

(5) Der Arbeitgeber kann den Erholungsurlaub, der der oder dem Beschäftigten für das Urlaubsjahr zusteht, für jeden vollen Kalendermonat der vollständigen Freistellung von der Arbeitsleistung um ein Zwölftel kürzen.

§ 5 Kündigungsschutz

(1) Der Arbeitgeber darf das Beschäftigungsverhältnis von der Ankündigung, höchstens jedoch zwölf Wochen vor dem angekündigten Beginn, bis zur Beendigung der kurzzeitigen Arbeitsverhinderung nach § 2 oder der Freistellung nach § 3 nicht kündigen.

(2) In besonderen Fällen kann eine Kündigung von der für den Arbeitsschutz zuständigen obersten Landesbehörde oder der von ihr bestimmten Stelle ausnahmsweise für zulässig erklärt werden. Die Bundesregierung kann hierzu mit Zustimmung des Bundesrates allgemeine Verwaltungsvorschriften erlassen.

§ 6 Befristete Verträge

(1) Wenn zur Vertretung einer Beschäftigten oder eines Beschäftigten für die Dauer der kurzzeitigen Arbeitsverhinderung nach § 2 oder der Freistellung nach § 3 eine Arbeitnehmerin oder ein Arbeitnehmer eingestellt wird, liegt hierin ein sachlicher Grund für die Befristung des Arbeitsverhältnisses. Über die Dauer der Vertretung nach Satz 1 hinaus ist die Befristung für notwendige Zeiten einer Einarbeitung zulässig.

(2) Die Dauer der Befristung des Arbeitsvertrages muss kalendermäßig bestimmt oder bestimmbar sein oder den in Absatz 1 genannten Zwecken zu entnehmen sein.

(3) Der Arbeitgeber kann den befristeten Arbeitsvertrag unter Einhaltung einer Frist von zwei Wochen kündigen, wenn die Freistellung nach § 4 Abs. 2 Satz 1 vorzeitig endet. Das Kündigungsschutzgesetz ist in diesen Fällen nicht anzuwenden. Satz 1 gilt nicht, soweit seine Anwendung vertraglich ausgeschlossen ist.

(4) Wird im Rahmen arbeitsrechtlicher Gesetze oder Verordnungen auf die Zahl der beschäftigten Arbeitnehmerinnen und Arbeitnehmer abgestellt, sind bei der Ermittlung dieser Zahl Arbeitnehmerinnen und Arbeitnehmer, die nach § 2 kurzzeitig an der Arbeitsleistung verhindert oder nach § 3 freigestellt sind, nicht mitzuzählen, solange für sie auf Grund von Absatz 1 eine Vertreterin oder ein Vertreter eingestellt ist. Dies gilt nicht, wenn die Vertreterin oder der Vertreter nicht mitzuzählen ist. Die Sätze 1 und 2 gelten entsprechend, wenn im Rahmen arbeitsrechtlicher Gesetze oder Verordnungen auf die Zahl der Arbeitsplätze abgestellt wird.

§ 7 Begriffsbestimmungen

(1) Beschäftigte im Sinne dieses Gesetzes sind

1. Arbeitnehmerinnen und Arbeitnehmer,
2. die zu ihrer Berufsbildung Beschäftigten,
3. die in Heimarbeit Beschäftigten und die ihnen Gleichgestellten (§ 1 Absatz 1 und 2 des Heimarbeitsgesetzes) soweit sie am Stück mitarbeiten.

(2) Arbeitgeber im Sinne dieses Gesetzes sind natürliche und juristische Personen sowie rechtsfähige Personengesellschaften, die Personen nach Absatz 1 beschäftigen. Für die in Heimarbeit Beschäftigten und die ihnen Gleichgestellten, tritt an die Stelle des Arbeitgebers der Auftraggeber oder der Zwischenmeister.

(3) Nahe Angehörige im Sinne dieses Gesetzes sind

1. Großeltern, Eltern, Stiefeltern, Schwiegereltern, sofern die sie vermittelnde Ehe oder Lebenspartnerschaft noch besteht,
2. Ehegatten, Lebenspartner, Partner einer eheähnlichen oder lebenspartnerschaftsähnlichen Gemeinschaft, Geschwister, Ehegatten der Geschwister und Geschwister der Ehegatten, Lebenspartner der Geschwister und Geschwister der Lebenspartner,
3. Kinder, Adoptiv- oder Pflegekinder, die Kinder, Adoptiv- oder Pflegekinder des Ehegatten oder Lebenspartners, die Kinder, Adoptiv- oder Pflegekinder des Partners einer eheähnlichen oder lebenspartnerschaftsähnlichen Gemeinschaft, Schwiegerkinder und Enkelkinder.

(4) Pflegebedürftig im Sinne dieses Gesetzes sind Personen, die die Voraussetzungen nach den §§ 14 und 15 des Elften Buches Sozialgesetzbuch erfüllen. Pflegebedürftig im Sinne von § 2 sind auch Personen, die die Voraussetzungen nach den §§ 14 und 15 des Elften Buches Sozialgesetzbuch voraussichtlich erfüllen.

(5) Zur Wahrung der durch Vorschriften dieses Gesetzes angeordneten Schriftform genügt auch die Wahrung der Textform (§ 126b BGB).

§ 8 Unabdingbarkeit

Von den Vorschriften dieses Gesetzes kann nicht zuungunsten der Beschäftigten abgewichen werden.

§ 9 Förderung der pflegebedingten Freistellung von der Arbeitsleistung

(1) Für die Dauer der Freistellungen nach § 3 dieses Gesetzes gewährt das Bundesamt für Familie und zivilgesellschaftliche Aufgaben Beschäftigten auf Antrag ein in monatlichen Raten zu zahlendes zinsloses Darlehen nach Maßgabe der Absätze 2 bis 5. Der Anspruch gilt auch für alle Vereinbarungen über Freistellungen von der Arbeitsleistung, die die Voraussetzungen von § 3 Absatz 1 und 2 Satz 1 bis 3, Absatz 6 Satz 1 oder Absatz 7 Satz 1 erfüllen.

(2) Die monatlichen Darlehensraten werden in Höhe der Hälfte der Differenz zwischen den pauschalierten monatlichen Nettoentgelten vor und während der Freistellung nach Absatz 1 gewährt. Die monatliche Darlehensrate ist dabei auf den Betrag begrenzt, der bei einer durchschnittlichen Arbeitszeit von 15 Wochenstunden zu gewähren ist.

(3) Das pauschalierte monatliche Nettoentgelt vor der Freistellung nach Absatz 1 ist das nach der im jeweiligen Kalenderjahr geltenden Verordnung über die pauschalierten Nettoentgelte für das Kurzarbeitergeld maßgebliche Entgelt, bezogen auf das auf den nächsten durch zwanzig teilbaren Eurobetrag gerundete regelmäßige durchschnittliche monatliche Bruttoarbeitsentgelt ausschließlich der Sachbezüge der letzten zwölf Kalendermonate vor Beginn der Freistellung. Das pauschalierte monatliche Nettoentgelt während der Freistellung ist das nach der im jeweiligen Kalenderjahr geltenden Verordnung über die pauschalierten Nettoentgelte für das Kurzarbeitergeld maßgebliche Entgelt, bezogen auf das auf den nächsten durch zwanzig teilbaren Eurobetrag gerundete Produkt aus der vereinbarten durchschnittlichen monatlichen Stundenzahl während der Freistellung und dem durchschnittlichen Entgelt je Arbeitsstunde. Durchschnittliches Entgelt je Arbeitsstunde ist das Verhältnis des regelmäßigen gesamten Bruttoarbeitsentgelts ausschließlich der Sachbezüge der letzten zwölf Kalendermonate vor Beginn der Freistellung zur arbeitsvertraglichen Gesamtstundenzahl der letzten zwölf Kalendermonate vor Beginn der Freistellung. Bei einem weniger als zwölf Monate vor Beginn der Freistellung bestehenden Beschäftigungsverhältnis verkürzt sich der der Berechnung zugrunde zu legende Zeitraum entsprechend. Für die Berechnung des durchschnittlichen Entgelts je Arbeitsstunde bleiben Mutterschutzfristen, kurzzeitige Arbeitsverhinderungen nach § 2 und Freistellungen nach § 3 dieses Gesetzes sowie die Einbringung von Arbeitsentgelt in und die Entnahme von Arbeitsentgelt aus Wertguthaben nach § 7b des Vierten Buches Sozialgesetzbuch außer Betracht.

(4) Abweichend von Absatz 2 können Beschäftigte auch einen geringeren Darlehensbetrag in Anspruch nehmen, wobei die monatliche Darlehensrate mindestens 50 Euro betragen muss.

(5) Das Darlehen ist in der in Absatz 2 genannten Höhe, vorrangig vor dem Bezug von bedürftigkeitsabhängigen Sozialleistungen in Anspruch zu nehmen und von den Beschäftigten zu beantragen; Absatz 4 ist insoweit nicht anzuwenden. Bei der Berechnung von Sozialleistungen nach Satz 1 sind die Zuflüsse aus dem Darlehen als Einkommen zu berücksichtigen.

§ 10 Mitwirkungspflicht des Arbeitgebers

Der Arbeitgeber hat dem Bundesamt für Familie und zivilgesellschaftliche Aufgaben für bei ihm Beschäftigte den Arbeitsumfang sowie das Arbeitsentgelt vor der Freistellung nach § 3 Absatz 1 zu bescheinigen, soweit dies zum Nachweis des Einkommens aus Erwerbstätigkeit oder der wöchentlichen Arbeitszeit der die Förderung beantragenden Beschäftigten erforderlich ist. Für die in Heimarbeit Beschäftigten und die ihnen Gleichgestellten tritt an die Stelle des Arbeitgebers der Auftraggeber oder Zwischenmeister.

§ 11 Ende der Förderfähigkeit

(1) Die Förderfähigkeit endet mit dem Ende der Freistellung nach § 9 Absatz 1. Die Förderfähigkeit endet auch dann, wenn die oder der Beschäftigte während der Freistellung nach § 3 Absatz 2 den Mindestumfang der wöchentlichen Arbeitszeit aufgrund gesetzlicher oder kollektivvertraglicher Bestimmungen oder aufgrund von Bestimmungen, die in Arbeitsrechtsregelungen der Kirchen enthalten sind, unterschreitet. Die Unterschreitung der Mindestarbeitszeit aufgrund von Kurzarbeit oder eines Beschäftigungsverbotes lässt die Förderfähigkeit unberührt.

(2) Die Darlehensnehmerin oder der Darlehensnehmer hat dem Bundesamt für Familie und zivilgesellschaftliche Aufgaben unverzüglich jede Änderung in den Verhältnissen, die für den Anspruch nach § 9 Absatz 1 erheblich sind, mitzuteilen, insbesondere die Beendigung der häuslichen Pflege der oder des nahen Angehörigen, die Beendigung der Betreuung nach § 3 Absatz 6, die Beendigung der Freistellung nach § 3 Absatz 7, die vorzeitige Beendigung der Freistellung nach § 9 Absatz 1 sowie die Unterschreitung des Mindestumfangs der wöchentlichen Arbeitszeit während der Freistellung nach § 3 Absatz 2 aus anderen als den in Absatz 1 Satz 2 genannten Gründen.

§ 12 Rückzahlung des Darlehens

(1) Im Anschluss an die Freistellung nach § 9 Absatz 1 ist die Darlehensnehmerin oder der Darlehensnehmer verpflichtet, das Darlehen innerhalb von 48 Monaten nach Beginn der Freistellung nach § 9 Absatz 1 zurückzuzahlen. Die Rückzahlung erfolgt in möglichst gleichbleibenden monatlichen Raten in Höhe des im Bescheid nach § 15 festgesetzten monatlichen Betrags jeweils spätestens zum letzten Bankarbeitstag des laufenden Monats. Für die Rückzahlung gelten alle nach § 9 an die Darlehensnehmerin oder den Darlehensnehmer geleisteten Darlehensbeträge als ein Darlehen.

(2) Die Rückzahlung beginnt in dem Monat, der auf das Ende der Förderung der Freistellung nach § 9 Absatz 1 folgt. Das Bundesamt für Familie und zivilgesellschaftliche Aufgaben kann auf Antrag der Darlehensnehmerin oder des Darlehensnehmers den Beginn der Rückzahlung auf einen späteren Zeitpunkt, spätestens jedoch auf den 25. Monat nach Beginn der Förderung festsetzen, wenn die übrigen Voraussetzungen für den Anspruch nach den §§ 3 und 9 weiterhin vorliegen. Befindet sich die Darlehensnehmerin oder der Darlehensnehmer während des Rückzahlungszeitraums in einer Freistellung nach § 9 Absatz 1, setzt das Bundesamt für Familie und zivilgesellschaftliche Aufgaben auf Antrag der oder des Beschäftigten die monatlichen Rückzahlungsraten bis zur Beendigung der

Freistellung von der Arbeitsleistung aus. Der Rückzahlungszeitraum verlängert sich um den Zeitraum der Aussetzung.

§ 13 Härtefallregelung

(1) Zur Vermeidung einer besonderen Härte stundet das Bundesamt für Familie und zivilgesellschaftliche Aufgaben der Darlehensnehmerin oder dem Darlehensnehmer auf Antrag die Rückzahlung des Darlehens, ohne dass hierfür Zinsen anfallen. Als besondere Härte gelten insbesondere der Bezug von Entgeltersatzleistungen nach dem Dritten und dem Fünften Buch Sozialgesetzbuch, Leistungen zur Sicherung des Lebensunterhalts nach dem Zweiten Buch Sozialgesetzbuch und Leistungen nach dem Dritten und Vierten Kapitel des Zwölften Buches Sozialgesetzbuch oder eine mehr als 180 Tage ununterbrochene Arbeitsunfähigkeit. Eine besondere Härte liegt auch vor, wenn sich die Darlehensnehmerin oder der Darlehensnehmer wegen unverschuldeter finanzieller Belastungen vorübergehend in ernsthaften Zahlungsschwierigkeiten befindet oder zu erwarten ist, dass sie oder er durch die Rückzahlung des Darlehens in der vorgesehenen Form in solche Schwierigkeiten gerät.

(2) Für den über die Gesamtdauer der Freistellungen nach § 3 dieses Gesetzes hinausgehenden Zeitraum, in dem die Pflegebedürftigkeit desselben nahen Angehörigen fortbesteht, die Pflege durch die oder den Beschäftigten in häuslicher Umgebung andauert und die Freistellung von der Arbeitsleistung fortgeführt wird, sind auf Antrag die fälligen Rückzahlungsraten zu einem Viertel zu erlassen (Teildarlehenserlass) und die restliche Darlehensschuld für diesen Zeitraum bis zur Beendigung der häuslichen Pflege auf Antrag zu stunden, ohne dass hierfür Zinsen anfallen, sofern eine besondere Härte im Sinne von Absatz 1 Satz 3 vorliegt.

(3) Die Darlehensschuld erlischt, soweit sie noch nicht fällig ist, wenn die Darlehensnehmerin oder der Darlehensnehmer

1. Leistungen nach dem Dritten und Vierten Kapitel des Zwölften Buches Sozialgesetzbuch oder Leistungen zur Sicherung des Lebensunterhalts nach dem Zweiten Buch Sozialgesetzbuch ununterbrochen seit mindestens zwei Jahren nach dem Ende der Freistellung bezieht oder
2. verstirbt.

(4) Der Abschluss von Vergleichen sowie die Stundung, Niederschlagung und der Erlass von Ansprüchen richten sich, sofern in diesem Gesetz nicht abweichende Regelungen getroffen werden, nach den §§ 58 und 59 der Bundeshaushaltsordnung.

§ 14 Antrag auf Förderung

(1) Das Bundesamt für Familie und zivilgesellschaftliche Aufgaben entscheidet auf schriftlichen Antrag über das Darlehen nach § 9 und dessen Rückzahlung nach § 12.

(2) Der Antrag wirkt vom Zeitpunkt des Vorliegens der Anspruchsvoraussetzungen, wenn er innerhalb von drei Monaten nach deren Vorliegen gestellt wird, andernfalls wirkt er vom Beginn des Monats der Antragstellung.

(3) Der Antrag muss enthalten:

1. Name und Anschrift der oder des das Darlehen beantragenden Beschäftigten,
2. Name, Anschrift und Angehörigenstatus der gepflegten Person,
3. Bescheinigung über die Pflegebedürftigkeit oder im Fall des § 3 Absatz 6 des Pflegezeitgesetzes das dort genannte ärztliche Zeugnis über die Erkrankung des oder der nahen Angehörigen,
4. Dauer der Freistellung nach § 3 Absatz 1 sowie Mitteilung, ob zuvor eine Freistellung nach § 3 Absatz 1 in Anspruch genommen wurde, sowie
5. Höhe, Dauer und Angabe der Zeitabschnitte des beantragten Darlehens.

(4) Dem Antrag sind beizufügen:

1. Entgeltbescheinigungen mit Angabe der arbeitsvertraglichen Wochenstunden der letzten zwölf Monate vor Beginn der Freistellung nach § 9 Absatz 1,
2. in den Fällen der vollständigen Freistellung nach § 3 Absatz 1 eine Bescheinigung des Arbeitgebers über die Freistellung und in den Fällen der teilweisen Freistellung die hierüber getroffene schriftliche Vereinbarung zwischen dem Arbeitgeber und der oder dem Beschäftigten.

§ 15 Darlehensbescheid und Zahlweise

(1) In dem Bescheid nach § 14 Absatz 1 sind anzugeben:

1. Höhe des Darlehens,
2. Höhe der monatlichen Darlehensraten sowie Dauer der Leistung der Darlehensraten,
3. Höhe und Dauer der Rückzahlungsraten und
4. Fälligkeit der ersten Rückzahlungsrate.

   Wurde dem Antragsteller für eine vor dem Antrag liegende Freistellung nach § 9 Absatz 1 ein Darlehen gewährt, sind für die Ermittlung der Beträge nach Satz 1 Nummer 3 und 4 das zurückliegende und das aktuell gewährte Darlehen wie ein Darlehen zu behandeln. Der das erste Darlehen betreffende Bescheid nach Satz 1 wird hinsichtlich Höhe, Dauer und Fälligkeit der Rückzahlungsraten geändert.

(2) Die Höhe der Darlehensraten wird zu Beginn der Leistungsgewährung in monatlichen Festbeträgen für die gesamte Förderdauer festgelegt.

(3) Die Darlehensraten werden unbar zu Beginn jeweils für den Kalendermonat ausgezahlt, in dem die Anspruchsvoraussetzungen vorliegen. Monatliche Förderungsbeträge, die nicht volle Euro ergeben, sind bei Restbeträgen bis zu 0,49 Euro abzurunden und von 0,50 Euro an aufzurunden.

§ 16 Antrag und Nachweis in weiteren Fällen

(1) Das Bundesamt für Familie und zivilgesellschaftliche Aufgaben entscheidet auch in den Fällen des § 13 auf schriftlichen Antrag, der Name und Anschrift der Darlehensnehmerin oder des Darlehensnehmers enthalten muss.

(2) Die Voraussetzungen des § 13 sind nachzuweisen

1. in den Fällen des Absatzes 1 durch Glaubhaftmachung der dort genannten Voraussetzungen, insbesondere durch Darlegung der persönlichen wirtschaftlichen Verhältnisse oder bei Arbeitsunfähigkeit durch Vorlage einer Arbeitsunfähigkeitsbescheinigung der Darlehensnehmerin oder des Darlehensnehmers,

2. in den Fällen des Absatzes 2 durch Vorlage einer Bescheinigung über die fortbestehende Pflegebedürftigkeit der oder des nahen Angehörigen und die Fortdauer der Freistellung von der Arbeitsleistung sowie Glaubhaftmachung der dort genannten Voraussetzungen, insbesondere durch Darlegung der persönlichen wirtschaftlichen Verhältnisse,
3. in den Fällen des Absatzes 3 durch Vorlage der entsprechenden Leistungsbescheide der Darlehensnehmerin oder des Darlehensnehmers oder durch Vorlage einer Sterbeurkunde durch die Rechtsnachfolger.

(3) Anträge auf Teildarlehenserlass nach § 13 Absatz 2 sind bis spätestens 48 Monate nach Beginn der Freistellungen nach § 3 zu stellen.

§ 17 Allgemeine Verwaltungsvorschriften

Zur Durchführung des Verfahrens nach den §§ 14 und 16 kann das Bundesministerium für Familie, Senioren, Frauen und Jugend allgemeine Verwaltungsvorschriften erlassen.

§ 18 Bußgeldvorschriften

(1) Ordnungswidrig handelt, wer vorsätzlich oder fahrlässig
1. entgegen § 4 Satz 1 eine dort genannte Bescheinigung nicht, nicht richtig, nicht vollständig oder nicht rechtzeitig erstellt,
2. entgegen § 5 Absatz 2 eine Mitteilung nicht, nicht richtig, nicht vollständig oder nicht rechtzeitig macht oder
3. entgegen § 8 Absatz 3 Nummer 4 eine Mitteilung nicht, nicht richtig, nicht vollständig oder nicht rechtzeitig macht.

(2) Verwaltungsbehörde im Sinne des § 36 Absatz 1 Nummer 1 des Gesetzes über Ordnungswidrigkeiten ist das Bundesamt für Familie und zivilgesellschaftliche Aufgaben.

(3) Die Ordnungswidrigkeit kann in den Fällen des Absatzes 1 Nummer 1 mit einer Geldbuße bis zu fünftausend Euro und in den Fällen des Absatzes 1 Nummer 2 mit einer Geldbuße bis zu tausend Euro geahndet werden.

(4) Die Geldbußen fließen in die Kasse des Bundesamtes für Familie und zivilgesellschaftliche Aufgaben. Diese trägt abweichend von § 105 Absatz 2 des Gesetzes über Ordnungswidrigkeiten die notwendigen Auslagen. Sie ist auch ersatzpflichtig im Sinne des § 110 Absatz 4 des Gesetzes über Ordnungswidrigkeiten.

§ 19 Aufbringung der Mittel

Die für die Ausführung dieses Gesetzes erforderlichen Mittel trägt der Bund.

§ 20 Beirat

(1) Das Bundesministerium für Familie, Senioren, Frauen und Jugend setzt einen unabhängigen Beirat für die Vereinbarkeit von Pflege und Beruf ein.

(2) Der Beirat befasst sich mit Fragen zur Vereinbarkeit von Pflege und Beruf, er begleitet die Umsetzung der einschlägigen gesetzlichen Regelungen und berät über deren Auswirkungen. Das Bundesministerium für Familie, Senioren, Frauen und Jugend kann dem Beirat Themenstellungen zur Beratung vorgeben.

(3) Der Beirat legt dem Bundesministerium für Familie, Senioren, Frauen und Jugend alle vier Jahre, erstmals zum 1. Juni 2019, einen Bericht vor und kann hierin Handlungsempfehlungen aussprechen.

(4) Der Beirat besteht aus einundzwanzig Mitgliedern, die vom Bundesministerium für Familie, Senioren, Frauen und Jugend im Einvernehmen mit dem Bundesministerium für Arbeit und Soziales und dem Bundesministerium für Gesundheit berufen werden. Stellvertretung ist zulässig. Die oder der Vorsitzende und die oder der stellvertretende Vorsitzende werden vom Bundesministerium für Familie, Senioren, Frauen und Jugend ernannt. Der Beirat setzt sich zusammen aus sechs Vertreterinnen oder Vertretern von fachlich betroffenen Interessenverbänden, je zwei Vertreterinnen oder Vertretern der Gewerkschaften, der Arbeitgeber, der Wohlfahrtsverbände und der Seniorenorganisationen sowie aus je einer Vertreterin oder einem Vertreter der sozialen und der privaten Pflege-Pflichtversicherung. Des Weiteren gehören dem Beirat zwei Wissenschaftlerinnen oder Wissenschaftler mit Schwerpunkt in der Forschung der Vereinbarkeit von Pflege und Beruf sowie je eine Vertreterin oder ein Vertreter der Konferenz der Ministerinnen und Minister, Senatorinnen und Senatoren für Jugend und Familie, der Konferenz der Ministerinnen und Minister, Senatorinnen und Senatoren für Arbeit und Soziales sowie der kommunalen Spitzenverbände an. Die Besetzung des Beirats muss geschlechterparitätisch erfolgen.

(5) Die Amtszeit der Mitglieder des Beirats und ihrer Stellvertreterinnen oder Stellvertreter beträgt fünf Jahre und kann einmalig um fünf Jahre verlängert werden. Scheidet ein Mitglied oder dessen Stellvertreterin oder Stellvertreter vorzeitig aus, wird für den Rest der Amtszeit eine Nachfolgerin oder ein Nachfolger berufen.

(6) Die Mitglieder des Beirats sind ehrenamtlich tätig. Sie haben Anspruch auf Erstattung ihrer notwendigen Auslagen.

(7) Der Beirat arbeitet auf der Grundlage einer durch das Bundesministerium für Familie, Senioren, Frauen und Jugend zu erlassenden Geschäftsordnung.

§ 21 Übergangsvorschrift

Die Vorschriften des Familienpflegezeitgesetzes in der Fassung vom 6. Dezember 2011 gelten in den Fällen fort, in denen die Voraussetzungen für die Gewährung eines Darlehens nach § 3 Absatz 1 in Verbindung mit § 12 Absatz 1 Satz 1 bis einschließlich 31. Dezember 2014 vorlagen.

Literaturverzeichnis

Abele, Roland: Geschwindigkeit ist keine Hexerei – Zur richtlinienkonformen Auslegung und Anpassung des deutschen Urlaubsrechts, RdA 2009, 312.

Adomeit, Klaus; Mohr, Jochen: Allgemeines Gleichbehandlungsgesetz (AGG), 2. Auflage (2011).

Ascheid, Reiner; Preis, Ulrich; Schmidt, Ingrid: Kündigungsrecht, 5. Auflage (2017), zit APS-*Bearbeiter.*

Bamberger, Heinz Georg; Roth, Herbert: Beck´scher Online-Kommentar BGB, 43. Edition (Stand 15.06.2017), zit. BeckOK/BGB-*Bearbeiter.*

Barkow von Creytz, Dunja: Das Familienpflegezeitgesetz, DStR 2012, 191.

Bauer, Jobst-Hubertus; Krieger, Steffen: Allgemeines Gleichbehandlungsgesetz, 4. Auflage (2015).

Bauer, Jobst-Hubertus: Das neue Pflegezeitgesetz, Personalführung 2008, Heft 10, S. 86.

Bauer, Jobst-Hubertus; Diller, Martin: In Sachen Paletta endlich alles paletti, NZA 2000, 711.

Bayreuther, Frank: Drittbezogene und hypothetische Diskriminierungen, NZA 2008, 986.

Bayreuther, Frank: Einstellungsuntersuchungen, Fragerecht und geplantes Beschäftigtendatenschutzgesetz, NZA 2010, 679.

Bayreuther, Frank: Krankheit als Behinderung im deutschen und amerikanischen Diskriminierungsrecht, in: Festschrift für Dieter Reuter, S. 453, (2010).

Becker, Friedrich; Baader, Peter; Etzel, Gerhard: Gemeinschaftskommentar zum Kündigungsschutzgesetz und zu sonstigen kündigungsschutzrechtlichen Vorschriften, 11. Auflage (2016).

Berger-Delhey, Ulf: „Certe ignoratio futurorum malorum utilior est quam scientia" – Das Pflegezeitgesetz in der Praxis, ZTR 2009, 128.

Berger-Delhey, Ulf: Posteriores cogitationes, ut aiunt, sapientiores solent esse – Anmerkungen zum Entwurf eines Pflegezeitgesetzes, ZTR 2007, 604.

Besgen, Nicolai; Plack, Kerstin: Das Pflegezeitgesetz (2009).

Boemke, Burkhard: Anmerkung zu LAG Niedersachsen vom 16.11.2010–3 Sa 1288/10, jurisPR-ArbR 16/2011 Anm. 3.

Braun, Stefan: Das neue Pflegezeitgesetz, Die Beträge 2008, 193.

Brose, Wiebke: Die sozialversicherungsrechtlichen Nebenwirkungen von Pflegezeit und Familienpflegezeit, NZS 2012, 499.

Bruns, Manfred: Die Maruko-Entscheidung im Spannungsfeld zwischen europäischer und nationaler Auslegung, NJW 2008, 1929.

Buba, Hans Peter; Vaskovics, Lazlo A.: Benachteiligung gleichgeschlechtlich orientierter Personen und Paare – Studie im Auftrag des Bundesministeriums der Justiz (2001).

Buchner, Herbert; Becker, Ulrich: Mutterschutzgesetz und Bundeselterngeld- und Elternzeitgesetz, 8. Auflage (2008).

Bürger, Ernst: Aktuelle Entwicklungen im deutschen Urlaubsrecht, ZTR 2011, 707.

Burkard-Pötter, Julia: Gesetzliche Kündigungsverbote, NJW-Spezial 2012, 498.

Buschmann, Rudolf: Individuelle Arbeitszeitverkürzung nicht gegen Betriebsvereinbarung, Anmerkung zu LAG Berlin Urteil vom 18.1.2002–19 Sa 1982/01, AuR 2002, 190.

Cornelißen, Waltraud (Hrsg.), Bundesministerium für Familie, Senioren, Frauen und Jugend: Gender Report – Datenreport zur Gleichstellung von Frauen und Männern in der Bundesrepublik Deutschland, 2. Fassung (2005).

Dalichau, Gerhard: Sozialgesetzbuch XI, Soziale Pflegeversicherung, (2014).

Däubler, Wolfgang: Das Arbeitsrecht: Leitfaden für Arbeitnehmer /2, 10. Auflage (1995).

Däubler, Wolfgang; Bertzbach, Martin: Allgemeines Gleichbehandlungsgesetz, 3. Auflage (2013).

Däubler, Wolfgang; Bonin, Birger; Deinert, Olaf: AGB-Kontrolle im Arbeitsrecht, 4. Auflage (2014).

Dornbusch, Gregor; Fischermeier, Ernst; Löwisch, Manfred: AR – Kommentar zum gesamten Arbeitsrecht, 8. Auflage (2016), zit. AR-*Bearbeiter.*

Düwell, Franz Josef: Auf dem Weg zu einem Pflegezeitgesetz, jurisPR-ArbR 51/2007, Anm. 6.

Erasmy, Walter: Arbeitsrechtliche Auswirkungen der Neuregelung des Kinderkrankengeldes in § 45 SGB V, NZA 1992, 921.

Fieberg, Christian: Urlaubsanspruch bei ruhendem Arbeitsverhältnis, NZA 2009, 929.

Fischinger, Philipp: Grundfälle zur Bedeutung des Schweigens im Rechtsverkehr – Reden ist Silber, Schweigen ist Gold?, JUS 2015, 294.

Forst, Gerrit: Arbeitnehmer – Beschäftigte – Mitarbeiter, RdA 2014, 157.

Franzen, Martin: Zeitliche Begrenzung der Urlaubsansprüche langzeiterkrankter Arbeitnehmer, NZA 2011, 1403.

Freihube, Dirk; Sasse, Stefan: Was bringt das neue Pflegezeitgesetz!?, DB 2008, 1320.

Freihube, Dirk: Anmerkung zu BAG vom 15.11.2011–9 AZR 348/10, AP Nr. 1 zu § 3 PflegeZG.

Gaul, Björn; Wisskirchen, Gerlind: Änderung des Bundeserziehungsgeldgesetzes, DB 2000, 2466.

Giesen, Richard: Reform der Leiharbeit, ZRP 2016, 130.

Glatzel, Brigitte: Fallen im Pflegezeitgesetz – für Arbeitnehmer und Arbeitgeber, NJW 2009, 1377.

Göhle-Sander, Kristina: Anmerkung zu BAG vom 15.11.2011–9 AZR 348/10, jurisPR-ArbR 15/2012 Anm. 1.

Gotthardt, Michael: Arbeitsrecht nach der Schuldrechtsreform, 2. Auflage (2003).

Göttling, Wulfhard, Neumann, Michael: Das neue Familienpflegezeitgesetz, NZA 2012, 119.

Grobys, Marcel; Bram, Rainer: Die prozessuale Durchsetzung des Teilzeitanspruchs, NZA 2001, 1175.

Grundmann, Cornelia: Das Pflegezeitgesetz, GuP 2013, 100.

Günther-Nicolay, Elke: Zu den Voraussetzungen der Einbeziehung häuslicher Pflegepersonen in den Schutz der gesetzlichen Unfallversicherung, NZA 2006, 17.

Haarke, Steven: Reform der Familienpflege- und Pflegezeit: Starke Unternehmensbelastung!, NZW-Spezial 2015, 50.

Hammes, Winfried, Statistisches Bundesamt: Haushalte und Lebensformen der Bevölkerung – Ergebnisse des Mikrozensus 2011, abrufbar unter: https://www.destatis.de/DE/Publikationen/WirtschaftStatistik/Bevoelkerung/HaushalteUndLebensformen_112012.pdf?__blob=publicationFile (zuletzt abgerufen am 24.3.2018), zit. Mikrozensus 2011.

Hanau, Peter: Ansätze zu einem System familiengerechter Arbeitszeit, Festschrift für Herbert Buchner zum 70. Geburtstag, S. 281.

Hanau, Peter; Lorenz, Egon; Matthes, Hans-Christoph: Festschrift für Günther Wiese zum 70. Geburtstag (1998).

Henssler, Martin: Arbeitsrecht und Schuldrechtsreform, RdA 2002, 129.

Henssler, Martin; Willemsen, Heinz-Josef; Kalb, Heinz-Jürgen: Arbeitsrecht Kommentar, 7. Auflage (2016), zit. HWK-*Bearbeiter.*

Hexel, Christoph; Lüders, Holger: Offene Fragen des neuen Pflegezeitrechts, NZS 2009, 264.

Hilgenfeld, Marc; Krogull, Jutta: Pflegezeitgesetz bei Auslandsbezug, AuA 2009, 44.

Hofmann, Paul: Zum Problem des Verschludens bei krankheitsbedingter Arbeitsunfähigkeit, ZfA 1979, 275.

Hopfner, Sebastian; Zimmermann, Ylva, Uhlendorf, Anne: Das Pflegezeitgesetz – Ein Leitfaden für die arbeitsrechtliche Praxis (2009).

Hoyningen-Huene von; Gerrick, Linck, Rüdiger: Kündigungsschutzgesetz, 15. Auflage (2013).

Hromadka, Wolfgang: Befristete und bedingte Arbeitsverhältnisse neu geregelt, BB 2001, 620.

Hümmerich, Klaus; Boecken, Winfried; Düwell, Franz Josef: Anwaltkommentar Arbeitsrecht, 2. Auflage (2010), zit. AnwK/ArbR-*Bearbeiter.*

Jauernig, Othmar: Bürgerliches Gesetzbuch mit Allgemeinem Gleichbehandlungsgesetz, 16. Auflage (2015).

Joussen, Jacob: Streitfragen aus dem Pflegezeitgesetz, NZA 2009, 69.

Joussen, Jacob: Das Gestaltungsrecht des Dritten nach § 317 BGB, AcP 203 (2003), 429.

Joussen, Jacob: Elternzeit und Verringerung der Arbeitszeit, NZA 2005, 336.

Joussen, Jacob: Schwerbehinderung, Fragerecht und positive Diskriminierung nach dem AGG, NZA 2007, 174.

Junker, Abbo: Grundkurs Arbeitsrecht, 16. Auflage (2017).

Kaiser, Dagmar; Schnitzler, Klaus; Friederici, Peter; Schilling, Roger: Nomos-Kommentar zum BGB, Band 4: Familienrecht, 3. Auflage (2014), zit. NK-BGB/*Bearbeiter.*

Kaiser, Dagmar: Erziehungs- und Elternurlaub in Verbundsystemen kleiner und mittlerer Unternehmen, zit. Erziehungs- und Elternurlaub, (1993).

Kamanabrou, Sudabeh: Der Entgeltanspruch bei gewissensbedingter Arbeitsverweigerung, Gedächtnisschrift für Ulrich Zachert (2010), 400.

Karb, Svenja: Das Pflegezeitgesetz und das neue Familienpflegezeitgesetz im Überblick, UBWV 2012, 152 (Teil 1), UBWV 2012, 189 (Teil 2).

Kern, Jan: Anmerkung zu BAG vom 15.11.2011–9 AZR 348/10, ArbR 2012, 144.

Kliemt, Michael: Der neue Teilzeitanspruch – Die gesetzliche Neuregelung der Teilzeitarbeit ab dem 1. 1. 2001, NZA 2001, 63.

Koppenfels-Spies von, Katharina: Angehörigenpflege und Beschäftigung – Familienpflegezeit und Pflegezeit, zit. Angehörigenpflege und Beschäftigung, (2016).

Kossens, Michael: Pflegezeitgesetz und Familienpflegezeitgesetz, 3. Auflage (2016).

Kossens, Michael: Das neue Pflegezeitgesetz, AuA 2008, 328.

Kossens, Michael: Anmerkung zu LAG Stuttgart vom 31.3.2010–20 Sa 87/09, jurisPR-ArbR 26/2010, Anm. 2.

Kramer, Michael: Die Vorlage der Arbeitsunfähigkeitsbescheinigung, BB 1996, 1662.

Krause, Elina: Familienpflegezeit, AiB 2013, 54.

Kreutz, Marcus: Nullum anarchia maius est malum, ZTR 2008, 246.

Küttner, Wolfdieter: Personalbuch, 23. Auflage (2016), zit. Küttner-*Bearbeiter*.

Lakies, Thomas: Das Teilzeit- und Befristungsgesetz, DZWIR 2001, 1.

Larenz, Karl: Methodenlehre der Rechtswissenschaft, 6. Auflage (1991).

Leinemann, Wolfgang: Handbuch zum Arbeitsrecht, Loseblattsammlung.

Leinemann, Wolfgang; Linck, Rüdiger: Bundesurlaubsgesetz, 2. Auflage (2001).

Leitherer, Stephan (Hrsg): Kasseler Kommentar zum Sozialversicherungsrecht, Band 1, 94. EL (1. Mai 2017), zit. KassKomm-*Bearbeiter*.

Linck, Rüdiger: Offene Fragen des Pflegezeitgesetzes, BB 2008, 2738.

Lindemann, Achim; Simon, Oliver: Die neue Elternzeit, NJW 2001, 258.

Lindemann, Viola: Neuerungen im Arbeitsrecht durch die Schuldrechtsreform, AuR 2002, 81.

Lingscheid, Anja: Antidiskriminierung im Arbeitsrecht – Neue Entwicklungen im Gemeinschaftsrecht auf Grund der Richtlinien 2000/43/EG und 2000/78/EG und ihre Einfügung in das deutsche Gleichbehandlungsrecht (2004).

Linke, Bruno; Linke, Tobias: Die Reform der Pflegeversicherung und die neue Pflegezeit (2008).

Löwisch, Manfred: Einrechnung von Leiharbeitnehmern in den Schwellenwert der Kleinbetriebsklausel – Beispiel verfehlter Gesetzesauslegung, in: Moderne Arbeitswelt, Festschrift für Rolf Wank (2014), S. 315.

Marburger, Horst: Pflegezeitgesetz und Sozialversicherung, Die Beiträge 2008, 449.

Marburger, Horst: Auswirkungen des Pflegeunterstützungsgeldes auf die gesetzliche Rentenversicherung, rv 2015, 12.

Medicus, Dieter: Allgemeiner Teil des BGB, 10. Auflage (2010).

Meinel, Gernod; Heyn, Judith; Herms, Sascha: Teilzeit- und Befristungsgesetz, 5. Auflage (2015).

Melot de Beauregard, Paul: Diskriminierungsschutz ohne Ende?, RIW 2009, 18.

Müller, Olaf; Stuhlmann, Wolfgang: Pflegezeit – was nun? Antworten und Entscheidungshilfen für souveräne Personalprofis (2008).

Müller, Olaf; Stuhlmann, Wolfgang: Das neue Pflegezeitgesetz – eine Übersicht – ZTR 2008, 290.

Müller, Stefan: Das Pflegezeitgesetz (PflegeZG) und seine Folgen für die arbeitsrechtliche Praxis, BB 2008, 1058.

Müller, Stefan: Eine Aufteilung der Pflegezeit auf mehrere Zeitabschnitte ist de lege lata nicht vorgesehen, BB 2010, 705.

Müller, Stefan: Anmerkung zu BAG vom 15.11.2011–9 AZR 348/10, EzA § 4 PflegeZG Nr. 1.

Müller, Stefan: Die Änderungen im Familien- und Pflegezeitrecht, BB 2014, 3125.

Müller, Stefan: Änderungen im (Familien-)Pflegezeitrecht 2016/2017, BB 2016, 1338.

Müller-Glöge, Rudi; Preis, Ulrich; Schmidt, Ingrid: Erfurter Kommentar zum Arbeitsrecht, 17. Auflage (2017), zit. ErfK-*Bearbeiter*.

Musielak, Hans-Joachim; Voit, Wolfgang: Kommentar zur Zivilprozessordnung mit Gerichtsverfassungsgesetz, 14. Auflage (2017).

Nielebock, Helga: Pflegezeit für Beschäftigte, AiB 2008, 363.

Nierwetberg, Rüdiger: § 615 BGB und der Fixschuldcharakter der Arbeitspflicht, BB 1982, 995.

Novara, Fabian: Sonderkündigungsschutz nach dem Pflegezeitgesetz, DB 2010, 503.

Oberthür, Nathalie; Becker, Tanja: Streitfall „Pflege" – Ausgewählte Problemstellungen des Pflegezeitgesetzes, ArbRB 2009, 77.

Oetker, Hartmut: Der arbeitsrechtliche Bestandsschutz unter dem Firmament der Grundrechtsordnung (1996).

Palandt, Otto (Hrsg).: Bürgerliches Gesetzbuch, 76. Auflage (2017).

Peschel-Gutzeit, Lore Maria: Stiefkinder und ihre Familien in Deutschland – Rechtlicher Status und tatsächliche Situation, FPR 2004, 47.

Picker, Christian: Urlaubsanspruch trotz Dauererkrankung: Die Schultz-Hoff-Entscheidung des EuGH und ihre Folgen, ZTR 2009, 230.

Plein, Anne; Kratz, Eva: Angehörigenpflege durch Arbeitnehmer – eine Herausforderung für die unternehmerische Praxis, KSzW 2012, 101.

Plettenberg von, Clara: Die Arbeitsbefreiung nach dem Pflegezeitgesetz (2012).

Preis, Ulrich: Der Kündigungsschutz außerhalb des Kündigungsschutzgesetzes, NZA 1997, 1257.

Preis, Ulrich; Weber, Astrid: Der Regierungsentwurf eines Pflegezeitgesetzes, NZA 2008, 82.

Preis, Ulrich; Gotthardt, Michael: Das Teilzeit- und Befristungsgesetz, DB 2001, 145.

Preis, Ulrich; Gotthardt, Michael: Neuregelung der Teilzeitarbeit und befristeten Arbeitsverhältnisse, DB 2000, 2065.

Preis, Ulrich; Nehring, Linda: Das Pflegezeitgesetz, NZA 2008, 729.

Raab, Thomas: Der kollektive Tatbestand als Voraussetzung der Mitbestimmung des Betriebsrats in sozialen Angelegenheiten, ZfA 2001, 31.

Raif, Alexander: Anmerkung zu BAG vom 15.11.2011–9 AZR 348/10, GWR 2012, 136.

Rancke, Friedbert: Mutterschutz – Betreuungsgeld – Elterngeld – Elternzeit, 4. Auflage (2015).

Rauscher, Thomas; Krüger, Wolfgang: Münchner Kommentar zur Zivilprozessordnung, Band 2 (§§ 355–945b), 5. Auflage (2016), zit. MüKo –*Bearbeiter*.

Reinecke, Gerhard: Beweisfragen im Kündigungsschutzprozeß, NZA 1989, 577.

Reinecke, Gerhard: Rechtsprechung des BAG zum Arbeitnehmerstatus – Eine kritische Bestandsaufnahme, NZA-RR 2016, 393.

Richardi, Reinhard: Betriebsverfassungsgesetz mit Wahlordnung, 15. Auflage (2016).

Richardi, Reinhard: Arbeitnehmer als Beschäftigte, NZA 2010, 1101.

Richardi, Reinhard; Annuß, Georg: Gesetzliche Neuregelung von Teilzeitarbeit und Befristung, BB 2000, 2201.

Richardi, Reinhard (Hrsg.); Wißmann, Hellmut; Wlotzke, Otfried; Oetker, Hartmut: Münchener Handbuch zum Arbeitsrecht, Band 1, 3. Auflage (2009).

Rieble, Volker; Gutzeit, Martin: Teilzeitanspruch nach § 8 TzBfG und Arbeitszeitmitbestimmung, NZA 2002, 7.

Rolfs, Christian: Das neue Recht der Teilzeitarbeit, RdA 2001, 129.

Rolfs, Christian; Giesen, Richard; Kreikebohm, Ralf; Udsching, Peter: Beck´scher Online-Kommentar Sozialrecht, 46. Edition (Stand 01.09.2017), zit. BeckOK/SozR-*Bearbeiter.*

Rolfs, Christian; Giesen, Richard; Kreikebohm, Ralf; Udsching, Peter: Beck´scher Onlinekommentar Arbeitsrecht, 45. Edition (Stand: 01.09.2017), zit. BeckOK/ArbR-*Bearbeiter.*

Rose, Franz-Josef; Dörstling, Tanja: Flucht in die Pflege – Kündigungsschutz allein durch Ankündigung sinnvoll?, DB 2008, 2137.

Roßbruch, Robert: Das Pflegezeitgesetz – neue Pflichten für Arbeitgeber im Gesundheitswesen, PflR 2008, 465.

Säcker, Franz Jürgen (Hrsg); Rixecker, Roland; Oetker, Hartmut; Limperg, Bettina: Münchener Kommentar zum Bürgerlichen Gesetzbuch, Band 1 (§§ 241–432), 7. Auflage (2015), zit. MüKo-*Bearbeiter*.

Säcker, Franz Jürgen (Hrsg); Rixecker, Roland; Oetker, Hartmut; Limperg, Bettina: Münchener Kommentar zum Bürgerlichen Gesetzbuch, Band 2 (§§ 241–432), 7. Auflage (2016), zit. MüKo-*Bearbeiter*.

Säcker, Franz Jürgen (Hrsg); Rixecker, Roland; Oetker, Hartmut; Limperg, Bettina: Münchener Kommentar zum Bürgerlichen Gesetzbuch, Band 4 (§§ 611–704), 6. Auflage (2012), zit. MüKo-*Bearbeiter*.

Säcker, Franz Jürgen (Hrsg); Rixecker, Roland; Oetker, Hartmut; Limperg, Bettina: Münchener Kommentar zum Bürgerlichen Gesetzbuch, Band 9 (§§ 1589–1921), 7. Auflage (2017), zit. MüKo-*Bearbeiter*.

Salje, Peter: Der Vertrag zu Lasten Dritter im Sozialrecht, NZA 1990, 299.

Sasse, Stefan: Bessere Vereinbarkeit von Familie, Pflege und Beruf – Änderungen im Pflegezeit- und Familienpflegezeitgesetz – DB 2015, 310.

Schaub, Günter: Arbeitsrechtshandbuch, 17. Auflage (2017).

Schiefer, Bernd; Hilgenfeld, Marc; Krogull, Jutta: Das Pflegezeitgesetz in der Praxis.

Schiefer, Bernd; Worzalla, Michael: Familienpflegezeitgesetz, DB 2012, 516.

Schimana, Rudolf: Lohnzahlung bei Arbeitsverhinderung des Arbeitnehmers, AuR 1956, 321 ff..

Schlachter, Monika: Benachteiligung wegen besonderer Verbindungen statt Zugehörigkeit zu einer benachteiligten Gruppe, RdA 2010, 104.

Schleusener, Aino; Suckow, Jens; Voigt, Burkhard: AGG – Kommentar zum Allgemeinen Gleichbehandlungsgesetz, 4. Auflage (2013).

Schmitt, Jochem: Entgeltfortzahlungsgesetz und Aufwendungsausgleichgesetz, 6. Auflage (2007).

Scholz, Rupert: Die Berufsfreiheit als Grundlage und Grenze arbeitsrechtlicher Regelungssysteme, ZfA 1981, 265.

Schumacher, Anja: Auswirkungen der Pflegezeit nach dem Pflegezeitgesetz auf das Arbeitsentgelt, öAT 2011, 34.

Schüren, Peter: Die Mitbestimmung des Betriebsrats bei der Änderung der Arbeitszeit nach dem TzBfG, AuA 2001, 321.

Schwanenflügel von, Matthias: Die Zukunft der Pflegeversicherung – Kernelemente des Entwurfs eines Pflege-Weiterentwicklungsgesetzes.

Schwerdle, Jutta: Arbeitsbefreiung bei Pflege von nahen Angehörigen – Kündigungsschutz selbst in der Probezeit?, ZTR 2007, 655.

Sibben, Ralf: Vergütungspflicht des Arbeitgebers für die Freistellung zur Meldung beim Arbeitsamt.

Sozialverband Deutschland e. V. (SoVD): Gesetzentwurf des Sozialverbands Deutschland für ein Pflegezeitgesetz vom 12.6.2006, abrufbar unter http://www.sovd.de/946.0.html (zuletzt abgerufen am 24.3.2018), zit.: SoVD Gesetzentwurf.

Spinner, Günter: Die Rechtsprechung des Bundesarbeitsgerichts zur betriebsbedingten Kündigung 2004/2005, BB 2006, 154.

Spitzenverbände der Sozialversicherung: Rundschreiben „Soziale Sicherung von Pflegepersonen während der Pflegezeit in der Arbeitslosenversicherung" vom 1.7.2008, abrufbar unter https://www.tk.de/centaurus/servlet/contentblob/15776/Datei/330/Pflegeversicherungsreform.pdf (zuletzt abgerufen am 24.3.2018).

Statistische Bundesamt: Familie, Lebensformen und Kinder – Auszug aus dem Datenreport 2016, abrufbar unter https://www.destatis.de/DE/Publikationen/Datenreport/Downloads/Datenreport2016Kap2.pdf?__blob=publicationFile (zuletzt abgerufen am 24.3.2018), zit.: Datenreport 2016.

Staudinger von, Julius: Kommentar zum Bürgerlichen Gesetzbuch mit Einführungsgesetz und Nebengebieten, §§ 611–613 (Dienstvertragsrecht 1), Neubearbeitung 2016, zit. Staudinger-*Bearbeiter*.

Staudinger von, Julius: Kommentar zum Bürgerlichen Gesetzbuch mit Einführungsgesetz und Nebengebieten, §§ 613a-619 (Dienstvertragsrecht 2), Neubearbeitung 2016, zit. Staudinger-*Bearbeiter*.

Steinau-Steinrück von, Robert; Mosch, Ulrich: Angehörigenpflege und Arbeitsrecht, NJW-Spezial 2010, 178.

Straub, Dieter: Erste Erfahrungen mit dem Teilzeit- und Befristungsgesetz, NZA 2001, 919.

Stüben, Christine; Schwanenflügel von, Matthias: Die rechtliche Stärkung der Vereinbarkeit von Familie, Pflege und Beruf, NJW 2015, 577.

Sutschet, Holger: Assoziierte Diskriminierung, EuZA 2009, 245.

Tamm, Marina: Die Pflege naher Angehöriger – PflegeZG und FamilienpflegeZG sowie Möglichkeiten der Personalvertretung, PersV 2013, 404.

Thüsing, Gregor; Laux, Helga; Lembke, Mark: Kündigungsschutzgesetz, Praxiskommentar, 3. Auflage (2014).

Thüsing, Gregor: Das Verbot der Diskriminierung wegen Teilzeit und Befristung nach § 4 TzBfG, ZfA 2002, 249.

Tonner, Klaus; Willingmann, Armin; Tamm, Marina: Vertragsrecht (2010).

Treber, Jürgen: Pflegezeit und Arbeitsrecht, Jahrbuch des Arbeitsrechts 2009, 91.

Tschöpe, Ulrich (Hrsg.): Arbeitsrecht Handbuch, 10. Auflage (2017).

Udsching, Peter: SGB XI Soziale Pflegeversicherung, 4. Auflage (2015).

Vorwerk, Volkert; Wolf, Christian: Beck'scher Online-Kommentar ZPO, 26. Edition (Stand 15.9.2017), zit. BeckOK/ZPO-*Bearbeiter*.

Waldenmaier, Marianne; Langenhan-Komus, Maike: Das neue Pflegezeitgesetz, RdA 2008, 312.

Wank, Rolf: Zum Stand der Diskussion um ein Arbeitsvertragsgesetz, RdA 2009, 122.

Weinbrenner, Lars: Der Sonderkündigungsschutz im Pflegezeitgesetz (2011).

Weinbrenner, Lars: Mehrmalige Inanspruchnahme der Pflegezeit nicht möglich, Anmerkung zu BAG vom 15.11.2011, AiB 2013, 468.

Welti, Felix: Anmerkung zu EuGH vom 17.7.2008 – Rs. C-303/06 (Coleman), ZESAR 2009, 148.

Westermann, Harm Peter; Grunewald, Barbara; Maier-Reimer, Georg: Ermann, Bürgerliches Gesetzbuch, Band I, §§ 1–761, AGG, 15. Auflage (2017), zit. Ermann-*Bearbeiter*.

Wiese, Günther; Kreutz, Peter; Oetker, Hartmut; Raab, Thomas; Weber, Christoph; Franzen, Martin: Betriebsverfassungsgesetz: Gemeinschaftskommentar, 10. Auflage (2014), zit. GK/BetrVG-*Bearbeiter*.

Wiese, Günther: Schutz und Teilhabe als Zwecke notwendiger Mitbestimmung in sozialen Angelegenheiten und deren Rangverhältnis, ZfA 2000, 117.

Willikonsky, Birgit: Mutterschutzgesetz, 2. Auflage (2007).

www.ingramcontent.com/pod-product-compliance
Ingram Content Group UK Ltd.
Pitfield, Milton Keynes, MK11 3LW, UK
UKHW021905290926
8980IPUK00015B/1065

9 783631 746080